ANGOSTURA, 1819. LA RECONSTITUCIÓN Y
LA DESAPARICIÓN DEL ESTADO DE VENEZUELA

> B758
> Brewer Carías, Allan R.
>
> Angostura, 1819. La reconstitución y la desaparición del Estado de Venezuela Con motivo del bicentenario del Congreso y de la Constitución de Angostura (1819-2019)/ Allan R. Brewer Carías –Caracas: Academia de Ciencias Políticas y Sociales, 2019.
>
> p. 278
>
> Serie Estudios, 115
>
> ISBN: 978-980-365-462-7
>
> Depósito Legal: DC2019000516
>
> 1. HISTORIA CONSTITUCIONAL VENEZOLANA 2. CONSTITUCIONALISMO 3. CONSTITUCIÓN

© Allan R. Brewer-Carías
Email: allan@brewercarias.com
http://www.allanbrewercarias.com

Hecho el depósito de Ley
Depósito Legal: DC2019000516
ISBN: 978-980-365-462-7

Editorial Jurídica Venezolana
Avda. Francisco Solano López, Torre Oasis, P.B., Local 4, Sabana Grande, Apartado 17.598 – Caracas, 1015, Venezuela
Teléfono 762.25.53, 762.38.42. Fax. 763.5239
Email fejv@cantv.net
http://www.editorialjuridicavenezolana.com.ve

Impreso por: Lightning Source, an INGRAM Content company
para Editorial Jurídica Venezolana International Inc.
Panamá, República de Panamá.
Email: ejvinternational@gmail.com

Diagramación, composición y montaje
por: Francis Gil, en letra
Times New Roman 13, Sencillo, Mancha 18 x 11.5

Portada: Oleo "Discurso en el Congreso de Angostura" de Tito Salas (1941)

Primera Edición 2019

Allan R. Brewer-Carías
Profesor emérito de la Universidad Central de Venezuela
Individuo de Número
de la Academia de Ciencias Políticas y Sociales

ANGOSTURA, 1819. LA RECONSTITUCIÓN Y LA DESAPARICIÓN DEL ESTADO DE VENEZUELA

Con motivo del bicentenario del Congreso
y de la Constitución de Angostura (1819-2019)

Prólogo
Humberto Romero Muci

SERIE ESTUDIOS
N° 115

Academia de Ciencias Políticas y Sociales
Editorial Jurídica Venezolana
Caracas 2019

Individuos de Número de la
Academia de Ciencias Políticas y Sociales

Junta Directiva
2019-2020

Presidente:	Dr. *Humberto Romero-Muci*
1er. Vice-Presidente:	Dr. *Julio Rodríguez Berrizbeitia*
2do. Vice-Presidente:	Dr. *Luciano Lupini Bianchi*
Secretario:	Dr. *Rafael Badell Madrid*
Tesorero:	Dr. *Cecilia Sosa Gómez*
Bibliotecario:	Dr. *Carlos Ayala Corao*

Luis Ugalde S.J.	Gerardo Fernández Villegas
José Guillermo Andueza	James-Otis Rodner
Arístides Rengel Romberg	Ramón Escovar León
José Muci-Abraham	Román J. Duque Corredor
Enrique Urdaneta Fontiveros	Gabriel Ruan Santos
Alberto Arteaga Sánchez	José Antonio Muci Borjas
Jesús Maria Casal	Cesar Augusto Carballo Mena
Pedro Nikken	Juan Cristóbal Carmona Borjas
Allan R. Brewer-Carías	Salvador Yannuzzi Rodríguez
Eugenio Hernández-Bretón	Alfredo Morles Hernández
Carlos Eduardo Acedo Sucre	Héctor Faúndez Ledesma
Luis Cova Arria	Carlos Leañez Sievert
Ramón Guillermo Aveledo	Luis Napoleón Goizueta
Hildegard Rondón de Sansó	Oscar Hernández Álvarez
Henrique Iribarren Monteverde	José Rafael Mendoza
Josefina Calcaño de Temeltas	Fortunato González Cruz
Guillermo Gorrin Falcón	Luis Guillermo Govea

PRÓLOGO

Por: Humberto Romero Muci

Individuo de Número y Presidente de la Academia de Ciencias Políticas y Sociales

Mi querido profesor y amigo Allan Brewer Carías me distingue inmerecidamente con el encargo de prologar su más reciente libro y me compromete con la explicación preliminar de los múltiples aciertos que concurren a su obra: *"Angostura, en 1819. La reconstitución y la desaparición del Estado de Venezuela. Con motivo del bicentenario del Congreso y de la Constitución de Angostura (1819-2019)"*.

Allan Brewer no necesita presentación. Tampoco la descripción de su obra o de su trayectoria académica y profesional. Solo lo identificaría como uno de los juristas venezolanos de estatura universal, que encarna la expresión más erudita y digna del conocimiento, de la práctica del derecho Público Venezolano y de la defensa del Estado de Derecho y de la Democracia en Venezuela. Ha dedicado su vida al estudio, la divulgación y la promoción del derecho Constitucional, Administrativo y de los Derechos Humanos en Iberoamérica, Norteamérica y Europa.

Allan Brewer Carías honra al Derecho y a la Academia con su impronta perdurable de venezolano ejemplar.

Hoy nos presenta una nueva publicación máximamente pertinente y útil en un convulsionado presente. Un relato historiográfico que nos exige repensar el constitucionalismo y las lecciones de nuestra historia constitucional, cuando la deriva autoritaria desmanteló en Venezuela el Estado democrático y social de derecho en estos últimos 20 años. Mediante una "...progresiva *desconstitucionalización, desjuridificación, desjudicialización y desdemocratización*... "[1], y bajo sus despojos, se instauró un Estado totalitario, una dictadura totalitaria, que hoy controla todos los aspectos de la vida política, social y económica del país[2].

Con motivo del bicentenario del Congreso de Angostura y la sanción de la Constitución Política de Venezuela de 1819, el académico Brewer Carias hace una mirada crítica sobre la memoria histórica del proceso de reconstitución y desaparición del Estado de Venezuela ocurrido en ese mismo año, haciendo referencia a sus antecedentes primigenios en la Constitución Federal de 1811 y al proceso de conformación de la propia Constitución de 1819, cuyo objetivo fue la reconstitución institucional del Estado para el gobierno civil y republicano a partir de las ideas constitucionales del Libertador Simón Bolívar,[3] después de su destrucción a raíz de la caída de la Primera República a partir de 1812.

Para ello fue fundamental e ineludible aprobar un reglamento electoral y convocar unas elecciones que se realizaron

---

1 *Cfr.*, Allan, Brewer-Carias, *Estado totalitario y desprecio a la Ley <la desconstitucionalización, desjuridificación, desjudicialización y desdemocratización de Venezuela>*, Editorial Jurídica Venezolana, Caracas 2014, p. 19.

2 *Ibid.*, p. 20.

3 *Cfr.* Allan, Brewer-Carias, *Sobre el constitucionalismo hispanoamericano pre-Gaditano 1811-1812*, Colección Cuadernos de la Cátedra Fundacional Charles Brewer Maucó, sobre Historia del Derecho, Universidad Católica Andrés Bello, N° 5, Editorial Jurídica Venezolana, Caracas, 2013 p. 107.

en 1818, para nombrar a los representantes que asistirían al Congreso; todo esto, a pesar de las reservas que le generaba a Bolívar el tema de la representación, tal como lo expresó en distintas oportunidades; sin embargo, se impuso la necesidad de realizar un proceso electoral ya que no había otra manera de legitimar la reinstitucionalización de la República, como no fuera sobre la práctica de la representación. Esas elecciones se hicieron en medio de las terribles dificultades del momento, cuando gran parte del territorio todavía se encontraba bajo el control de la monarquía; no obstante, se llevaron a cabo y el resultado deja ver la diversidad de su composición: se eligieron 30 diputados, de los cuales 10 eran abogados, 10 militares, 2 sacerdotes y los demás ciudadanos, entre comerciantes, hacendados, funcionarios y "hombres de ciencia y letras". De más está decir que los militares elegidos diputados, estaban allí no por el hecho de ser militares sino porque fueron electos como representantes, y como tales estaban sujetos al ordenamiento civil que suponía este cuerpo legislativo[4].

Ante el Congreso de Angostura el Libertador Simón Bolívar pronunció su egregio discurso[5], del 15 de febrero de 1819. En el acto de su instalación presentaría su proyecto de constitución para la República de Venezuela[6]. Ese Congreso lo de-

---

[4] Datos históricos amablemente suministrados por la Historiadora Inés Quintero con referencia a la obra de Ángel, Almarza, *Los inicios del gobierno representativo en la República de Colombia, 1818-1821*, Marcial Pons, Madrid 2017.

[5] "Discurso pronunciado por el General Bolívar al Congreso General de Venezuela en el acto de instalación", Ver en Simón, Bolívar, *Doctrina del Libertador*, Prólogo de Augusto Mijares, compilación, notas y cronología Manuel Pérez Vila, bibliografía Gladys García Riera, Fundación Biblioteca Ayacucho, Caracas, 1976.

[6] *Vid*, Jesús María, Casal, *Apuntes para una historia del derecho constitucional de Venezuela*, Colección Manuales y Obras Generales, N° 3, Centro para

signó Presidente Provisional de la Republica el 18 de febrero de ese año. Esta constitución tuvo el sello del pensamiento del Libertador[7]. Tuvo también una brevísima vigencia de 4 meses, ya que fue sustituida por la Ley fundamental de la Republica de Colombia del 17 de diciembre de 1819 y después por la Ley fundamental de la Unión de los pueblos de Colombia por el Congreso de Cúcuta en julio de 1821, así como por la aprobación de la Constitución de la República de Colombia el mismo año.

Brewer detalla la estructura de la Constitución de 1819 y comenta que muchas de estas posiciones e instituciones como la creación del Consejo de Estado y el de Gobierno y la afirmación del centralismo tienen que entenderse (resignificarse) en el contexto de la reconstitución del Estado de Venezuela que Bolívar asumió en el cruento proceso de liberación de las provincias ocupadas por los ejércitos españoles después de las capitulaciones de Miranda y Monteverde en 1812.

Brewer afirma que las bases del constitucionalismo venezolano habían sido sentadas desde la constitución de 1811 y no se vinculan a la Constitución de Cádiz, la cual aparte de ser posterior y no tener aplicación en Venezuela, no tuvo influencia alguna en nuestra tradición constitucional. Describe los aportes fundamentales de las constituciones de 1811, 1819, las que correspondieron a la Gran Colombia y la de 1830 en la configuración del constitucionalismo venezolano.

No obstante la brevedad de la constitución de 1819, las ideas centrales de esa constitución fueron las de ordenar civilmente a la Republica (la restauración de las instituciones republicanas), (i) afirmar los principios republicanos de la soberan-

---

la Integración y el Derecho Público (CIDEP) y Editorial Jurídica Venezolana, Caracas, 2019 p. 102.

7 *Idem.*

ía popular y la representatividad como fundamento del Poder civil (la autoridad derivada de la voluntad popular), la división funcional del poder público (con la reconstitución del propio congreso como Poder Legislativo y la creación de la Alta Corte de Justicia y los tribunales de primera instancia), (ii) la polémica centralización del poder territorial y (iii) en definitiva, la ordenación constitucional de la República como garantía jurídica de la libertad.

El principal acierto de esta nueva obra de Allan Brewer consiste en volver a analizar e interrogar sobre el concepto de constitución como una preocupación intelectual permanente en la conciencia histórica constitucional venezolana en el contexto histórico del Congreso y la declaración de Angostura. Una historia llena de constituciones y de poco constitucionalismo[8]. Donde fue silenciado el mérito de los civiles ilustrados como auténticos próceres o fundadores de la Republica[9]. Una historia en la que predomina el caudillismo militar y el personalismo político. Poco proclives a admitir el derecho como el medio idóneo para limitar y racionalizar el poder, así como en la capacidad resolutiva de la política como instrumento de paz social, en la necesaria separación y autonomía efectiva de los Poderes Públicos y en la garantía real y efectiva de las libertades públicas y derechos fundamentales de las personas, condición esencial de la continuidad del Estado y de la democracia constitucional.

---

8   Cfr. Jesús María, Casal, *Apuntes para una historia del derecho constitucional de Venezuela*, Colección Manuales y Obras Generales, N° 3, Centro para la Integración y el Derecho Público (CIDEP) y Editorial Jurídica Venezolana, Caracas, 2019 p. 174.

9   Allan, Brewer Carías, "El diseño constitucional de la República 1810-1812 como obra de civiles", en *La independencia y el Estado constitucional en Venezuela: como obra de civiles (19 de abril de 1810, 5 de julio de 1811, 21 de diciembre de 1811)*, Allan Brewer-Carías, Enrique Viloria Vera y Asdrúbal Aguiar (Coordinadores), 2018, p. 146.

El Libertador preocupado por la fragmentación de la Nación, el resurgimiento del caudillismo derivado de las pasiones de la multitud y la fragilidad institucional postuló en el Congreso de Angostura, desde la *realpolitik*, la necesidad del poder central, pero también nos dejó la más acabada expresión de republicanismo, al señalar:

"Que los hombres nacen todos con derechos iguales a los bienes de la sociedad, está sancionado por la pluralidad de los sabios; como también lo está, que no todos los hombres nacen igualmente aptos a la obtención de todos los rangos; pues todos deben practicar la virtud y no todos la practican; todos deben ser valerosos y todos no lo son; todos deben poseer talentos y todos no los poseen... La naturaleza hace a los hombres desiguales en genio, temperamento, fuerzas y caracteres. Las leyes corrigen esa diferencia, porque colocan al individuo en la sociedad para que la educación, la industria, las artes, los servicios, las virtudes, le den una igualdad ficticia, propiamente llamada política y social".

El Libertador insiste en que

"Un Gobierno Republicano ha sido, es y debe ser el de Venezuela; sus bases deben ser la Soberanía del Pueblo, la división de los Poderes, la Libertad civil, la proscripción de la Esclavitud, la abolición de la monarquía y de los privilegios. Necesitamos de la igualdad para refundir, digámoslo así, en un todo, la especie de los hombres, las opiniones políticas y las costumbres públicas. Luego, extendiendo la vista sobre el vasto campo que nos falta por recorrer, fijemos la atención sobre los peligros que debemos evitar. Que la Historia nos sirva de guía en esta carrera".

Por lo tanto, los tres grandes rasgos valorativos del ideario de Angostura son (i) *el republicanismo*, (ii) *la unidad nacional* y (iii) *el constitucionalismo*. Sin embargo, todos estos valores han sido aniquilados en estas dos últimas décadas del siglo XXI por un régimen que paradójicamente se presenta bajo la alegoría de una "Revolución Bolivariana", una "revolución" que pretende encarnar los valores institucionales del Libertador, cuando en la realidad sigue un ideario *"...militarista que medra como poder coludido con la criminalidad transnacional, subyugado por otro colonialismo foráneo y dominado por la expoliación de la riqueza nacional..."*[10], que provee deliberadamente a la destrucción de la "institucionalidad" y a la *"fractura de la identidad nacional como forma sobrevenida de dominio"*[11], esto es, un resultado todo lo contrario a la emancipación del ciudadano, a la cohesión de la Nación y a la institucionalidad democrática.

Doscientos años después sigue en pié la preocupación genuina del Discurso y la Declaración de Angostura.

En la Venezuela de hoy es una auténtica ficción hablar de *República* y *republicanismo* frente a la más férrea patrimonialización del poder, la corrupción generalizada y la cosificación del ciudadano que han acentuado las desigualdades y enseñoreado los privilegios, desdibujado la *res* pública y el bien común.

En la Venezuela de hoy es cuesta arriba hablar de **unidad nacional**, frente a la fragmentación y la división maniquea de la sociedad, impuesta como forma de dominación impúdica desde el poder, de un Régimen que en su discurso polarizador segmenta a los venezolanos con los recalcitrantes binomios: patriota- "apátrida", pueblo-oligarca, chavista-"escuálido".

En la Venezuela de hoy tampoco es posible hablar de *constitucionalismo*, porque *"...no todo Estado dotado de Constitución está imbuido en el ámbito del constitucionalismo,*

---

10 Cfr. Asdrúbal, Aguiar, *Génesis del pensamiento constitucional de Venezuela*, Real Academia Hispanoamericana de Ciencias, Artes y Letras de Cádiz, Editorial Jurídica Venezolana Internacional, Ciudad de Panamá 2018, p. 9.

11 *Idem.*

[...] una Constitución formal no garantiza la eficacia de los derechos ni la separación, control y racionalización del poder [porque tal como la de 1999 se trata de una] mera entelequia, una auténtica ficción, una positivación aparente que no [permite] hablar de la eficacia del constitucionalismo como técnica jurídica de la libertad"[12].

De allí que, desde la misma *realpolitik* que caracterizó al Libertador podemos afirmar que la gran misión actual de todos los estudiosos del derecho, de la política y de la historia es contribuir a la reinstitucionalización del país. Insistir en (i) *el republicanismo*, en (ii) *la unidad nacional y la descentralización política, financiera y administrativa* y en (iii) *el constitucionalismo*. En definitiva, insistir en el ideario de Angostura para restablecer el Estado mismo y revertir este Estado fallido que crea más problemas que los que no resuelve, al poner al ciudadano al servicio del Estado y no viceversa, como debe ser.

Hasta aquí unas breves anotaciones sobre el contenido y estructura de la obra que me honro en prologar, destacando aquellas aportaciones que he considerado de mayor interés.

Tal vez lo más rescatable hoy de Angostura sea la necesidad de preparar al individuo, a la sociedad para una república moderna, liberal y democrática, en la que prevalezca el imperio de la ley, la responsabilidad en el ejercicio de la función pública y el ejercicio de la justicia sea el ejercicio de la libertad (Simón Bolívar: *dixie*).

---

12 *Cfr.*, Eduardo, Meier García, *La eficacia de las sentencias de la Corte Interamericana de Derechos Humanos frente a las prácticas ilegítimas de la Sala Constitucional*, Premio Academia de Ciencias Políticas y Sociales 2011-2012, Serie Estudios 105, Caracas, 2014, p. 96.

Pero cómo evitar los saltos al vacío, improvisados y trasnochados, causados por movimientos épicos[13], personalistas[14] y militaristas[15], si a decir del Libertador: *"...un Pueblo ignorante es un instrumento ciego de su propia destrucción. Un Pueblo pervertido si alcanza su Libertad, muy pronto vuelve a perderla..."*

Si logramos recuperar la libertad, sin dudas hay que preparar al pueblo para preservarla, comenzando por insistir, como hacía el maestro Don Manuel Caballero y parece coincidir el maestro Brewer, en *"...no soslayar nuestra responsabilidad primera, que es la de ayudar a los pueblos a confiar en su propia fuerza antes que en la de un padre protector vestido si es posible de uniforme; a recuperar la memoria, esto es, la historia. En una palabra, a llegar a la madurez."*[16]

Justamente es lo que nos invita Brewer con esta obra: A emanciparnos mediante las ideas y a reflexionar sobre un convulso capítulo de la historia constitucional de Venezuela que evidencia el desafío permanente que tenemos los venezolanos de afianzar los valores republicanos, la democracia y los derechos humanos como límites al poder político.

Aguafría, 16 de abril de 2019.

---

13 *Cfr.* Ana Teresa, Torres, *La Herencia de la Tribu. Del mito de la Independencia a la Revolución Bolivariana*, Editorial Alfa, Caracas, 2009.

14 *Cfr.*, Elías, Pino Iturrieta, *Nada sino un hombre. Los orígenes del personalismo en Venezuela*, Editorial Alfa, Caracas, 2007.

15 *Cfr.* Rafael, Arráiz, Lucca, *Civiles*, Editorial Alfa, Caracas, 2014. Señala Arráiz que "Es evidente que de los doscientos años de vida republicana el signo lamentable ha sido el militarismo invadiendo el ámbito de la ciudadanía; mandando, más que gobernando; girando instrucciones, más que buscando consensos", p. 15.

16 *Cfr.* Manuel, Caballero, *Contra la Abolición de la Historia*, Discurso de Incorporación de Don Manuel Caballero como Individuo de Número de la Academia Nacional de la Historia, p. 42.

INTRODUCCIÓN

El año 1819 marca dos acontecimientos fundamentales en la historia política y constitucional de Venezuela, que fueron: por una parte, *la reconstitución del Estado de Venezuela* que había sido creado por el Congreso constituyente de 1811 y regulado en la Constitución Federal de los Estados de Venezuela de 21 de diciembre de 1811,[1] y que fue destruido luego de la capitulación de la República ante los ejércitos de ocupación española en 1812, en medio de las guerras de liberación del territorio venezolano (1813-1819); lo que se hizo mediante la Constitución Política de Venezuela sancionada por el Congreso reunido en Angostura el 11 de agosto de 1819;[2] y por la otra, *la desaparición del mismo Estado de Venezuela*, por decisión del mismo Congreso de Angostura, al sancionar, unos meses después, la Ley Fundamental de la República de Colombia de 17 de diciembre de 1819,[3] mediante la cual las Repúblicas de Venezuela y la Nueva Granada quedaron "desde ese día reunidas en una sola bajo el título glorioso de Repúbli-

---

[1] Véase el texto en Allan R. Brewer-Carías, *Las Constituciones de Venezuela*, Academia de Ciencias Políticas y Sociales, Caracas 2008, Tomo I, pp. 555-579.

[2] Véase Allan R. Brewer-Carías, *Las Constituciones de...*, Tomo I, pp. 621-641.

[3] Véase Allan R. Brewer-Carías, *Las Constituciones de...*, Tomo I, pp. 643 y 644.

ca de Colombia" (art. 1), dividiéndose su territorio en tres grandes Departamentos: Venezuela, Quito y Cundinamarca (art 5).

Este año de 2019 estamos precisamente celebrando los doscientos años de ambos hechos.

Venezuela, en efecto, fue el primer país de América hispana en haber declarado su independencia de España a partir de 10 de abril de 1810, cuando el Cabildo de Caracas convertido en Junta Suprema conservadora de los derechos de Fernando VII, en un proceso enteramente conducido por civiles,[4] depuso del mando de la Provincia de Caracas al Gobernador y Capitán General de las Provincias de Venezuela, Vicente de Emparan, convocando a los pocos meses a la celebración de elecciones para la conformación de un Congreso General de representantes de todas las provincias.[5]

Dicho Congreso, un vez instalado a comienzos de 1811, después de haber adoptado el 1 de julio de 1811, una Declaración de los Derechos del Pueblo,[6] la segunda de su tipo des-

---

[4] Véase Allan R. Brewer-Carías, Enrique Viloria Vera y Asdrúbal Aguiar (Coordinadores), *La Independencia y el Estado constitucional en Venezuela: Como obra de civiles (19 de abril de 1810, 5 de julio de 1811, 21 de diciembre de 1811)*, Cátedra Mezerhane sobre democracia, Estado de derecho y derechos humanos, Dade College, Editorial Jurídica Venezolana, Miami 2018, pp. 21 ss.

[5] Véase Allan R. Brewer-Carías, "La primera manifestación de representatividad democrática y las primeras leyes electorales en España e Hispanoamérica en 1810 (La elección de diputados a las cortes de Cádiz conforme a la *Instrucción* de la Junta Central Gubernativa del Reino de enero de 1810, y la elección de diputados al Congreso General de Venezuela conforme al *Reglamento d*e la Junta Suprema de Venezuela de junio de 1810), Trabajo elaborado para la obra colectiva coordinada por José Guillermo Vallarta Plata, *Libro Homenaje a la Constitución española de Cádiz de 1812*, Instituto Iberoamericano de Derecho Local Municipal, Guadalajara, 2012.

[6] Véase el texto en Allan R. Brewer-Carías, *Las Constituciones de Venezuela*, *op. cit.,* Tomo I, pp. 549-551.

pués de las Declaraciones norteamericana y francesa, y la primera en la América hispana; y de haber declarado formalmente el 5 de julio de 1811, la independencia de las Provincias respecto de España,[7] conforme al modelo que antes solo había ocurrido en Norteamérica, sancionó la Constitución federal de las provincias de Venezuela de 21 de diciembre de 1811, que fue la primera Constitución nacional republicana sancionada en el mundo, después de las que se habían adoptado, veinte años antes, a raíz de la revolución norteamericana (Constitución de los Estados Unidos de América de 1787) y de la revolución francesa (Constitución francesa de 1791).[8]

Con dicha Constitución de 1811, en un proceso constituyente que sin duda fue el primario en el país, fue que se creó el Estado de Venezuela, como Estado independiente de la Corona española.

Esto ocurrió más de tres siglos después que Cristóbal Colón, en su Tercer viaje a América, hubiera tomado posesión en nombre de la Corona española de los territorios de la Tierra Firme, en la costa del Golfo de Paria, el 3 de agosto de 1498; tierras que calificó como "las más hermosas del mundo," y que ya había antes reconocido desde La Española, en 1494, en su segundo viaje a América.[9]

---

7   Véase el texto del Acta de Independencia, en *Idem.*, Tomo I, pp. 545-548.
8   Véase Allan R. Brewer-Carías, *Reflexiones sobre la revolución norteamericana (1776), la revolución francesa (1789) y la revolución hispanoamericana (1810-1830) y sus aportes al constitucionalismo moderno*, 2ª Edición Ampliada, Serie Derecho Administrativo Nº 2, Universidad Externado de Colombia, Editorial Jurídica Venezolana, Bogotá 2008.
9   Véase Allan R. Brewer-Carías, *Cinco siglos de historia y un país en crisis (Estudio para el Discurso de Orden en la Sesión Solemne de las Academias Nacionales el día 7 de agosto de 1998 con motivo de la celebración del V Centenario de Venezuela)*, Academia de Ciencias Políticas y Sociales, Comisión Presidencial V Centenario de Venezuela, Caracas 1998.

Allí, Colón encontró un continente, el "Paraíso Terrenal" o más exactamente para toda la humanidad, la tierra prometida, que a partir de entonces salvó al mundo conocido, cambió su dimensión y la del hombre, de su vida y su mentalidad, y modificó el curso de la Historia Universal. Ante los ojos de los españoles en el Golfo de Paria, sintiendo el caudal del río Orinoco que se dispersaba bajo las frágiles carabelas, sin duda había aparecido "Otro Mundo," precisamente, en las costas en las que tres siglos después se establecería el Estado de Venezuela.

Treinta años después del descubrimiento y toma de posesión de esas tierras, luego de haberle otorgado el título de "Ciudad a Nueva Cádiz" al centro poblado para la explotación de perlas que se había establecido desde 1508 en la isla de Cubagua, el Emperador Carlos V (Carlos I), el 27 de marzo de 1528, otorgó a Enrique Ehinger y Gerónimo Sailer, alemanes y vasallos del Emperador, una Capitulación con el privilegio de descubrir, conquistar, pacificar y poblar a su "costo e misión," las tierras adentro de las costas del mar Caribe situadas al oriente de la Capitulación que antes se había otorgado para la provincia de Santa Marta, entre "el Cabo de la Vela y golfo de Venezuela y el Cabo de San Román, y otras tierras hasta el Cabo de Maracapaná," es decir, casi toda la actual costa de Venezuela.

A partir de entonces, y con el otorgamiento de otras Capitulaciones, el régimen colonial en las provincias de Venezuela se fue consolidando, aun cuando por no tratarse de provincias ricas o prósperas, sin una estructura organizativa integral; sucediendo ello, en contraste con otras tierras y provincias donde ya se habían establecido Virreinatos (Nueva España, 1535; Perú, 1543; Nueva Granada, 1718). Algunas de las provincias de Venezuela, por ello conforme a la Recopilación de Leyes de los Reinos de Indias de 1680, estaban bajo la jurisdicción de la Real Audiencia de Santo Domingo (Venezuela, Cumaná y Margarita), y otras bajo la jurisdicción de la Real Audiencia de Santa Fe (Mérida y La Grita, Guayana);[10] y solo fue a partir del 1777, con las reformas territoriales que decretó Carlos III, aun cuando sin cambiarse esas asignaciones jurisdiccionales, cuando las provincias comenzaron a estar integradas en una sola organización territorial, inicialmente de carácter militar, como fue la Capitanía General de Venezuela creada el 8 de septiembre de 1777. En esta forma, fue solo posteriormente, cuando se integraron las mismas en una sola organización territorial general, con la creación de la Real Audiencia de Caracas establecida en 1786, y la creación del Real Consulado de Caracas en 1793.

Desde el punto de vista organizacional, por tanto, de acuerdo con ese proceso institucional, el ámbito territorial de las Provincias coloniales que formaron la Capitanía General de Venezuela, abarcaba aproximadamente el siguiente territorio de la Venezuela actual: la *Provincia de Margarita*, a la Isla de Margarita; la *Provincia de Caracas*, los territorios de los Estados Falcón, Lara, Portuguesa, Yaracuy, Cojedes, Carabobo, Aragua, Guárico, Miranda, y el Distrito Capital; la *Provincia de Cumaná o Nueva Andalucía*, los territorios de los Estados Anzoátegui, Sucre, Monagas y parte del territorio del Estado Delta Amacuro; la *Provincia de Guayana*, los territorios de los Estados Bolívar, Amazonas y parte del Delta Amacuro; la *Provincia de Maracaibo*, los territorios de los Estados Zulia, Mérida, Táchira y Trujillo; y la *Provincia de Barinas*, los territorios de los Estados Barinas y Apure.

---

10 Véase en la *Recopilación de leyes de los Reynos de las Indias,* mandadas imprimir y publicar por la Magestad Católica del Rey Don Carlos II Nuestro Señor, En Madrid, por Julián de Paredes, 1681, tomo II, Libro V, Titulo II, pp. 113, 114 y 115.

Pero a partir de 1793, luego de esa consolidación institucional, sin embargo, no pasaron sino escasos años para que la "calma" del régimen colonial comenzara a resquebrajarse. En esa forma, por ejemplo, ya el 7 de junio de ese mismo año 1793, el Secretario del Real y Supremo Consejo de Indias dirigió al Capitán General de Venezuela una nota llamando su atención sobre los designios del Gobierno de Francia y de algunos revolucionarios franceses, como también de otros promovedores de la subversión en dominios de España en el Nuevo Mundo, que –decía– "envían allí libros y papeles perjudiciales a la pureza de la religión, quietud pública y debida subordinación de las colonias,"[11] como en efecto ocurría. En las Provincias de Venezuela, contrariamente a lo que sucedía en los otros territorios americanos, no había imprenta, habiendo sido en 1808 que se introdujo la primera imprenta (precisamente la que Francisco de Miranda había embarcado en el *Leander* en su intento de invasión a Venezuela en 1806),[12] razón por la cual, con anterioridad a aquella fecha, todo el material de lectura se importaba o ingresaba al país de contrabando, que era mucho.

Se trataban de provincias pobres pero, sin duda, ilustradas, de manera que al poco tiempo, precisamente en ellas ocurrió la primera y más importante manifestación de crisis del régimen político colonial que se produjo en toda América en el siglo XVIII, la Conspiración de Gual y España de 1797,[13] la cual

---

11. Véase J. F. Blanco y R. Azpurúa, *Documentos para la historia de la vida pública del Libertador,* Ediciones de la Presidencia de la República, Caracas, 1983, Tomo I, p. 247.

12. Véase Allan R. Brewer-Carías, *Sobre Miranda. Entre la perfidia de uno y la infamia de otros, y otros escritos,* Segunda edición corregida y aumentada, Editorial Jurídica Venezolana, Caracas / New York 2016.

13. Véase Pedro Grases, *La Conspiración de Gual y España y el Ideario de la Independencia,* Caracas, 1978.

tuvo su origen remoto en la conspiración que debía estallar en Madrid el 3 de febrero de 1796, día de San Blas, contra el régimen monárquico de Carlos IV, para establecer la República en sustitución de la Monarquía, siguiendo la orientación de lo que había ocurrido años antes en Francia.

Los conjurados de entonces, capitaneados por Juan Bautista Mariano Picornell y Gomilla, mallorquín de Palma, y con él, Manuel Cortés Campomanes, quien en 1810 se convertiría en uno de los colaboradores más estrechos de Francisco de Miranda cuando regresó a Venezuela, fueron apresados en la víspera de la Revolución que tenía programada; pero conmutada, como les fue, la pena de muerte que recayó sobre ellos, por intervención del Agente francés en Madrid, se les condenó a reclusión perpetua en los Castillos de Puerto Cabello, Portobelo y Panamá, en tierras americanas.[14]

De paso en su travesía hacia esas mazmorras, los condenados fueron depositados en las del Puerto de La Guaira, desde donde en 1797 se fugaron,[15] entrando en contacto con americanos de La Guaira, dando origen a la mencionada conspiración contra la Corona española encabezada por Manuel Gual y José María España, considerada como en efecto fue, "el intento de liberación más serio en Hispano América antes del de Miranda en 1806."[16]

Develada la conspiración y apresados algunos de sus dirigentes, de la misma entre tantos elementos, quedaron como legado un conjunto de papeles que habrían de tener la mayor influencia en el proceso constitucional de la independencia de Hispanoamérica, entre los que se destacó la obra sobre los *De-*

---

14. Véase P. Grases, *La Conspiración...*, *op. cit.*, p. 20.
15. Véase en J.F. Blanco y R. Azpurúa, *op. cit.*, Tomo I, p. 287; P. Grases, *op. cit.*, p. 26.
16. Véase P. Grases, *La Conspiración...*, *op. cit.*, p. 27.

rechos del Hombre y del Ciudadano con varias máximas Republicanas y un Discurso Preliminar dirigido a los Americanos,[17] probablemente impreso en Guadalupe, en 1797, y que en realidad contenía una traducción de la Declaración francesa de los derechos del hombre y del ciudadano que procedió el Acta Constitucional de 1793,[18] razón por lo cual fue inmediatamente prohibida por la Real Audiencia de Caracas el 11 de diciembre de ese mismo año 1797.[19]

Diez años después, otro acontecimiento sacudió políticamente a las provincias de Venezuela, y fue el desembarco y las proclamas de Francisco de Miranda en las costas de Ocumare de la Costa, en Puerto Cabello y Coro, en 1806, a cuyos pueblos dirigió sus proclamas independentistas –impresas a bordo del *Leander*– basadas entre tantos argumentos, en la formación de una federación de Cabildos libres;[20] considerado como el más importante acontecimiento relativo a la emancipación de América Latina antes de la abdicación de Carlos IV en 1808, y los posteriores sucesos de Bayona de ese año que llevaron al secuestro de los monarcas españoles por Napoleón, la invasión de la Península por los ejércitos franceses, y el inicio de la guerra de independencia de España contra Francia.[21]

---

17. Véase Allan R. Brewer-Carías, *Las declaraciones de derechos del pueblo y del hombre de 1811 (Bicentenario de la Declaración de "Derechos del Pueblo" de 1º de julio de 1811 y de la "Declaración de Derechos del Hombre" contenida en la Constitución Federal de los Estados de Venezuela de 21 de diciembre de 1811),* Prólogo De Román José Duque Corredor), Academia de Ciencias Políticas y Sociales, Caracas 2011.
18. Véase P Grases, *La Conspiración...*, op. cit., pp. 37 ss.
19. Véase P Grases, *La Conspiración...*, op. cit., p. 30.
20. Véase Francisco de Miranda, *Textos sobre la Independencia,* Biblioteca de la Academia Nacional de la Historia, Caracas, 1959, pp. 95 ss., y 115 ss.
21. Véase O.C. Stoetzer, *Las Raíces Escolásticas de la Emancipación de la América Española,* Madrid, 1982, p. 252.

Con el territorio de la Península española invadido y los monarcas Carlos IV y su hijo Fernando VII en poder del Emperador, éste designó a su hermano José, como "Rey de las Españas y de las Indias," estando sin embargo, de hecho, la monarquía española gobernada por Juntas locales que surgieron al grito de la independencia, y las cuales originaron una Junta Suprema de gobierno y, luego, una Junta Central, la cual, al final confinada a la Isla de León (San Fernando), cerca de Cádiz, terminó designando el 29 de enero de 1810 una Junta de Regencia del reino, poniendo así fin a sus propias funciones y convocando a las Cortes generales del reino, las cuales se instalaron el 24 de septiembre de 1810, trasladándose a Cádiz.

La orfandad política en la cual se encontraron las provincias coloniales por todos los acontecimientos que venían ocurriendo en España, particularmente las de Venezuela, las cuales por su ubicación más expuesta a la recepción de información ya sabían del riesgo que tenían de poder caer en las garras del Emperador de los franceses, fue el detonante para que el espíritu de la revolución, trece años después de la conspiración de Gual y España apareciera de nuevo en las provincias, y el Ayuntamiento de Caracas, en su sesión del 19 de abril de 1810. Y así fue cómo al día siguiente de cuando el Cabildo de Caracas tuvo conocimiento oficial y documental de la situación política de la Península y de lo sucedido en Bayona, el mismo Cabildo asumió el "mando supremo" o "suprema autoridad" de la Provincia,[22] "por consentimiento del mismo pueblo,"[23] deponiendo del mismo al Gobernador y Capitán Gene-

---

22 Véase el texto del Acta del Ayuntamiento de Caracas de 19 de abril de 1810 en Allan R. Brewer–Carías, *Las Constituciones de Venezuela, cit.,* Tomo I, pp. 545-548.

23 Así se estableció en la "Circular" enviada por el Ayuntamiento el 19 de abril de 1810 a las autoridades y corporaciones de Venezuela. Véase J. F. Blanco

ral Emparan. El Cabildo se erigió a sí mismo en Junta Suprema de Venezuela Conservadora de los Derechos de Fernando VII,[24] con lo cual dio un golpe de Estado habiéndose recogido en el Acta de la sesión del Ayuntamiento de Caracas, el primer acto constitucional de un nuevo gobierno y el inicio de la conformación jurídica de un nuevo Estado en la América hispana.[25]

La Junta Suprema de Venezuela comenzó por asumir en forma provisional las funciones legislativas y ejecutivas de la provincia, produciéndose pronunciamientos similares en casi todas las otras provincias de la Capitanía General, las cuales habían sido invitadas a adherirse al movimiento de Caracas. La Junta, además, desconoció formalmente la autoridad de la Regencia en las provincias, a la cual consideró en comunicación de 3 de mayo de 1810, como intrusa e ilegítima.[26]

Los acontecimientos políticos, en todo caso, se sucedieron rápidamente y la Junta de Caracas, actuando ya con representantes de las provincias de Cumaná, Barcelona y Margarita, consideró que había "llegado el momento de organizar" y formar un "Poder Central bien constituido" en todo el ámbito de las provincias unidas, procediendo a convocar a elecciones de diputados para conformar el Congreso General de las Provin-

---

y R. Azpurúa, *Documentos para la historia..., op. cit.,* Tomo II, pp. 401–402. Véase también en *Textos oficiales de la Primera República de Venezuela,* Biblioteca de la Academia Nacional de la Historia, 1959, Tomo I, p. 105.

24 Véase el libro *El 19 de abril de 1810,* Instituto Panamericano de Geografía e Historia, Caracas 1957.

25 Véase en general Tomás Polanco, "Interpretación jurídica de la Independencia," en *El Movimiento Emancipador de Hispanoamérica, Actas y Ponencias,* Caracas, 1961, Tomo IV, pp. 323 ss.

26 Véase el texto, redactado por José de Las Llamosas y Martín Tovar Ponte, quien luego fue Diputado de San Sebastián en el Congreso general, en *El Mercurio Venezolano,* Nº I, enero de 1811, pp. 7-14, edición facsimilar publicada en http://cic1.ucab.edu.ve/hmdg/bases/hmdg/textos/Mercurio/Mer_Ene-ro1811.pdf

cias, adoptando para ello, en junio de 1801, el Reglamento de Elecciones de dicho cuerpo.[27] Una vez electos los diputados en representación de las provincias de Margarita, Mérida, Cumaná, Barinas, Barcelona, Trujillo y Caracas, el 2 de marzo de 1811 se instaló en Caracas el "Congreso General de Venezuela,"[28] cesando la Junta Suprema en sus funciones.

El Congreso, como Asamblea Constituyente de la Confederación Americana de Venezuela,[29] organizó provisionalmente el gobierno conforme al principio de separación de poderes y el 5 de julio de 1811 aprobó la Declaración de Independencia. Unos días antes, el 1 de julio de 1811, bajo la inspiración de los principios de la Constitución norteamericana y la Declaración francesa de los Derechos del Hombre y del Ciudadano;[30] y posteriormente el 21 de diciembre de 1811 sancionó la Constitución federal de las provincias Unidas de Venezuela (antes de que se hubiese sancionado la Constitución de la Monarquía española de Cádiz de marzo de 1812), constituyendo la primera Constitución sancionada en Iberoamérica,[31] y la

---

27 Véase el texto en *Textos Oficiales de la Primera República de Venezuela*, Biblioteca de la Academia Nacional de la Historia, 1959, Tomo II, pp. 61–84; y en Allan R. Brewer–Carías, *Las Constituciones de Venezuela, op. cit.*, Tomo I, pp. 535-543.

28 Véase C. Parra Pérez, *Historia de la Primera República de Venezuela*, Biblioteca de la Academia Nacional de la Historia, Tomo I, Caraca, 1959, pp. 15 y 18.

29 Véase el texto de las sesiones del 5 de julio de 1811 en *Libro de Actas del Supremo Congreso de Venezuela 1811–1812*, (Estudio Preliminar: Ramón Díaz Sánchez), Biblioteca de la Academia Nacional de la Historia, Vol. I, Caracas 1959, pp. 171 a 202.

30 Véase José Gil Fortoul, *Historia Constitucional de Venezuela*, Berlín 1904, Tomo I, pp. 254 y 267.

31 Véase Juan Garrido Rovira, "La legitimación de Venezuela (El Congreso Constituyente de 1811)," en Elena Plaza y Ricardo Combellas (Coordinadores), *Procesos Constituyentes y Reformas Constitucionales en la Historia de*

cuarta en el mundo moderno después de la norteamericana (1787), la francesa (1791) y la haitiana (1804)

La Constitución venezolana de 1811 tuvo, sin embargo, una vigencia efímera que no pasó de seis meses, pues a partir del 1 de agosto de 1812 dejaría de tener aplicación, cuando se comenzó a sentir en las provincias los efectos de la ocupación del territorio de la República por las fuerzas españolas que lo habían invadido desde enero de ese mismo año, al mando de Domingo Monteverde, como consecuencia de la Capitulación que hubo de firmar Francisco de Miranda, Generalísimo de los Ejércitos republicanos y con el acuerdo de todos los Poderes del Estado, en San Mateo el 25 de junio de 1812, con el invasor español Domingo de Monteverde.

A partir de entonces, las provincias de Venezuela dejaron de tener Constitución, habiendo desaparecido el Estado de Venezuela, pasando el país a partir de 1812, y luego, a partir de 1813, al iniciarse la guerra de liberación del territorio comandada por Simón Bolívar, a estar gobernado por la "ley de la conquista" que impuso Monteverde y por la "ley marcial" que impuso Bolívar, quienes campearon alternativamente en un territorio sin Constitución, porque incluso, la Constitución de Cádiz que se había sancionado en marzo de 1812, no fue aplicada en los territorios ocupados por sus ocupantes españoles.

Con todo ello, como se dijo, el Estado de Venezuela desapareció, y solo fue reconstituido en 1819, por el esfuerzo del Libertador Simón Bolívar, y los trabajos constituyentes del Congreso de Angostura, con la sanción de la Constitución Política de Venezuela de 11 de agosto de 1819, pero para luego desaparecer de nuevo a partir del 17 de diciembre de ese mismo año 1819, al haber sancionado el mismo Congreso de

---

Venezuela: 1811–1999, Universidad Central de Venezuela, Caracas 2005, tomo I, pp. 13–74.

Angostura, a propuesta del mismo Libertador, mediante Ley Fundamental de la República de Colombia, la reunión de las Repúblicas de Venezuela y la Nueva Granada en una sola República con el nombre de República de Colombia,[32] lo cual se ratificaría luego mediante la Ley Fundamental de la Unión de los Pueblos de Colombia sancionada el 12 de julio de 1821 por el Congreso reunido en la villa del Rosario de Cúcuta,[33] y de la Constitución de la Nación colombiana sancionada por el mismo Congreso el 30 de agosto de 1821.[34]

Las notas que conforman este libro, escritas con ocasión de celebrar el bicentenario del Congreso de Angostura y de la Constitución de 1819, tienen por objeto, precisamente, volver a reflexionar sobre todo ese proceso de reconstitución y de desaparición del Estado de Venezuela ocurrida en ese año de 1819, haciendo referencias tanto a sus antecedentes, en el proceso primigenio de constitución del Estado en 1811, como a sus secuelas, en el proceso de consolidación de su desaparición a partir del mismo año 1819 hasta 1830.

Estas reflexiones, por lo demás, ratifican la crítica que en su momento formulamos en relación con la propuesta de denominar constitucionalmente a la República de Venezuela en 1999, como república "bolivariana," pues históricamente, la única "República Bolivariana" que existió y que podría tener ese calificativo, creación precisamente de Simón Bolívar, fue la "República de Colombia" decretada a partir de 1819 mediante la Ley constitucional de la unión de los pueblos de Colombia. La misma fue propuesta por el Libertador a los cuatro meses de reconstituirse el Estado de Venezuela en 1819, y fue

---

32　Véase el texto en Allan R. Brewer-Carías, *Las Constituciones de Venezuela*, *op. cit.*, Tomo I, pp. 643-644.

33　*Idem.*, Tomo I, pp. 645-646.

34　*Idem.*, Tomo I, pp. 649-665.

conformada definitivamente con la Constitución de Cúcuta de 1821, la cual fue formada precisamente a costa de la desaparición de Venezuela como "República," al quedar sus territorios integrados a aquella, ni siquiera como uno solo Departamento del nuevo Estado, sino descuartizado en tres Departamentos separados, que fueron los Departamentos de Orinoco, Venezuela y Zulia.

Por ello, en la sesión de la Asamblea Nacional Constituyente de 12 de noviembre de 1999, expresé y consigné mi voto salvado al texto del artículo 1° de la Constitución de 1999, indicando lo siguiente:

> "Salvo mi voto por estar en total desacuerdo con la denominación que se le pretende dar a la República como "República Bolivariana de Venezuela." Estimamos que con la invocación que se hacía en el texto aprobado en primera discusión respecto del pensamiento y la acción del Libertador, bastaba para identificar el país cultural e históricamente con el nombre de Bolívar. Pero cambiarle el nombre a la República en la forma aprobada no tiene justificación alguna, pues no se corresponde ni siquiera con la realidad histórica. La única "República Bolivariana" fue la República de Colombia, producto de la Ley de la Unión de los Pueblos de Colombia sancionada por el Congreso de Angostura en 1819, consolidada en la Constitución de Cúcuta de 1821, y que se extinguió con la muerte del Libertador."[35]

---

35 Véase en Allan R. Brewer-Carías, *Debate Constituyente. (Aportes a la Asamblea Nacional Constituyente),* Tomo III (18 octubre – 30 noviembre 1999), Fundación de Derecho Público, Editorial Jurídica Venezolana, Caracas 1999, p. 251.

PRIMERA PARTE
EL PROCESO DE CONSTITUCIÓN DEL ESTADO DE VENEZUELA EN 1811, COMO OBRA DE CIVILES

El Estado de Venezuela, como se dijo, se creó por el Congreso constituyente de 1811, al sancionarse la Constitución Federal para los Estados de Venezuela el 21 de diciembre de 1811,[1] la cual fue la tercera Constitución republicana del mundo moderno, después de las Constituciones de los Estados Unidos (1787) y de Francia (1791) de finales del siglo XVIII (la de "Haití de 1804, fue una constitución "imperial"); y la primera Constitución moderna en el mundo hispanoamericano.

Dicha Constitución fue producto de un proceso constituyente que se desarrolló durante dieciocho meses, conducido todo por civiles,[2] que, como se ha dicho, comenzó con los sucesos del 19 de abril de 1810, sobre el cual Francisco de Miranda, desde Londres, el 3 de agosto de 1810 al dirigirse a la Junta Suprema de Caracas dándoles "la enhorabuena por los

---

1 Véase el texto en Allan R. Brewer-Carías, *Las Constituciones de Venezuela*, op cit., Tomo I, pp. 555-579.
2 Véase Allan R. Brewer-Carías, Enrique Viloria Vera y Asdrúbal Aguiar (Coordinadores), *La Independencia y el Estado constitucional en Venezuela: Como obra de civiles (19 de abril de 1810, 5 de julio de 1811, 21 de diciembre de 1811)*, Cátedra Mezerhane sobre democracia, Estado de derecho y derechos humanos, Dade College, Editorial Jurídica Venezolana, Miami 2018, pp. 21 ss.

gloriosos y memorables hechos del 19 de abril de 1810," calificó dicho fecha como "la más célebre de la historia de esa Provincia y para los anales del nuevo mundo."[3]

Sobre ese acontecimiento, por otra parte, un mes antes, en julio de 1810, el mismo Miranda había manifestado a Richard Wellesley Jr., entonces Embajador británico en España, que la Revolución que había estallado en Caracas, había sido una insurrección contra la casta "de españoles nativos, respecto de quienes había sido siempre la política de la Madre Patria el confiarles todo el poder civil y militar," por parte de las otras cuatro clases: "de los criollos, de los negros, que representan una muy pequeña proporción con los blancos y de los indios aborígenes," y de "los llamados cuarterones, producto de un mulato y de un blanco, éstos están representados en la nueva Convención de gobierno."[4]

Con el golpe de Estado que venía de producirse deponiendo a las autoridades españolas, en efecto, la Junta Suprema de Venezuela, a pesar de su denominación inicial de "conservadora de los derechos de Fernando VII," en realidad comenzó a configurar un gobierno muy alejado de los principios monárquicos, y más bien bajo la inspiración de los principios del constitucionalismo moderno que en esos tiempos se estaban construyendo por la influencia de las revoluciones francesa y norteamericana,[5] ocurridas en las décadas precedentes.

Por ello, al asumir el mando de la Provincia, la Junta procedió a retener en forma provisional las funciones legislativas

---

3 Véase el texto de la carta en Francisco de Miranda, *América Espera* [Ed. J.L. Salcedo Bastardo], Biblioteca Ayacucho, Caracas 1992, pp. 439-440.

4 Véase el texto de la carta en Francisco de Miranda, *América Espera* [Ed. J.L. Salcedo Bastardo], *cit.*, pp. 443-446.

5 Véase José Gil Fortoul, *Historia Constitucional de Venezuela,* Tomo primero, *Obras Completas,* Tomo. I, Caracas, 1953, p. 209.

y ejecutivas, definiendo en cambio, ya en forma separada, en el Bando del 25 de abril de 1810, a los siguientes órganos del Poder Judicial:

"El Tribunal Superior de apelaciones, alzadas y recursos de agravios se establecerá en las causas que antes tenía la audiencia;" y el Tribunal de Policía "encargado del fluido vacuno y la administración de justicia en todas las causas civiles y criminales estará a cargo de los corregidores."[6]

El proceso político que originó la rebelión civil, por otra parte, conforme a los moldes de la Revolución francesa, puede considerarse como el producto de una Revolución de la burguesía y de la nobleza u oligarquía criolla, las cuales, al igual que el tercer estado en Francia, constituía la única fuerza activa nacional,[7] que en definitiva asumieron el poder. Por ello, la revolución de independencia en Venezuela fue el instrumento de la aristocracia colonial, es decir, de los blancos o mantuanos, para reaccionar contra la autoridad colonial y asumir el gobierno de las tierras que habían sido descubiertas, conquistadas, colonizadas y cultivadas por sus antepasados.[8] No se

---

6   Véase en *Textos oficiales de la Primera República de Venezuela,* Biblioteca de la Academia Nacional de la Historia, 1959, Tomo I, pp. 115–116.

7   Véase José Gil Fortoul, *Historia Constitucional de Venezuela, op. cit.,* Tomo primero, p. 200; Pablo Ruggeri Parra, *Historia Política y Constitucional de Venezuela,* Tomo I, Caracas, 1949, p. 31.

8   En este sentido, por ejemplo, L. Vallenilla Lanz fue categórico al considerar que "en todo proceso justificativo de la Revolución (de independencia) no debe verse sino la pugna de los nobles contra las autoridades españolas, la lucha de los propietarios territoriales contra el monopolio comercial, la brega por la denominación absoluta entablada de mucho tiempo atrás por aquella clase social poderosa y absorbente, que con razón se creía dueña exclusiva de esta tierra descubierta, conquistada, colonizada y cultivada por sus antepasados. En todas estas causas se fundaba no sólo el predominio y la influencia de que gozaba la nobleza criolla, sino el legítimo derecho al gobierno propio, sin la necesidad de apelar a principios exóticos tan en pugna con

trató, por tanto, inicialmente, de una revolución popular, pues los pardos, a pesar de constituir la mayoría de la población, apenas comenzaban a ser admitidos en los niveles civiles y sociales como consecuencia de la Cédula de "Gracias, al Sacar," vigente a partir de 1795, y que, con toda la protesta de los blancos, les permitía a aquellos adquirir mediante el pago de una cantidad de dinero, los derechos reservados hasta entonces a los blancos notables.[9]

Por ello, teniendo en cuenta la situación social pre-independentista, sin duda puede calificarse de "insólito" el hecho de que, en el Ayuntamiento de Caracas, transformado en Junta Suprema, se le hubiera dado "representación" no sólo a estratos sociales extraños al Cabildo, como los representantes del clero y los denominados del pueblo, sino a un representante de los pardos.[10]

---

    sus exclusividades y prejuicios de casta." Véase Vallenilla Laureano Lanz, *Cesarismo Democrático*. Estudio sobre las bases sociológicas de la Constitución efectiva en Venezuela, Caracas 1952, pp. 54 y 55.

9   Sobre el Decreto Real "*Gracias al Sacar*" del 10/02/1795. Véase J. F. Blanco y R. Azpurúa, *Documentos para la Historia de la Vida Pública del Libertador de Colombia, Perú y Bolivia. Puestos por orden cronológico y con adiciones y notas que la ilustran*, La Opinión Nacional, Vol. III, Caracas 1877, Edición facsimilar: Ediciones de la Presidencia de la República, Caracas 1977, 1983, Tomo I, pp. 263 a 275. *Cf.* Federico Brito Figueroa, *Historia Económica y Social de Venezuela. Una estructura para su estudio*, Tomo I, Caracas, 1966, p. 167; and L. Vallenilla Lanz, *Cesarismo Democrático, op. cit.*, pp. 13 ss. En este sentido, cabe señalar que en la situación social existente en el período anterior a la independencia existían indicios de la lucha de clases entre los blancos o aristócratas que constituían el 20% de la población y los pardos y los negros constituían el 61% de la población. Ello se materializaría más adelante en la rebelión de 1814. Véase F. Brito Figueroa, *Historia Económica ..., op. cit.*, tomo I, pp. 160 y 173. *Cf.* Ramón Díaz Sánchez, "Evolución social de Venezuela (hasta 1960)," en M. Picón Salas y otros, *Venezuela Independiente 1810–1960*, Caracas, 1962, p. 193.

10   Véase José Gil Fortoul, *Historia Constitucional de Venezuela, op. cit.*, Tomo primero, pp. 203, 208 y 254. Es de tener en cuenta, como señala A. Grisanti,

Todos estos actos políticos fueron incluso criticados públicamente por el depuesto y antiguo Capitán General Emparan, mediante un *Manifiesto* que publicó en Filadelfia el 6 de julio de 1810,[11] cuyo contenido fue rebatido en la "Refutación á la Proclama del ex-capitán General Emparan," publicada en Caracas como "contestación del Gobierno de Venezuela." Dicha Refutación fue redactada por Ramón García de Sena, hermano de Manuel García de Sena[12] el traductor de las obras de Thomas Paine, quien luego sería el redactor de *El Publicista Venezolano* (órgano del Congreso General de 1811), y después, destacado oficial del Ejercito de Venezuela, secretario de Guerra y Marina en 1812 y, además, uno de los firmantes de la

---

que "El Cabildo estaba representado por las oligarquías provincianas extremadamente celosas de sus prerrogativas políticas, administrativas y sociales, y que detentaban el Poder por el predominio de contadas familias nobles o ennoblecidas, acaparadoras de los cargos edilicios..." Véase Ángel Grisanti, Prólogo al libro *Toma de Razón, 1810 a 1812,* Caracas, 1955. El cambio de actitud del Cabildo caraqueño, por tanto, indudablemente que se debe a la influencia que sus miembros ilustrados recibían del igualitarismo de la Revolución Francesa: *Cf.* L. Vallenilla Lanz, *Cesarismo Democrático, cit.*, p. 36. Este autor insiste en relación a esto de la manera siguiente: "Es en nombre de la Enciclopedia, en nombre de la filosofía racionalista, en nombre del optimismo humanitario de Condorcet y de Rousseau como los revolucionarios de 1810 y los constituyentes de 1811, surgidos en su totalidad de las altas clases sociales, decretan la igualdad política y civil de todos los hombres libres," *op. cit.*, p. 75.

11   En la edición del *El Mercurio Venezolano* del 1 de enero de 1811 el Manifiesto de Emparan fue objeto de comentarios y una respuesta al mismo fue ofrecido en el siguiente número de la revista. Véase la edición facsimilar en <http://cic1.ucab.edu.ve/hmdg/bases/hmdg/textos/Mercurio/Mer_Enero1811.pdf>.

12   Véase el texto en *El Mercurio Venezolano*, N° II, febrero 1811, pp. 1-21, en <http://cic1.ucab.edu.ve/hmdg/bases/hmdg/textos/Mercurio/Mer_Febrero1811.pdf>.

extensa y completa "Constitución de la República de Barcelona Colombiana," de 12 de enero de 1812.[13]

El éxito inmediato que tuvo la difusión de las ideas revolucionarias originadas en Caracas, provocó que la nueva Junta de Gobierno debiera asumir el diseño de una segunda tarea, que fue la de establecer un poder central constituido, que requería la unión de todas las provincias de la antigua Capitanía General.

Esa tarea surgió del rápido proceso revolucionario de las Provincias de Venezuela, hacia donde se había expandido, por lo que junio de 1810 ya se hablara oficialmente de la "Confederación de Venezuela."[14] La Junta de Caracas, además, con representantes de Cumaná, Barcelona y Margarita ya había venido actuando como Junta Suprema pero, por supuesto, sin ejercer plenamente el gobierno en toda la extensión territorial de la antigua Capitanía General. De allí la necesidad que había de formar un "Poder Central bien constituido," es decir, un gobierno que uniera las Provincias, por lo que la Junta Suprema estimó que había "llegado el momento de organizarlo" a cuyo efecto, procedió a convocar:

> "A todas las clases de hombres libres al primero de los goces del ciudadano, que es el de concurrir con su voto a la delegación de los derechos personales y reales que existieron originariamente en la masa común."

En esta forma, la Junta llamó a elegir y reunir a los diputados que habían de formar "la Junta General de Diputación de las Provincias de Venezuela," para lo cual dictó, el 11 de junio

---

13 Véase *Las Constituciones Provinciales* (Estudio Preliminar por Ángel Francisco Brice), Biblioteca de la Academia Nacional de la Historia, Caracas 1959, p. 249.

14 Véase la "Refutación a los delirios políticos del Cabildo de Coro, de orden de la Junta Suprema de Caracas" de 1 de junio de 1810, en *Textos Oficiales..., op. cit.,* Tomo I, p. 180.

de 1810, el Reglamento de Elecciones de dicho cuerpo,[15] en el cual se previó, además, la abdicación de los poderes de la Junta Suprema en la Junta o Congreso General, quedando sólo como Junta Provincial de Caracas (Cap. III, art. 4). Este Reglamento de Elecciones, sin duda, fue el primero de todos los dictados en materia electoral en el mundo hispanoamericano.

Paralelamente a la emisión del Reglamento sobre elecciones de la Junta Suprema, como antes se indicó, la Junta nombró a Simón Bolívar y a Luis López Méndez como comisionados para representar al nuevo gobierno ante el Reino Unido, quienes, con Andrés Bello como secretario (recuérdese que Bello había sido, hasta entonces, el Oficial Mayor de la Capitanía General de Venezuela, es decir, el funcionario de mayor rango civil en el gobierno colonial), viajarían a Londres, mientras la Junta continuaba con la política exterior que había comenzado desde su instalación. Los comisionados tenían la misión de fortalecer las relaciones con Inglaterra y solicitar ayuda inmediata para resistir a la amenaza de Francia. En ello tuvieron éxito, logrando obtener la ayuda expresada específicamente en el compromiso de Inglaterra de defender al gobierno de Caracas de los "contra los ataques o intrigas del tirano de Francia."[16]

---

15 Véase el texto en *Textos Oficiales...*, *op. cit.*, Tomo II, pp. 61–84; y en Allan R. Brewer–Carías, *Las Constituciones de Venezuela,* Academia de Ciencias Políticas y Sociales, Caracas 2008, Tomo I, pp. 535-543.

16 Véase el boletín enviado el 7 de diciembre de 1810 por el Secretario de las Colonias de Gran Bretaña a los jefes de las Indias Occidentales Británicas, en el J. F. Blanco y R. Azpurúa, *Documentos para la Historia de la Vida Pública del Libertador...*, *op. cit.* Tomo II, p. 519. Véase igualmente, el artículo publicado en la *Gaceta de Caracas*, el viernes, 26 de octubre 1810 sobre las negociaciones de los comisionados. Véase en J. F. Blanco y R. Azpurúa, *Documentos para la Historia de la Vida Pública del Libertador...*, *op. cit.*, Tomo II, p. 514.

Para Francisco de Miranda, los comisionados venezolanos habrían continuado las negociaciones que él había iniciado "desde veinte años a esta parte [...] en favor de nuestra emancipación e independencia."[17] Sin embargo, los Comisionados tenían entre sus Instrucciones la de no entrar en contacto con Miranda, a quien se consideraba como un conspirador nato, que además había recibido el repudio de toda la aristocracia colonial por su invasión de la Provincia cuatro años antes en 1806. En las instrucciones dadas a los Comisionados por la Junta Suprema, por ello, se decía:

> "Miranda, el general que fué de la Francia, maquinó contra los derechos de la Monarquía que tratamos de conservar, y el Gobierno de Caracas por las tentativas que practicó contra esta Provincia en el año 1806 por la costa de Ocumare y por Coro, ofreció 30.000 pesos por su cabeza. Nosotros consecuentes en nuestra conducta debemos mirarlo como rebelado contra Fernando VII, y baxo de esta inteligencia si estuviese en Londres, ó en otra parte de las escalas ó recaladas de los comisionados de este nuevo Gobierno, y si se acercase á ellos sabrán tratarle como corresponde á estos principios, y á la inmunidad del territorio donde se hallase; y si su actual situación pudiese contribuir de algún modo que sea decente á la comisión, no será menospreciado."[18]

Sin embargo, no era concebible que los Comisionados pudieran llegar a Londres y no tener contacto con la persona que más relaciones tenía con el mundo inglés a los efectos del propósito de la delegación, lo que ocurrió varios días después de la llegada de los mismos a Londres. Por otra parte, las Ins-

---

17 Véase la carta de Miranda a la Junta Suprema de 3 de agosto 1810, en J. F. Blanco y R. Azpurúa, *Documentos para la Historia de la Vida Pública del Libertador...*, op. cit., Tomo II, p. 580.

18 Véase el texto en Jules Mancini, *Bolívar y la emancipación de las colonias españolas desde los orígenes hasta 1815*, Librería de la Vda. De C. Bouret, Paris-México, 1914, p. 319.

trucciones dadas a la Comisión eran básicamente para mediar entre la Metrópoli y las colonias, y no para abogar por la independencia. Bolívar, sin embargo, en su exposición verbal ante el Marqués de Wellesley, Ministro de asuntos exteriores, no sólo hizo alusiones ofensivas a la Metrópoli sino abogó por una independencia absoluta. Lo extraño fue que copia de las Instrucciones oficiales a los Comisionados, fueron entregadas a las autoridades del gobierno inglés, junto con las credenciales de los comisionados.[19] Las autoridades inglesas, por tanto, desde el inicio, tomaron nota de la contradicción y, además, de la opinión que las nuevas autoridades de la Provincia tenían sobre la persona que, ante ellas, tanto y durante tanto tiempo, había abogado por la independencia.

Luego de la breve estancia londinense, Bolívar y Miranda regresaron a Caracas en diciembre de 1810. Bolívar actuó brevemente en la Junta Patriótica, junto con Miranda, pero este último, además, fue electo como diputado por el Pao para formar parte del Congreso General de Venezuela, el cual se instaló el 2 de marzo de 1811.[20]

Andrés Bello, por su parte, permanecería en Londres como Secretario de la Legación de Venezuela, correspondiéndole seguir desarrollando las relaciones establecidas por Miranda

---

19 Véase en Ricardo Becerra, *Vida de Don Francisco de Miranda*, Vol. 2, Editorial América, Madrid 1923, p. 156. Por ello se salvaron para la historia. Como lo reportó Jules Mancini en 1914, el documento contentivo de las "Instrucciones de Su Alteza la Junta Suprema de Venezuela a sus Comisionados delegados a la Corte de Londres" dadas en Caracas el 2 de junio de 1810, había permanecido inédito, y se encontraba en el Archivo inglés, *War Office* (Curazao) 1/105. Véase en su libro: *Bolívar y la emancipación de las colonias españolas desde los orígenes hasta 1815*, Librería de la Vda. De C. Bouret, Paris-México, 1914, nota 2, p. 30.

20 Véase C. Parra Pérez, *Historia de la Primera República,* Biblioteca de la Academia Nacional de la Historia, Caracas, 1959, Tomo I, Caracas 1959, pp. 15 y 18.

con la comunidad inglesa y con los españoles interesados en la suerte de América, y además, tomar a su cargo en 1812, la edición del libro editado en Londres sobre los *Documentos Oficiales Interesantes relacionados con las Provincias Unidas de Venezuela*,[21] el cual, sin duda, debe haber respondido a la iniciativa de Miranda, una vez que los documentos constitucionales de la República se habían completado en diciembre de 1811, habiendo él dejado en Londres toda la red de difusión y publicación de ideas que tan tenazmente allí había construido.

Como se dijo, Francisco de Miranda regresó a Venezuela en diciembre de 1810, ocho meses después de que se había iniciado el proceso de independencia de las provincias de Venezuela a partir de los actos de rebelión del cabildo de Caracas del 19 de abril de 1810, y cuarenta años después de haberse alejado de su tierra natal, la cual dejó en 1771. Regresaba a Caracas, después de haber desarrollado una exitosa carrera militar en el ejército y la marina españolas (1772-1783) y en el ejército francés (1792-1793), y después de haber fracasado en su intento de invasión militar a las Provincias de Venezuela (1806-1807), cuando ya se había retirado a la vida civil; y precisamente como civil, para integrarse al proceso civil de construir un nuevo Estado en lo que habían sido las Provincias de Venezuela.

---

21 Véase el facsimilar del libro: "*Interesting Documents relating to Caracas/ Documentos Interesantes relativos a Caracas; Interesting Official Documents relating to the United Provinces of Caracas, viz. Preliminary Remarks, The Act of Independence. Proclamation, Manifesto to the World of the Causes which have impelled the said provinieses to separate from the Mother Country; together with the Constitution framed for the Administration of their Government. In Spanish and English,*" publicado en forma bilingüe en Londres en 1812, en Allan R. Brewer-Carías, *Documentos constitucionales de la Independencia/ Constitucional Documents of the Independence 1811,* Colección Textos Legislativos Nº 52, Editorial Jurídica Venezolana, Caracas 2012, pp. 301-637.

En su viaje de regreso a Venezuela llevó consigo, como su únicas "armas," las propuestas constitucionales que ya había venido formulado para la organización de Colombia, como llamaba a todo el Continente hispanoamericano, las cuales había comenzado a difundir; y además, los papeles que conformaban su extraordinario *Archivo*, específicamente los destinados a sembrar las ideas y conceptos que pudieran contribuir a la configuración institucional del nuevo Estado que estaba por constituirse; muchas de los cuales se difundirían regular y sistemáticamente en la *Gaceta de Caracas* entre 1810 y 1811 bajo el nombre de William Burke, y se debatirían en la Junta Patriótica, que presidió.

Miranda viajó a Venezuela, por tanto, a integrarse al grupo de civiles que configuró constitucionalmente a la República, y solo asumió la posición militar desesperada de Generalísimo de la República, que esta le exigió, dos años después, sustituyendo al Marqués del Toro para asumir la defensa militar del nuevo Estado independiente ante la invasión militar ordenada por la regencia en España con el apoyo de las Cortes de Cádiz, a partir de marzo de 1812.

Lo importante en el proceso de independencia venezolano es que, a diferencia de lo que sucedió en los otros países del Continente, la independencia fue obra única y exclusivamente de civiles, no de militares. Es decir, en Venezuela no hubo una "guerra de Independencia" para lograrla de España; lo que hubo fue después de declarada la independencia y constituido el Estado, una "guerra de liberación" llevada a cabo a partir de 1813, con Simón Bolívar a la cabeza, para liberar a un país de la invasión española, que ya era independiente desde 1810.

Ese proceso civil de conformación de un nuevo Estado en el territorio de unas provincias españolas en América, que desde 1777 había conformado la Capitanía General de Venezuela, estuvo desde el inicio signado por la idea fuerza de estructuración de dicho Estado con la forma federal, la cual había sido recién "inventada" en los Estados Unidos de Norteamérica, y ello fue lo que se materializó entre 1810 y 1811, antes incluso de que las Cortes de Cádiz sancionaran la Constitución de la Monarquía española de marzo de 1812. Dicho nuevo Estado, además, se organizó conforme a los principios del constitucionalismo moderno cuyas ideas, como se dijo, ya se habían venido expandiendo en el mundo occidental luego de las revoluciones norteamericana y francesa de finales del siglo XVIII.[22]

Y el órgano responsable para todo ello fue un cuerpo representativo de las provincias, integrado luego de que se efectuaron elecciones para elegir los diputados de las mismas conforme al Reglamento adoptado en julio de 1810, denominado Congreso General de las Provincias Unidas de Venezuela, el cual fue el que adoptó, el 1º de julio de 1811, la Declaración de Derechos del Pueblo; el 5 de julio de 1811, la declaración formal de Independencia, y procedió a la creación formal del nuevo Estado de Venezuela con la sanción el 21 de diciembre de 1811, de la Constitución Federal de los Estados de Venezuela. Dicho proceso constituyente, además, se completó, después de la aprobación de varias Constituciones provinciales, con la sanción el 31 de enero de 1812 de la Constitución para el Gobierno y Administración de la Provincia de Caracas, que era la Provincia más importante del nuevo Estado federal.[23]

---

22 Véase Allan R. Brewer-Carías, *Reflexiones sobre la revolución norteamericana (1776), la revolución francesa (1789) y la revolución hispanoamericana (1810-1830) y sus aportes al constitucionalismo moderno*, 2ª Edición Ampliada, Universidad Externado de Colombia, Editorial Jurídica Venezolana, Bogotá 2008.

23 Véase Allan R. Brewer-Carías, *Los inicios del proceso constituyente hispano y americano Caracas 1811 – Cádiz 1812*, bid & co. Editor, Caracas 2011, pp. 75 ss.

En todo ese proceso constituyente, como se dijo, fueron civiles, la mayoría de ellos abogados y políticos quienes, como hombres de ideas, la mayoría habían egresado del Colegio Santa Rosa, origen de la Universidad Central de Venezuela, y quienes fueron los que participaron en todos los actos políticos que siguieron a la rebelión de Caracas, concibiendo y redactando los actos y documentos constitutivos del nuevo Estado. Como ideólogos y, además, como hombres de acción, esos creadores estuvieron presentes y participaron en todos los acontecimientos políticos que ocurrieron en esas fechas, comprometiéndose personalmente con los mismos, habiendo suscrito todos ellos los actos constituyentes subsiguientes. Fueron, en fin, los hombres que en Venezuela tuvieron un rol histórico equivalente al que en la historia de los Estados Unidos de América se conocen como los "padres fundadores" (G. Washington, J. Adams, T. Jefferson, J. Madison, B. Franklin, S. Adams, T. Paine, P. Henry, A. Hamilton, G. Morris, entre otros).[24]

En Venezuela, esos próceres o padres fundadores de la República, todos civiles ilustrados, fueron entre otros, Juan Germán Roscio, Francisco Javier Ustáriz, Francisco Isnardi y Miguel José Sanz; y quienes, junto con Lino de Clemente, Isidoro Antonio López Méndez, Martín Tovar y Ponce, invariablemente participaron en los más importantes actos de la independencia.

La mayoría de ellos, en efecto, formaron parte de la Junta Conservadora de los Derechos de Fernando VII el 19 de abril de 1810, como funcionarios que eran del Cabildo o como diputados por el pueblo que se incorporaron al mismo (Roscio); fueron miembros como Vocales de a la Junta Suprema de go-

---

[24] Véase Joseph J. Ellis, *Founding Brothers. The Revolutionary Generation*, Vintage Books, New York, 2000.

bierno que se organizó días después, por el bando del 23 de abril de 1810, y en la misma Roscio fue quien redactó del Reglamento para la elección de los diputados al Congreso General; fueron electos como diputados al Congreso General, conforme al Reglamento de Elecciones dictado por la Junta Suprema el 11 de junio de 1810; participaron en el acto de instalación del Congreso General de diputados el día 3 de marzo de 1811; suscribieron la Declaración sobre los Derechos del Pueblo sancionada por el Congreso General en la Sección Legislativa para la Provincia de Caracas el 1 de julio de 1811; suscribieron el Acta de la Independencia del 5 de julio de 1811; suscribieron la Constitución Federal de los Estados de Venezuela de 21 de diciembre de 1811; y suscribieron la Constitución de la Provincia de Caracas del 31 de enero de 1812.

A ese grupo se unió Francisco de Miranda a partir de diciembre de 1810, habiendo pasado a promover la Junta Patriótica y a participar activamente en el Congreso donde fue electo como diputado por El Pao, participando en la emisión del Acta de la Independencia del 5 de julio de 1811; suscribiendo la Constitución Federal de los Estados de Venezuela de 21 de diciembre de 1811, en la cual consignó uno de los pocos votos salvados respecto de la misma. Miranda, sin embargo, aun cuando creía que todo el proceso de independencia ocurrido en Caracas se debía a su tesonera labor en Europa de difusión de las ideas libertarias del Continente, nada tuvo que ver con la gestación inicial del proceso en Venezuela, donde los líderes de la insurrección todos mucho menores que él, tenían otra visión de su persona, más lejana y distante.

En todo caso, por haber sido parte de ese grupo de fundadores del Estado, junto con todos ellos pasó a engrosar el grupo a quienes Domingo Monteverde, el jefe español invasor del territorio a comienzos de 1812, calificó como los "monstruos, origen y raíz primitiva de todos los males de América," [25] grupo en el cual, después de que Miranda fue ignominiosamente entregado a Monteverde por algunos de sus subalternos, entre ellos Bolívar, Las Casas y Peña, estuvieron otros ilustres diputados que fueron apresados por Monteverde, y entre ellos Juan Germán Roscio, Francisco Isnardi, Juan Paz del Castillo y Díaz, Juan Pablo Ayala, José Cortés de Madariaga, José Mires, Manuel Ruiz y Antonio Barona.

Entre todos ellos, sin embargo, hay un pequeño grupo que deben recordarse específicamente, al cual correspondió el peso de concebir la República y diseñarla constitucionalmente. Entre ellos destaca, ante todo, Juan Germán Roscio (1763-1821), experimentado abogado, conocido en la Provincia por haber protagonizado una importante batalla legal para su aceptación en el Colegio de Abogados de Caracas, luego de haber sido rechazado por su condición de *pardo*. Roscio, además, había sido Fiscal en la Administración colonial, y en tal carácter incluso, perseguidor judicial de los miembros de la expedición de Francisco de Miranda en 1806, quienes fueron infortunadamente apresados en el intento de desembarco en las costas de Ocumare. Como abogado, sin embargo, Roscio fue uno de los que en abril de 1810 se rebeló contra la autoridad colonial, habiendo sido uno de los "representantes del pueblo" incorporados en la Junta Suprema el 19 de abril de 1810. En la Junta fue luego designado como Secretario de Relaciones Exteriores, por lo que se lo considera como el primer Ministro de Relaciones Exteriores del país; y en tal carácter designó a los Comisionados para que fueron a Londres para buscar el apoyo inglés al proceso de independencia, cuyas Instrucciones sin duda elaboró directamente. Su amistad con Bello, pues ambos

---

25 Véase la referencia en J. F. Blanco y R. Azpurúa, *Documentos para la Historia de la Vida Pública del Libertador...*, op. cit., Tomo II, p. 700.

habían sido funcionarios del régimen colonial, lo llevó a designarlo como secretario de la Comisión y su desencuentro, como perseguidor fiscal de los invasores apresados compañeros de Miranda, debe haber influido en la redacción de aquellas Instrucciones.

Por otra parte, en la misma Junta, como secretario de Estado, Roscio fue quien firmó el 14 de agosto de 1810 la orden de la Junta Suprema de constitución de la "Sociedad Patriótica de Agricultura y Economía,"[26] o sea, la Junta Patriótica de la cual Miranda llegó a ser su presidente. Posteriormente, en los momentos del funcionamiento del Congreso General, Roscio además, fue nombrado como Ministro de Gracia, Justicia y Hacienda.[27]

Roscio, por otra parte, fue el redactor del muy importante *Reglamento para la elección y reunión de diputados que han de componer el Cuerpo Conservador de los derechos del Sr. D. Fernando VII en las Provincias de Venezuela* de 11 de junio de 1810, considerado como el primer Código Electoral de América Latina,[28] y conforme al mismo, fue electo diputado al

---

26 Véase *Textos Oficiales de la Primera República de Venezuela,* Biblioteca de la Academia de Ciencias Políticas y Sociales, Caracas 1982, Tomo I, pp. 215-216.

27 De ello se da cuenta en la sesión del Congreso del 17 de julio de 1811. Véase Ramón Díaz Sánchez, "Estudio Preliminar," *Libro de Actas del Segundo Congreso de Venezuela 1811-1812,* Academia Nacional de la Historia, Caracas 1959, Tomo I, p. 220.

28 Véase sobre la primera manifestación de representatividad democrática en España e Hispanoamérica en 1810, es decir, la elección de diputados a las Cortes de Cádiz conforme a la *instrucción* de la junta central gubernativa del reino de enero de 1810, y la elección de diputados al Congreso General de Venezuela conforme al *reglamento* de la Junta Suprema de Venezuela de junio de 1810, en Allan R. Brewer-Carías, *Los inicios del proceso constituyente hispano y americano Caracas 1811- Cádiz 1812,* bid & co. editor, Caracas 2011, pp. 9 ss.

Congreso General por el partido de la Villa de Calabozo. Roscio, por tanto, fue redactor de la importante Alocución que presidió a dicho Reglamento, donde se sentaron las bases del sistema republicano representativo.[29]

Junto con Francisco Isnardi, Secretario del Congreso, Roscio fue figura clave en la redacción del *Acta de la Independencia* del 5 de julio de 1811; así como en la redacción del *Manifiesto que hace al mundo la Confederación de Venezuela en la América Meridional*, que se adoptó en el Congreso General el 30 de julio de 1811, explicando "las razones en que se ha fundado su absoluta independencia de España, y de cualquiera otra dominación extranjera, formado y mandado publicar por acuerdo del Congreso General de sus Provincias Unidas."[30]

Roscio fue también comisionado por el Congreso, junto con Gabriel de Ponte, Diputado de Caracas, y Francisco Javier Ustáriz, diputado por partido de San Sebastián, para colaborar en la redacción de la *Constitución Federal de las Provincias de Venezuela* de 21 de diciembre de 1811, y fue incluso miembro suplente del Ejecutivo Plural de la Confederación designado en 1812. Era fluente en inglés, e incluso fue el traductor de trabajos que Miranda había llevado a Caracas en su *Archivo*, preparados por sus colaboradores Campomanes y Antequera, y que bajo el nombre de William Burke fueron publicados en la *Gaceta de Caracas*, de la cual fue Redactor en sustitución de Andrés Bello. Roscio, además, fue uno de los pocos venezolanos que mantuvo a partir de 1810 directa correspondencia con Andrés Bello cuando ya este estaba en Londres, y con

---

29 Véase Ramón Díaz Sánchez, "Estudio Preliminar," *Libro de Actas del Segundo Congreso de Venezuela 1811-1812, op. cit.*, Tomo I, p. 91.

30 Véase el texto en *Libro de Actas del Segundo Congreso de Venezuela 1811-1812*, Academia Nacional de la Historia, Caracas 1959, Tomo I, p. 82. Véanse los comentarios de Luis Ugalde s.j., *El pensamiento teológico-político de Juan Germán Roscio*, Universidad Católica Andrés Bello, Bid & Co. Editor, Caracas 2007, pp. 30, 39.

José M. Blanco White, el editor en Londres del periódico *El Español*.[31]

En agosto de 1812 fue apresado por Domingo Monteverde, y fue finalmente enviado junto con Francisco de Miranda a la prisión de La Carraca, en Cádiz, como uno de los mencionados monstruos origen "de todos los males de América." Después de ser liberado en 1815, gracias a la intervención del gobierno británico, llegó a Filadelfia donde publicó en 1817 su conocido libro *El triunfo de la libertad sobre el despotismo, En la confesión de un pecador arrepentido de sus errores políticos, y dedicado a desagraviar en esta parte a la religión ofendida con el sistema de la tiranía,* en la Imprenta de Thomas H. Palmer.[32]

Por todo ello, Juan Germán Roscio sin duda puede considerarse como "la figura más distinguida del movimiento de independencia desde 1810,"[33] y como "el más conspicuo de los ideólogos del movimiento" de independencia;[34] es decir, el más destacado de los próceres de la independencia, el cual como todos los otros, fue olvidado como tal.

Otros de los destacados próceres civiles de la independencia, también olvidado, fue el mencionado Francisco Isnardi, de

---

31 Andrés Bello y López Méndez entregaron a Blanco White la carta de Roscio de 28 de enero de 1811, la cual fue contestada por este último el 11 de julio de 1811. Ambas cartas se publicaron en *El Español,* y reimpresas en José Félix Blanco and Ramón Azpurúa, *Documentos para la historia de la vida pública del Libertador,* Ediciones de la Presidencia de la República, Caracas 1978., Tomo III, pp. 14-19.

32 La segunda edición de 1821 fue hecha también en Filadelfia en la Imprenta de M. Carey e hijos.

33 Véase Ramón Díaz Sánchez, "Estudio Preliminar," *Libro de Actas del Segundo Congreso de Venezuela 1811-1812, op. cit.,* Tomo I, p. 61.

34 Véase Manuel Pérez Vila, "Estudio Preliminar," *El Congreso Nacional de 1811 y el Acta de la Independencia,* Edición del Senado, Caracas 1990, p. 6.

origen italiano (nació en Turín en 1750), quien después de haber vivido en Trinidad, pasó a las provincias de Venezuela donde por sus amplios conocimientos de física, astronomía y medicina, por encargo del entonces Gobernador del golfo de Cumaná, Vicente de Emparan, elaboró el mapa de la costa de dicho golfo. Ello produjo sospechas y acusado de trabajar para los ingleses, fue perseguido por las autoridades coloniales de Venezuela, confiscándoseles sus bienes. Luego de ser absuelto en Madrid, regresó a Margarita en 1809, donde ejerció la medicina, pasando luego a Caracas donde entabló amistad con Andrés Bello. Para 1810 trabajaba como cirujano del cuerpo de artillería, y junto con Bello se encargó de la redacción de la *Gaceta de Caracas*. Participó activamente en los eventos que siguieron a la revolución del 19 de abril de 1810, habiendo sido, entre 1811 y 1812, el editor de los más importantes periódicos republicanos como *El Mercurio Venezolano,* la propia *Gaceta de Caracas* y *El Publicista de Venezuela*. Si bien no fue diputado, tuvo la importantísima posición de secretario del Congreso General durante todo su funcionamiento, a quien el Congreso General encomendó, junto con Roscio, la redacción del *Acta de la Independencia* del 5 de julio de 1811.[35] Igualmente fue co-redactor de importante *Manifiesto* al Mundo del Congreso General. Isnardi fue también uno de los "ocho monstruos" patriotas encarcelados por Monteverde, habiendo sido también enviado a prisión a Cádiz.

Además, en ese proceso fundacional estuvo Francisco Javier Ustáriz, (1772-1814) también distinguido jurista, quien igualmente fue incorporado en 1810 a la *Junta Suprema* como "representante del pueblo." También fue electo diputado al Congreso General por el partido de San Sebastián, habiendo

---

35 Véase *Libro de Actas del Segundo Congreso de Venezuela 1811-1812, cit.,* Tomo I, p. 201; Luis Ugalde s.j., *El pensamiento teológico-político de Juan Germán Roscio*, Bid & Co. editor, Caracas 2007, p. 30.

sido, junto con Roscio, uno de los principales redactores de la *Constitución Federal* de 1811, y de la Constitución de la Provincia de Caracas de enero de 1811.

El otro distinguido jurista prócer de la independencia fue Miguel José Sanz (1756-1814), quien también tuvo una destacada actuación en la Capitanía General durante el periodo colonial. Fue relator de la Audiencia de Caracas, decano del Colegio de Abogados de Caracas, y uno de los promotores de la Academia de Derecho Público y Español que se instaló en 1790. En 1793, fue uno de los miembros del Real Consulado de Caracas, y asesor jurídico del mismo; y entre 1800 y 1802 redactó las Ordenanzas para el gobierno y policía de Santiago de León de Caracas. Por diferencias con miembros del Cabildo fue expulsado en 1809 a Puerto Rico, regresando meses después de la rebelión civil de abril de 1810. Junto con José Domingo Díaz, fue redactor entre 1810 y 1811 del *Semanario de Caracas*. Amigo de Francisco de Miranda, Sanz ocupó brevemente la Secretaría del Congreso de 1811, cargó que abandonó para ocupar la Secretaría de Estado, Guerra y Marina. Como tal, firmó la orden del Ejecutivo para la publicación del *Acta de la Independencia*. También actuó como presidente de la Sección Legislativa de la provincia de Caracas, y debió sin duda haber sido uno de los propulsores de la adopción de la *Declaración de Derechos del Pueblo* de 1811. Tras la Capitulación de 1812 fue encerrado en los calabozos de Puerto Cabello.

A todos estos políticos y juristas, como se dijo, fue que se unió, también como prócer fundamental civil de la Independencia, Francisco de Miranda (1750-1816), el hombre más universal de su tiempo, y quien una vez que regresó a Caracas a finales de 1810, no sólo se incorporó al Congreso como diputado, sino que participó activamente en las discusiones de la Junta Patriótica, habiendo sido el más importante suministrador de ideas y escritos, que eran parte de su Archivo, para la configuración del nuevo Estado. Tuvo un rol protagónico en todos los sentidos, habiendo sido llamado a hacerse cargo de la República como Generalísimo, luego de la invasión del territorio de la provincia por los ejércitos españoles al mando de Monteverde. La pérdida del Castillo de Puerto Cabello comandado por Simón Bolívar, a quien no sin cierta reticencia le había encomendado el mando, y con ello, la pérdida del arsenal de la República, lo obligó a negociar un armisticio con Monteverde en julio de 1812. Después de haber sorteado durante varias décadas, persecuciones, juicios y amenazas de prisión, terminó siendo vilmente apresado por sus subalternos y entregado a Monteverde a los pocos días de la firma de la capitulación de San Mateo, falleciendo prisionero en Cádiz en 1816.[36]

En el grupo de los próceres se debe también mencionar a Andrés Bello, el más destacado humanista de América, quien al contrario de Miranda quién regresó a Venezuela, más bien abandonó Caracas formando parte como secretario, de la delegación oficial de la Junta Suprema de Caracas ante el gobierno inglés, no regresando más a Venezuela. Bello había ocupado en la administración colonial la importante posición de Oficial Mayor de la Capitanía General y redactor de la *Gaceta de Caracas*, lo que explica su alejamiento de la nueva República. Por ello, después de coincidir unos meses con Miranda en Londres en 1810, no sólo fijó su residencia en su casa de Grafton Street, sino que heredó toda la red de contactos que éste había tejido en Inglaterra en pro de la independencia americana.

Todos esos próceres de la independencia, en una forma u otra, como se ha dicho, se habían nutrido de las ideas que derivaron del proceso revolucionario francés y de la revolución de independencia

---

36 Véase *Allan R. Brewer-Carías, Sobre Miranda. Entre la perfidia de uno y la infamia de otros y otros escritos*, Editorial Jurídica Venezolana, Segunda edición, Caracas 2018.

de los Estados Unidos de Norteamérica, las cuales penetraron por supuesto habían penetrado en la Capitanía General no sólo a partir de 1810 con los papeles del *Archivo* de Miranda, sino con anterioridad por el trabajo que venían realizado varios venezolanos en el exterior. Es así, por ejemplo, que ya en 1810, al comenzar la revolución en Venezuela, Joseph Manuel Villavicencio, natural de la Provincia de Caracas, publicó la primera traducción de la *Constitución de los Estados Unidos de América,*[37] la cual circuló profusamente en América Hispana, a pesar de la prohibición que la Inquisición había impuesto a ese tipo de publicaciones.

Además, las obras de Thomas Paine,[38] conocidas por la elite venezolana, también fueron traducidas y publicadas numerosas veces desde 1810 distribuyéndose copiosamente por Hispano América, destacándose la traducción realizada por Manuel García de Sena, quien desde 1803 había fijado su residencia en Filadelfia. Esa traducción se denominó como: *La Independencia de la Costa Firme justificada por Thomas Paine treinta años ha. Extracto de sus obras,*[39] y fue publicada en 1811 en la imprenta que T. y J. Palmer. Este libro contenía la primera traducción al castellano del famoso panfleto de Paine: "*Common Sense*" (Philadelphia, 1776), de dos de sus principales disertaciones: *Dissertations on the Principles of Government,* y además, de la Declaración de Independencia (4 de julio de 1776), de los artículos de la Confederación (1778), del

---

37 Véase la *Constitución de los Estados Unidos de América*, editado en Filadelfia en la imprenta Smith & M'Kennie, 1810.

38 Véase sobre el significado de la obra de Paine en la Independencia de los Estados Unidos, por ejemplo, Joseph Lewis, *Thomas Paine. Author of the declaration of Independence,* Freethouht Press, New York 1947.

39 Una reimpresión de esta obra se realizó por el Ministerio de Relaciones Exteriores de Venezuela en 1987, como Edición conmemorativa del Bicentenario de la Constitución de los Estados Unidos de América, Caracas 1987.

texto de la Constitución de los Estados Unidos y Perpetua Unión (8 de julio de 1778) y de sus primeras Doce Enmiendas (1791, 1798, 1804); del texto de las Constituciones de Massachusetts (1780), de New Jersey (1776), de Virginia (1776), y de Pennsylvania (1790); así como la relación de la Constitución de Connecticut.[40]

Posteriormente, García de la Sena también publicó en 1812, en la misma casa de T. and J. Palmer en Filadelfia, la traducción al castellano de la tercera edición (1808) del libro de John M'Culloch, *Concise History of the United States, from the Discovery of America, till 1807*, con el título *Historia Concisa de los Estados Unidos desde el descubrimiento de la América hasta el año 1807*.

En 1811, por tanto, todos esos trabajos y documentos eran piezas esenciales para explicar en la América hispana el significado y alcance de la revolución norteamericana, proceso en el cual los trabajos de Paine tuvieron una importancia destacada, moldeando e influenciando en la redacción de los documentos constitucionales de la independencia. Por ello, entre los primeros actos del gobierno de Domingo Monteverde en 1812, fue la incautación de los ejemplares de la referida traducción de Manuel García de Sena.

Esta traducción de García de Sena, como él mismo lo expresó, tenían el propósito de "ilustrar principalmente a sus conciudadanos sobre la legitimidad de la Independencia y sobre el beneficio que de ella debe desprenderse, tomando como base la situación social, política y económica de los Estados

---

40 Una moderna edición de esta obra es *La Independencia de la Costa Firme, justificada por Thomas Paine treinta años ha*. Traducido del inglés al español por don Manuel García de Sena. Con prólogo de Pedro Grases, Comité de Orígenes de la Emancipación, núm. 5. Instituto Panamericano de Geografía e Historia, Caracas, 1949.

Unidos." Sus obras, como se dijo, tuvieron una enorme repercusión en los tiempos de la Independencia de Venezuela y en América Latina en general,[41] circulando de mano en mano. Incluso, en la *Gaceta de Caracas,* que se inició en 1808 con la introducción de la imprenta en la Provincia, en los números de los días 14 y 17 de enero de 1812 se publicó parte del libro de García de Serna contentivo de la traducción de la obra de Paine.[42]

En la *Gaceta de Caracas*, además, a partir de noviembre de 1810 comenzaron a aparecer una serie de editoriales bajo el nombre de William Burke, nombre que en definitiva resultó ser un pseudónimo utilizado fundamentalmente bajo la dirección de Francisco de Miranda y sus colaboradores inmediatos Campomanes y Antepara, para difundir algunos los papeles y escritos que formaban parte de su *Archivo* personal, con escritos por ejemplo de James Mill que se referían a las ideas constitucionales de entonces, especialmente las originadas en el sistema norteamericano.[43] Todos esos editoriales, publicados entre noviembre de 1810 y marzo de 1812, fueron incluso re-

---

41 Véase en general, Pedro Grases, *Libros y Libertad,* Caracas 1974; y "Traducción de interés político cultural en la época de la Independencia de Venezuela," en *El Movimiento Emancipador de Hispano América, Actas y Ponencias,* Academia Nacional de la Historia, Caracas 1961, Tomo II, pp. 105 ss.; Ernesto de la Torre Villas y Jorge Mario Laguardia, *Desarrollo Histórico del Constitucionalismo Hispanoamericano,* UNAM, México 1976, pp. 38–39.

42 Véase Pedro Grases "Manual García de Sena y la Independencia de Hispanoamérica" en la edición del libro de García de Sena que realizó el Ministerio de Relaciones Interiores, Caracas 1987, p. 39.

43 Véase los comentarios sobre los trabajos atribuidos a "William Burke," en Allan R. Brewer-Carías, "Introducción General" al libro *Documentos Constitucionales de la Independencia/ Constitucional Documents of the Independence 1811*, Colección Textos Legislativos N° 52, Editorial Jurídica Venezolana, Caracas 2012, pp. 59-299.

cogidos en un libro de William Burke en dos tomos con el título de *Derechos de la América del Sur y México*,[44] publicados por la propia *Gaceta de Caracas* a finales de 1811.

Con todo ese arsenal de ideas, los próceres fundadores de la República que participaron en la rebelión independentista del 19 de abril de 1810; conformaron el nuevo gobierno de Caracas en sustitución de lo que había sido el gobierno de la Capitanía General y de la Provincia de Caracas; organizaron y participaron en la elección de los diputados al Congreso General de las provincias de dicha Capitanía a partir de junio de 1810; declararon solemnemente la Independencia el 5 de julio de 1811; redactaron la Constitución Federal de los Estados de Venezuela de 21 de diciembre de 1811[45] y la Constitución de la Provincia de Caracas de 31 de enero de 1812;[46] estos últimos textos, modelos acabados de lo que podían ser textos constitucionales de un nuevo Estado republicano de comienzos del siglo XIX, influidos por todos los principios del constitucionalismo moderno. Esa fue la "república aérea" a la que un año después se refirió Simón Bolívar, quien no participó en

---

44 Véase en la edición de la Academia de la Historia, William Burke, *Derechos de la América del Sur y México,* 2 vols., Caracas 1959. Quizás por ello, José M. Portillo Valdés, señaló que "William Burke" más bien habría sido, al menos por los escritos publicados en Caracas, una "pluma colectiva" usada por James Mill, Francisco de Miranda y Juan Germán Roscio. Véase José M. Portillo Valdés, *Crisis Atlántica: Autonomía e Independencia en la crisis de la Monarquía Española*, Marcial Pons 2006, p 272, nota 60. En contra véase Karen Racine, *Francisco de Miranda: A Transatlantic Life in the Age of Revolution*, SRBooks, Wilmington, 2003, p 318.

45 Véase en Allan R. Brewer-Carías, *Las Constituciones de Venezuela*, Academia de Ciencias Políticas y Sociales, Caracas 2008, Tomo I; *Historia Constitucional de Venezuela*, Editorial Alfa, Caracas 2008, Tomo I.

46 Véase sobre esta Constitución provincial, Allan R. Brewer-Carías, *La Constitución de la Provincia de Caracas de 31 de enero de 1812*, Academia de Ciencias Políticas y Sociales, Caracas 2012.

forma alguna en ese proceso constituyente, calificando a los próceres civiles solo como sofistas y filántropos.

Esas Constituciones fueron sancionadas por el Congreso General de la Confederación de Venezuela, destacándose la *Constitución federal* de 21 de diciembre de 1811, con la cual se integró el nuevo Estado nacional con siete Estados provinciales (Caracas, Barcelona, Cumaná, Margarita, Barinas, Trujillo, Mérida) que habían resultado de la transformación de las antiguas Provincias que habían formado la antigua Capitanía General de Venezuela. A dicha Constitución le siguió la Constitución provincial de enero de 1812 sancionada por la "Sección Legislativa de la Provincia de Caracas del mismo Congreso General de Venezuela," es decir, por los diputados electos en la Provincia que integraban dicho Congreso General, en enero de 1812.

La elaboración de ambos textos constitucionales Federal y Provincial de Caracas, se realizó en paralelo en las sesiones del Congreso General, lo que se evidencia, por ejemplo, del encargo hecho en la sesión del 16 de marzo de 1811, recién instalado el propio Congreso, a los diputados Francisco Javier Uztáriz, Juan Germán Roscio y Gabriel de Ponte, Diputados los tres por la Provincia de Caracas por los partidos capitulares de San Sebastián de los Reyes, Calabozo y la ciudad de Caracas, como comisionados para redactar la Constitución Federal de Venezuela[47]; y del anuncio efectuado en la sesión del Congreso General diez días después, el 28 de marzo de 1811, cuando se informó además, que se había encomendado a los mismos mencionados diputados Francisco Javier Uztáriz y

---

47 En la despedida de la Sección Legislativa de la Provincia de Caracas al concluir sus sesiones y presentar la Constitución provincial 19 de febrero de 1812. Véase *Textos Oficiales de la Primera República de Venezuela,* Biblioteca de la Academia de Ciencias Políticas y Sociales, Caracas 1982, Tomo II, p. 216.

Juan Germán Roscio la elaboración de "la Constitución provincial de Caracas, con el objeto de que sirviese de modelo a las demás provincias del Estado y se administrasen los negocios uniformemente."[48]

Por ello, en la sesión del Congreso General del 19 de julio de 1811 se dejó constancia de que era un mismo grupo de diputados los "encargados de trabajar la Constitución Federal y la Constitución particular de la provincia de Caracas."[49] Además, en la sesión del Congreso General del 20 de julio de 1811, el mismo Ustáriz decía que el Congreso le había encomendado junto con Roscio y de Ponte, "para que formase la Constitución federal de los Estados Unidos de Venezuela."[50]

En cumplimiento de tales encargos, Ustáriz comenzó a presentar pliegos del proyecto de Constitución en la sesión del Congreso General del 21 de agosto de 1811,[51] dejándose constancia en la sesión del Congreso del 26 de julio de 1811, por ejemplo, de la presentación de un importante "Proyecto para la Confederación y Gobiernos provinciales de Venezuela,"[52] donde se formulaba un ensayo de distribución de las competencias que debían corresponder al nivel del Estado federal, y al nivel de los Gobiernos provinciales.[53]

---

48 *Idem*, Tomo II, p. 216.

49 *Idem*, Tomo II, p. 109.

50 Véase Ramón Díaz Sánchez, "Estudio Preliminar," *Libro de Actas del Segundo Congreso de Venezuela 1811-1812*, Academia Nacional de la Historia, Caracas 1959, Tomo I, p. 230.

51 *Idem*, Tomo I, p. 317.

52 Véase el texto en *El pensamiento constitucional hispanoamericano hasta 1830*, Biblioteca de la Academia nacional de la Historia, Caracas 1961, Tomo V, pp. 41-44.

53 Véase *Textos Oficiales de la Primera República de Venezuela, cit.*, Tomo II, pp. 111-113.

Se trató, por tanto, de un proceso constituyente tanto nacional como provincial que se desarrolló en paralelo en el seno del mismo cuerpo de diputados, por una parte, para la conformación de un Estado federal en todo el ámbito territorial de lo que había sido la antigua Capitanía General de Venezuela, con la participación de todos los diputados del Congreso de todas las provincias; y por la otra, para la conformación del marco constitucional de gobierno para una de las provincias de dicha Federación, la de Caracas, incluso, como se dijo, para que el texto sirviera de modelo para la elaboración de las otras Constituciones provinciales. De todas esas tareas, Simón Bolívar se había excluido completamente, retirado en buena parte, después de haber participado en las críticas al nuevo gobierno desde la Junta Patriótica, a sus propiedades en San Mateo.

Por otra parte, otro grupo de diputados que también debe mencionarse dentro de los próceres de la independencia, fueron aquellos que si bien no participaron en los hechos de la Revolución de 19 de abril de 1810, fundamentalmente porque no eran vecinos de Caracas, sin embargo sí estuvieron presentes en todos los hechos y actos políticos posteriores antes mencionados, como fueron además de Francisco de Miranda quien no estaba en esa fecha en Caracas, los siguientes diputados, todos por otros partidos de la Provincia de Caracas: Felipe Fermín Paúl, por San Sebastián de los Reyes; Fernando de Peñalver, Luis José de Cazorla y Juan Rodríguez del Toro, por Valencia; Juan José de Maya, por San Felipe; Gabriel Pérez de Págola, por Ospino; José Ángel Álamo, por Barquisimeto; y José Vicente de Unda, por Guanare. Otros distinguidos civiles y abogados, además, tuvieron participación activa en el gobierno, particularmente en el Poder Ejecutivo plural, donde estuvieron Juan de Escalona, Cristóbal Mendoza y Baltazar Padrón, o como Secretarios de Estado, como fue el caso del mismo Miguel José Sanz.

A todos les correspondió desarrollar un intenso trabajo para el diseño y construcción constitucional del nuevo Estado, inspirado en las mejores ideas constitucionales de la época; proceso que como se dijo terminó en la elaboración de la primera Constitución republicana del mundo moderno después de la Constitución de los Estados Unidos de América de 1787, y a la Constitución de la Monarquía Francesa de 1791,[54] como fue la Constitución Federal para las Provincias de Venezuela de 21 de diciembre de 1811.

---

54   El texto la declaración francesa de derechos del hombre y del ciudadano se conocía en Venezuela por la publicación que quedó de la Conspiración de Gual y España, *Derechos del Hombre y del Ciudadano con Varias Máximas Republicanas y un Discurso Preliminar dirigido a los Americanos*, con la traducción que Juan Bautista Picornell y Gomilla hizo de la declaración Francesa de 1793, texto que además, fue publicado de nuevo en Caracas en 1811, en la Imprenta de J. Baillio, libro considerado por Pedro Grases como "digno candidato a 'primer libro venezolano'." Véase en Pedro Grases, "Estudio sobre los 'Derechos del Hombre y del Ciudadano'," en el libro *Derechos del Hombre y del Ciudadano* (Estudio Preliminar por Pablo Ruggeri Parra y Estudio histórico-crítico por Pedro Grases), Academia Nacional de la Historia, Caracas 1959. Véase, además, en Allan R. Brewer-Carías, *Las Declaraciones de Derechos Del Pueblo y del Hombre de 1811* (Bicentenario de la Declaración de "Derechos del Pueblo" de 1º de julio de 1811 y de la "Declaración de Derechos del Hombre" contenida en la Constitución Federal de los Estados de Venezuela de 21 de diciembre de 1811), con Prólogo de Román José Duque Corredor, Academia de Ciencias Políticas y Sociales, Caracas 2011.

SEGUNDA PARTE
LA CONSTITUCIÓN FEDERAL DE 21 DE DICIEMBRE DE 1811

La Constitución federal de los Estados de Venezuela de 21 de diciembre de 1811, como se ha indicado, por supuesto, se inspiró en los principios desarrollados como consecuencia de las revoluciones norteamericana y francesa, estableciéndose en consecuencia, la igualdad como uno de los "derechos del hombre en sociedad" (éstos eran conforme al artículo 151, la libertad, la igualdad, la propiedad y la seguridad) derivados del "pacto social."

Dicha Constitución federal de 1811, junto con las Constituciones provinciales que se dictaron, a pesar de su corta vigencia, puede decirse que sentó las líneas de la evolución de las instituciones políticas y constitucionales venezolanas hasta nuestros días, consagrando expresamente, de entrada, la división del Poder Supremo en tres ramas: Legislativo, Ejecutivo y Judicial que debían estar confiados a "distintos Cuerpos independientes entre sí," y no podían "jamás hallarse reunidos," conformando un sistema de gobierno presidencial; estableciéndose además, la supremacía de la Ley como "la expresión libre de la voluntad general" (art. 149), y previéndose que la soberanía, la cual residiendo en los habitantes del país, se ejercía por representantes electos (art. 144).

En sus 228 Artículos, agrupados en nueve capítulos, se estableció un Estado signado por el republicanismo y la democracia, en los cuales se regularon los poderes del Estado, es decir, el Poder Legislativo (arts. 3 a 71), el Poder Ejecutivo (arts. 72 a 109), el Poder Judicial (arts. 110 a 118), las Provincias (arts. 119 a 134) y los Derechos del Hombre que se debían respetar en toda la extensión del Estado (arts. 141 a 199). En el Capítulo I, además, se reguló la Religión, proclamándose a la Religión Católica, Apostólica y Romana como la religión del Estado y la única y exclusiva de los habitantes de Venezuela (art. 1).

Por otra parte, la Constitución, apartándose sustancialmente del igualitarismo político que reinó durante el primer año de independencia del país, restringió el sufragio al consagrar requisitos de orden económico para poder participar en las elecciones,[1] reservándose con ello el control político del naciente Estado a la aristocracia criolla y a la naciente burguesía parda. A pesar de ello, en el ámbito civil, los constituyentes del año 1811 consagraron expresamente el igualitarismo, al establecer la igualdad[2] como uno de los "derechos del hombre en sociedad,"[3] derivados del "pacto social" (Art. 141 y 142). En particular, esta igualación social conllevó a la eliminación de los "títulos"[4] y a la restitución de los derechos "naturales y civi-

---

[1] Véase R. Díaz Sánchez, "Evolución Social de Venezuela (hasta 1960)," en M. Picón Salas y otros, *Venezuela Independiente 1810–1960*, Caracas, 1962, p. 197.

[2] "La igualdad consiste en que la Ley sea una misma para todos los ciudadanos, sea que castigue o que proteja. Ella no reconoce distinción de nacimiento ni herencia de poderes" (Art. 154).

[3] Los derechos del hombre en sociedad, de acuerdo al texto constitucional, eran la libertad, la igualdad, la propiedad y la seguridad (Arts. 151 ss.).

[4] "Quedan extinguidos todos los títulos concedidos por el anterior gobierno y ni el Congreso, ni las Legislaciones Provinciales podrán conceder otro alguno de nobleza, honores o distinciones hereditarias..." (Art. 204). Por

les" a los pardos.⁵ Por otra parte, y a pesar de que el texto constitucional declaró abolido el comercio de esclavos,⁶ la esclavitud, como tal, no fue abolida y se mantuvo hasta 1854, a pesar de las exigencias del Libertador en 1819.⁷

En el orden jurídico–político, la Constitución de 1811 además, estableció el principio democrático representativo, en el sentido de que, estando la soberanía residenciada en los habitantes del país, a misma solo se ejercía por los representantes electos.

I. EL PACTO FEDERATIVO EN LA CONSTITUCIÓN DE 1811: LA CONFEDERACIÓN DE LAS PROVINCIAS

La Constitución de 1811 fue, ante todo, un pacto político entre las provincias que conformaban la antigua capitanía general de la república, estableciendo entonces una confedera-

---

otra parte, la Constitución de 1811 expresamente señalaba que: "Nadie tendrá en la Confederación de Venezuela otro título ni tratamiento público que el de *ciudadano*, única denominación de todos los hombres libres que componen la Nación..." (Art. 226), expresión que ha perdurado en toda nuestra historia constitucional.

5   "Del mismo modo, quedan revocadas y anuladas en todas sus partes las leyes antiguas que imponían degradación civil a una parte de la población libre de Venezuela conocida hasta ahora bajo la denominación de *pardos*; éstos quedan en posesión de su estimación natural y civil y restituidos a los imprescindibles derechos que les corresponden como a los demás ciudadanos" (Art. 203).

6   "El comercio inicuo de negros prohibido por decreto de la Junta Suprema de Caracas en 14 de agosto de 1810, queda solemne y constitucionalmente abolido en todo el territorio de la Unión, sin que puedan de modo alguno introducirse esclavos de ninguna especie por vía de especulación mercantil" (Art. 202).

7   En su discurso de Angostura de 1819, Simón Bolívar imploraba al Congreso "la confirmación de la libertad absoluta de los esclavos, como imploraría por mi vida y la vida de la República," considerando a la esclavitud como "la hija de las tinieblas." Véase el *Discurso de Angostura* en J. Gil Fortoul, *op. cit.,* Apéndice, tomo Segundo, pp. 491 y 512.

ción de provincias, consideradas como Estados soberanos, siguiendo el esquema delineado por la Constitución de los Estados Unidos de América.

En efecto, uno de los aportes fundamentales de la revolución norteamericana al constitucionalismo moderno fue la introducción de la forma federal del Estado, como fórmula para hacer posible la existencia de estados independientes compatibles con un poder central con suficientes atribuciones para actuar por sí solo en un nivel federal; que fue la fórmula que inmediatamente se siguió en Venezuela, en la Constitución de 1811, y décadas después, en los grandes países latinoamericanos (México, Argentina, Brasil).

Sin embargo, esa forma de Estado Federal adoptada en Venezuela, a pesar de la influencia norteamericana, puede decirse que no fue una copia mecánica y artificial de la recién creada forma federal de los Estados Unidos de América; sino que obedeció en efecto, a la realidad político territorial legada por la colonización española, siendo la Federación la solución institucional a la mano para formar Estados independientes, particularmente en las áreas coloniales compuestas por una gran extensión territorial (Argentina, México, Brasil, Venezuela) y múltiples demarcaciones territoriales coloniales.

Algunos la consideraron como una "imitación artificial,"[8] o un simple "traslado" de las instituciones norteamericanas;[9] pero la realidad, la adopción de la forma federal en Venezuela fue básicamente consecuencia de una realidad histórica y factual que era la autonomía local y de los Cabildos o Ayuntamientos coloniales, que se había desarrollado según el esque-

---

[8] Véase E. Wolf, *Tratado de Derecho Constitucional Venezolano,* Caracas, 1945, tomo I, p. 58.

[9] Véase P. Ruggeri Parra, *Historia, Política y Constitucional de Venezuela*, tomo I, Caracas, 1949, p. 44.

ma heredado de España y arraigado en toda Latinoamérica. Había, según lo señaló Vallenilla Lanz, una tendencia "hacia la disgregación anárquica, bautizada desde 1810 con el nombre de Federación o Confederación;[10] habiendo sido la federación, de acuerdo con este autor, "la expresión más evidente de la herencia española y de la descentralización a que estaban habituados estos pueblos,"[11] concluyendo con la afirmación de que "el movimiento disgregatorio, que en 1810 tuvo el mismo carácter de Federación de Ciudades, se transformó por circunstancias particulares, en Federación Caudillesca hasta el reconocimiento de la autoridad del Libertador."[12]

En todo caso, para entender el proceso, no hay que olvidar que en América Latina, en la época colonial, España había conformado un sistema de gobierno y administración altamente descentralizado, organizado en Virreinatos, Capitanías Generales, Provincias, Corregimientos y Gobernaciones, como antes había ocurrido con todos los grandes imperios históricos. La Provincia así, conforme al concepto romano, era la unidad colonial básica de Ultramar, especialmente establecida para el gobierno colonial, hasta el punto de que para la organización político territorial de la propia España peninsular en Provincias, sólo fue en 1830 que se adoptó, pero conforme al modelo napoleónico de Estado centralizado. Desde comienzos del siglo XVI, en cambio, la Provincia fue la unidad territorial básica de las colonias en América Latina, conformándose políticamente en torno a centros poblados (política de poblamiento), con sus Cabildos y gran autonomía. Así surgió, en un proceso de 300 años, un sistema de ciudades–Estados coloniales diseminado en nuestros países.

---

10 Véase L. Vallenilla Lanz, *Disgregación e Integración. Ensayo sobre la formación de la Nacionalidad Venezolana*, Caracas, 1953 p. LIII.
11 *Idem*, p. LIV.
12 *Ibídem.*, p. LXX.

Al estallar el proceso independentista en 1810, en Venezuela, por tanto, se produjo un proceso similar al que años antes había sucedido en los Estados Unidos, signado por un doble objetivo, que en nuestro caso fue: por una parte, la independencia en relación con España, y por la otra, la unión de las diversas Provincias distantes, aisladas y autónomas que conformaban la Capitanía General de Venezuela. Para conciliar esas exigencias, no había otro modelo a seguir que no fuera el norteamericano. Al momento de la independencia, hay que recordar que el mundo europeo lo único que mostraba, como forma de Estado, era la Monarquía, que no podía seguirse, siendo que además la revolución de independencia un proceso que se había iniciado precisamente contra la Monarquía.

Para ese momento, también hay que recordar que el régimen español había dejado en el territorio de Venezuela, como en toda América hispana, un sistema de poderes autónomos provinciales y citadinos, hasta el punto de que el movimiento por la independencia la inició precisamente el Cabildo de Caracas el 19 de abril de 1810.

Se trataba, por tanto, de construir un Estado en territorios disgregados en autonomías territoriales descentralizadas en manos de Cabildos o Ayuntamientos coloniales. Por ello, en Venezuela, la Junta Suprema de Caracas al convocar en 1810 elecciones para la constitución de un Congreso General, lo hizo partiendo del supuesto de que, como se ha dicho, había "llegado el momento de organizar un Poder central bien constituido," preguntándose en su Proclama:

> "¿Cómo se podrían de otro modo trazar los límites de las autoridades de las Juntas provinciales, corregir los vicios de que también adolece la Constitución de éstas, dar a las provincias gubernativas aquella unidad sin la cual no puede haber ni orden, ni energía; consolidar un plan defensivo que nos ponga a cubierto de toda clase de enemigos; formar, en fin, una confedera-

ción sólida, respetable, ordenada, que restablezca de todo punto la tranquilidad y confianza, que mejore nuestras instituciones y a cuya sombra podamos aguardar la disipación de las borrascas políticas que están sacudiendo al Universo?." [13]

Y la respuesta a ello, en definitiva, la dio el Congreso General al sancionar el 21 de diciembre de 1811, la "Constitución Federal para los Estados de Venezuela," aun cuando el Poder Central Federal constituido, como había sucedido inicialmente en los Estados Unidos, se estructuró con grandes signos de debilidad, estando el poder fundamental en las Provincias constituidas como estados soberanos, pues no hay que olvidar que las Provincias, en definitiva, preexistían al nuevo Estado.

En el esquema colonial español, en efecto, sin haber logrado una autonomía como las de las colonias inglesas en Norteamérica producto de la inexistencia de un esquema global de organización territorial manejado desde la Metrópoli, como sí lo hubo en España respecto de América (Casa de Contratación de Sevilla, Consejo de Indias, Virreinatos, Audiencias, Capitanías Generales, Provincias, Gobernaciones y Corregimientos); sin embargo, había provocado el desarrollo de una intensa vida municipal en los Cabildos compuestos en su mayoría por criollos. Por ello, como antes se dijo, fueron los Cabildos los que hicieron la independencia y los que la proclamaron, iniciando el proceso el Cabildo de Caracas, el 19 de abril de 1810, al asumir el poder político autonómico. Y no podía ser otra la institución política colonial que asumiera en ese momento facultades soberanas, pues dentro del contexto histórico político, se trataba de cuerpos realmente representativos de los diversos estratos sociales libres que reflejaban legítimamente los derechos populares.

---

13   Véase el texto en J.F. Blanco y R. Azpurúa, *Documentos para la historia de la vida pública...*, *op. cit.*, Tomo II, pp. 504 ss.

Recuérdese que el Cabildo de Caracas en 1810, inició la revolución de independencia y asumió el poder político local, con sus diputados por el clero, el pueblo y por el gremio de los pardos con voto libre en las discusiones y con los mismos derechos que los otros miembros, lo cual le dio un carácter representativo inicial. Pero la revolución de independencia surgió, también, de un Cabildo participativo, pues fue el pueblo en definitiva el que rechazó el mando al Capitán General Emparan. Después de reiniciada la sesión del Ayuntamiento el 19 de abril de 1810, provocada en parte por la concentración de vecinos en las inmediaciones de las Casas Consistoriales, ante su pregunta dirigida al pueblo amotinado desde el balcón de la Casa Capitular, como se recoge en el Acta de la Sesión, de "si quería que continuase en el ejercicio del Poder," el pueblo respondió por la voz de los conjurados "no lo queremos," por lo cual quedó aquél despojado, en el acto "de la autoridad que investía, e interrumpida y protestada así la dominación de España en Venezuela." De este hecho dejó constancia el Acta respectiva así: "notificaron al pueblo su deliberación, y resultando conforme en que el mando supremo quedase depositado en este Ayuntamiento."[14]

Por ello, Venezuela, como República independiente, tuvo su origen en un Cabildo representativo y participativo, por lo que, en su estructuración política posterior, en la Constitución nacional se estableció una Confederación de Provincias, y en las Constituciones Provinciales en 1812, se reguló en forma detallada el Poder Municipal.

En consecuencia, en la Constitución de 1811, en su título "Preliminar" se sentaron las bases de lo que se denominó, el "Pacto Federativo que ha de constituir la autoridad general de

---

14   Véase el texto Allan R. Brewer-Carías, *Las Constituciones de Venezuela*, *op. cit.*, Tomo I, pp. 531-533.

la Confederación," estableciendo un Estado federal bajo la influencia directa de la Constitución norteamericana (que entonces regulaba la única Federación existente), precisándose la distribución de poderes y facultades entre la Confederación y los Estados confederados (las Provincias).

Para ello, la Constitución se inició disponiendo la distribución de competencias entre los dos niveles territoriales, así:

"En todo lo que por el Pacto Federal no estuviere expresamente delegado a la Autoridad general de la Confederación, conservará cada una de las Provincias que la componen su Soberanía, Libertad e Independencia; en uso de ellas tendrán el derecho exclusivo de arreglar su Gobierno y Administración territorial bajo las leyes que crean convenientes, con tal que no sean de las comprendidas en esta Constitución ni se opongan o perjudiquen a los Pactos Federativos que por ella se establecen."

En cuanto a las competencias de la Confederación "en quien reside exclusivamente la representación Nacional," se dispuso que estaba encargada de:

"Las relaciones extranjeras, de la defensa común y general de los Estados Confederados, de conservar la paz pública contra las conmociones internas o los ataques exteriores, de arreglar el comercio exterior y el de los Estados entre sí, de levantar y mantener ejércitos, cuando sean necesarios para mantener la libertad, integridad e independencia de la Nación, de construir y equipar bajeles de guerra, de celebrar y concluir tratados y alianzas con las demás naciones, de declararles la guerra y hacer la paz, de imponer las contribuciones indispensables para estos fines u otros convenientes a la seguridad, tranquilidad y felicidad común, con plena y absoluta autoridad para establecer las leyes generales de la Unión y juzgar y hacer ejecutar cuanto por ellas quede resuelto y determinado."[15]

---

15 Preliminar de la Constitución sobre "Bases del pacto Federativo que ha de constituir la autoridad general de la Confederación."

En relación con la Confederación, debe señalarse que la Declaración solemne de la Independencia de Venezuela del 5 de julio de 1811, se había formulado por los representantes de las "Provincias Unidas de Caracas, Cumaná, Barinas, Margarita, Barcelona, Mérida y Trujillo, que forman la confederación Americana de Venezuela en el Continente Meridional," reunidos en Congreso;[16] y esos mismos representantes, reunidos en "Congreso General," fueron los que elaboraron la "Constitución Federal para los Estados Unidos de Venezuela," sancionada el 21 de diciembre de 1811.[17] Venezuela, por tanto, como Estado independiente, se configuró, como una Federación de Provincias y se estructuró sobre la base de la división provincial que había legado el régimen político de la Monarquía española, conforme a las Provincias que en 1777 se habían agrupado en la Capitanía General de Venezuela. Ese régimen federal, y el poder local federal que se consagró en la Constitución, sin duda, marcó el inicio de un sistema de gobierno descentralizado en Venezuela, en el cual el poder fundamental estaba más alojado en las Provincias–Ciudades, produciendo una debilidad del poder central, a lo cual Simón Bolívar atribuyó la caída de la Primera República en 1812. Por ello, En esta forma puede decirse con Humberto J. La Roche que "el federalismo venezolano fue una consecuencia de la tradición histórica. ...fue un sistema que no olvidó la autonomía de las provincias para consustanciarla con la nueva forma del Estado venezolano."[18]

---

[16] Véase en Allan R. Brewer–Carías, *Las Constituciones de Venezuela, op. cit.,* tomo I, p 545.

[17] *Idem.*, Tomo I, p. 555.

[18] Véase Humberto J. La Roche," Humberto J. de La Roche, "El Federalismo en Venezuela" en *Los Sistemas Federales en América Latina*, UNAM, 1972, p. 513.

En todo caso, lo cierto es que a partir del proceso constituyente de 1811, la fórmula federal ha acompañado toda la historia política del país, y condicionado nuestras instituciones; habiendo entonces tenido entre otras de sus causas en el temor de los primeros republicanos, por el establecimiento de una autoridad fuerte y central,[19] y más aún, el temor de los representantes de las diversas Provincias de Venezuela en relación a la hegemonía natural de Caracas, lo que provocó inclusive que la "Ciudad Federal" que se estableció en la Constitución, se ubicara en la ciudad de Valencia.

En vano fueron incluso los esfuerzos del Bolívar para erradicar la idea federal de nuestras instituciones políticas, expuestos fundamentalmente en el Manifiesto de Cartagena (1813) y en el Discurso de Angostura (1819); de manera que incluso si bien en la Constitución de 1819 el calificativo federal desapareció, se siguió bajo una forma centralista el mismo esquema político de fondo de autonomía regional y localista. Bolívar incluso, hacia el final de sus días, previendo la separación definitiva de Venezuela de la República de Colombia y la designación de José Antonio Páez como el primer presidente de la República, según éste lo narró, le aconsejó a Páez:

> "una y mil veces que al verificar la separación me opusiera con todo mi influjo a la adopción del sistema federal, que en su opinión era sinónimo de desorden y disolución, recomendándome mucho la Constitución boliviana. Encargábame también que al verificarse la separación partiéramos la deuda, la tierra y el ejército; que entonces él vendría a establecerse en Venezuela:

---

19 Tal como se señaló, la reacción contra la Monarquía absoluta que condicionó todo el movimiento revolucionario en Francia, y que originó la búsqueda política del debilitamiento del poder (p.ej.: el sistema de frenos y contrapesos), se reflejó en EE.UU. en la fórmula federal, que importaron luego las Provincias latinoamericanas.

pero que, si se adoptaba el sistema federal, no se quedaba ni de mirón."[20]

Ahora bien, si es cierto que la Constitución de 1811, como se dijo, tuvo un lapso real de duración menor de un año por la caída de la Primera República en manos de los españoles, el regionalismo caudillista perduró aun estando la República en guerra. En los años posteriores a 1812, desechadas las instituciones republicanas, sólo la autoridad de Bolívar fue capaz de dar coherencia a las actividades de los caudillos militares regionales, quienes inclusive en alguna oportunidad, al tratar de desconocer la autoridad del Libertador y de reinstaurar formalmente la República Federal, como sucedió con el denominado Congreso de Cariaco de 1817, debieron ser reprimidos con la pena capital.[21] De manera que si bien la autoridad nacional no se regía por la Constitución de 1811, pues de hecho la guerra la había puesto en manos de Bolívar, la autoridad regional local, al contrario, era muy celosa, no del texto de la Constitución de 1811, sino del espíritu regionalista y, por ende, caudillista local de su contenido.[22]

En todo caso, la Constitución de 1811 como pacto de confederación, destinó su Capítulo V a regular las Provincias, estableciéndose límites a su autoridad, en particular, que no podían "ejercer acto alguno que corresponda a las atribuciones concedidas al Congreso y al Poder Ejecutivo de la Confederación" (Art. 119). "Para que las leyes particulares de las Pro-

---

20 Véase J.A. Páez, *Autobiografía*, tomo I, Nueva York, 1870, p. 375.

21 Véase en Augusto Mijares, "La Evolución Política de Venezuela" (1810-1960)," en M. Picón Salas y otros, *Venezuela Independiente 1810-1960*, Caracas, 1962, pp. 49, 55 y 56.

22 El origen del caudillismo, como forma de mando, lo sitúa Mijares en los años 1813 a 1819, y a la base del mismo, la idea federal estampada en la Constitución de 1811. Véase a Mijares. *loc. cit.,* pp. 34 y 366.

vincias no puedan nunca entorpecer la marcha de los federales –agregó el artículo 124– se someterán siempre al juicio del Congreso antes de tener fuerza y valor de tales en sus respectivos Departamentos, pudiéndose, entre tanto, llevar a ejecución mientras las revisa el Congreso."

El Capítulo, además, reguló aspectos relativos a las relaciones entre las Provincias y sus ciudadanos (Arts. 125 a 127); y al aumento de la Confederación mediante la incorporación eventual de Coro, Maracaibo y Guayana que no formaron parte del Congreso (Arts. 128 a 132).

En cuanto al gobierno y administración de las Provincias, la Constitución de 1811 remitió a lo dispuesto en las Constituciones Provinciales, indicando el siguiente límite:

> "*Artículo 133*. El gobierno de la Unión asegura y garantiza a las provincias la forma de gobierno republicano que cada una de ellas adoptare para la administración de sus negocios domésticos, sin aprobar Constitución alguna que se oponga a los principios liberales y francos de representación admitidos en ésta, ni consentir que en tiempo alguno se establezca otra forma de gobierno en toda la confederación."

II. LA DEMOCRACIA, EL REPUBLICANISMO Y LA SOBERANÍA DEL PUEBLO

Otro de los principios fundamentales del constitucionalismo moderno, que también derivaron del constitucionalismo norteamericano y de la república francesa, y que se siguieron en el proceso constituyente de 1811 fue el de la democracia y el republicanismo basado en el concepto de soberanía del pueblo, enfrentada a la legitimidad monárquica del Estado.

Estos principios fueron recogidos en la Declaración venezolana de Derechos del Pueblo de 1811, cuyos primeros dos artículos de la Sección "Soberanía del Pueblo" establecieron:

"La soberanía reside en el pueblo; y el ejercicio de ella en los ciudadanos con derecho a sufragio, por medio de sus apoderados legalmente constituidos" (Art. 1);

"La soberanía, es por su naturaleza y esencia, imprescindible, inajenable e indivisible" (Art. 2). [23]

La Constitución de 1811, en todo caso, definió la soberanía popular conforme a la misma orientación:

"Una sociedad de hombres reunidos bajo unas mismas leyes, costumbres y gobiernos forma una soberanía" (Art. 143).

"La soberanía de un país o supremo poder de reglar o dirigir equitativamente los intereses de la comunidad, reside, pues esencial y originalmente en la masa general de sus habitantes y se ejercita por medio de apoderados o representantes de estos, nombrados y establecidos conforme a la Constitución" (Art. 144).

Conforme a estas normas, por tanto, en las antiguas Provincias coloniales de España que formaron Venezuela, la soberanía del Monarca español había cesado. Incluso, desde el 19 de abril de 1810, la soberanía había comenzado a ejercerse por el pueblo, que se dio a sí mismo una Constitución a través de sus representantes electos. Por ello, la Constitución de 1811, comenzó señalando:

"En nombre de Dios Todopoderoso, *Nosotros, el pueblo* de los Estados de Venezuela, usando de nuestra soberanía…hemos resuelto confederarnos solemnemente para formar y establecer la siguiente Constitución, por la cual se han de gobernar y administrar estos Estados."

La idea del pueblo soberano, por tanto, no sólo provino de la Revolución francesa sino, antes, de la Revolución america-

---

23 Véase el texto en Allan R. Brewer-Carías, *Las Constituciones de Venezuela, op cit.*, Tomo I, p. 549.

na, y se arraigó en el constitucionalismo venezolano desde 1811, contra la idea de la soberanía monárquica que aún imperaba en España en ese momento.

La idea de representatividad republicana, por supuesto, también se recogió en la Constitución venezolana de 1811, en la cual, se estableció que la soberanía se ejercitaba sólo "por medio de apoderados o representantes de éstos, nombrados y establecidos conforme a la Constitución" (Art. 144).

A tal efecto, la Constitución de 1811 estableció un sistema de elección indirecta partiendo de la constitución de las Congregaciones parroquiales con todos los electores hábiles de la Parroquia. A estas Congregaciones parroquiales les correspondía elegir en primer grado a los electores que debían formar las Congregaciones electorales, y, además, a los jueces de departamento y de paz y a los miembros municipales. Las Congregaciones electorales, a su vez elegían en segundo grado a los Representantes al Congreso, y a los miembros del Poder Ejecutivo plural que debían ejercer la Presidencia del Estado (arts. 22 ss.).

Se trataba, por tanto, de un gobierno que solo se ejercía mediante representantes, razón por la cual la Constitución, agregó:

> "Ningún individuo, ninguna familia, ninguna porción o reunión de ciudadanos, ninguna corporación particular, ningún pueblo, ciudad o partido, puede atribuirse la soberanía de la sociedad que es imprescindible, inajenable e indivisible, en su esencia y origen, ni persona alguna podrá ejercer cualquier función pública del gobierno si no la ha obtenido por la constitución" (Art. 146).

Como se dijo, este dogma de la soberanía del pueblo y de la democracia republicana fue recogido de inmediato en América Latina, a raíz de la Independencia, y basta para darse cuenta, leer los motivos de la Junta Suprema de Venezuela en 1810 para convocar a elecciones, al adoptar el Reglamento de las mismas, constatando la falta de representatividad de las Provincias en el gobierno de Caracas, lo que debía remediarse constituyéndose un poder central.[24] La Junta, así, al dirigirse a los habitantes de Venezuela señaló:

> "Sin una representación común, vuestra concordia es precaria, y vuestra salud peligra. Contribuid a ella como debéis y como desea el gobierno actual."
>
> El ejercicio más importante de los derechos del pueblo es aquel en que los transmite a un corto número de individuos, haciéndolos árbitros de la suerte de todos."

De allí, el llamamiento de la Junta a todas las clases de hombres libres para concurrir con su voto para la elección de los diputados, con los cuales una vez electos, se instaló el Congreso a comienzos de 1811, habiendo el mismo, no sólo declarado los Derechos del Pueblo (1° de julio) y la Independencia (5 julio), sino sancionado la Constitución, la cual, a la usanza del texto de la Constitución norteamericana de 1787, estuvo precedida por la siguiente declaración:

> "Nosotros, el pueblo de los Estados Unidos de Venezuela, usando de nuestra soberanía y deseando establecer entre nosotros la mejor administración de justicia, procurar el bien general, asegurar la tranquilidad interior, proveer en común la defensa exterior, sostener nuestra libertad e independencia política, conservar pura e ilesa la sagrada religión de nuestros mayores, asegurar perpetuamente a nuestra posteridad el goce de estos bienes y estrechados mutuamente con la más inalterable unión y sincera amistad, hemos resuelto confederarnos solem-

---

24 Véase el texto en J.F. Blanco y R. Azpurúa, *Documentos para la historia de la vida pública...*, *op. cit.*, Tomo II, pp. 504 ss.; igualmente en Allan R. Brewer-Carías, *Las Constituciones de Venezuela*, *op. cit.*, Tomo I, pp. 535 ss.

nemente para formar y establecer la siguiente Constitución, por la cual se han de gobernar y administrar estos estados..."

El republicanismo y asambleísmo, en todo caso, fue una constante en toda la evolución constitucional de la naciente República, por lo luego de la caída de la República, desde las campañas por la liberación comandadas por de Simón Bolívar a partir de 1813, el empeño por legitimar el poder por el pueblo reunido o a través de elecciones, fue siempre una constante en nuestra historia política.[25]

III. EL PRINCIPIO DE LA SEPARACIÓN DE PODERES

El otro de los principios del constitucionalismo moderno que influyó en el proceso constituyente de 1811, fue el principio de separación orgánica de poderes, el cual, como se ha dicho, se consagró al preverse expresamente, la división del Poder Supremo en tres: Legislativo, Ejecutivo y Judicial "confiado a distintos cuerpos independientes entre sí y en sus respectivas facultades" (Preámbulo), configurándose un sistema de gobierno presidencial. De allí la siguiente expresión del Preámbulo de la Constitución de 1811:

> "El ejercicio de la autoridad confiada a la Confederación no podrá jamás hallarse reunido en sus diversas funciones. El Poder Supremo debe estar dividido en Legislativo, Ejecutivo y Judicial, y confiado a distintos cuerpos independientes entre sí y en sus respectivas facultades."

Sobre el principio de la separación de poderes, el artículo 189 insistió al disponer:

---

25 Véase Allan R. Brewer–Carías, "Ideas centrales sobre la organización del Estado en la obra del Libertador y sus proyecciones contemporáneas," en *Boletín de la Academia de Ciencias Políticas y Sociales,* Caracas 1984, N° 95–96, pp. 137 ss.

"Los tres Departamentos esenciales del Gobierno, á saber: el Legislativo, el Ejecutivo y el Judicial, es preciso que se conserven tan separados e independientes el uno del otro cuanto lo exija la naturaleza de un gobierno libre lo que es conveniente con la cadena de conexión que liga toda fábrica de la Constitución en un modo indisoluble de Amistad y Unión."

En cuanto a la relación entre los poderes del Estado, por otra parte, la Constitución de 1811 consagró el principio de la supremacía de la Ley como "la expresión libre de la voluntad general" conforme al texto de la Declaración Francesa de 1789, y la soberanía que, residiendo en los habitantes del país, se ejercía por los representantes.

Todo este mecanismo de separación de poderes con un acento de debilidad del Poder Ejecutivo configuró, en los primeros años de la vida republicana de Venezuela, un sistema de contrapeso de poderes para evitar la formación de un poder fuerte, a lo que se atribuyó la caída de la Primera República,[26] condicionando la vida republicana en las décadas posteriores. Sobre ello, sin embargo, Bolívar al referirse a la Constitución de 1811, indicó que:

"de haber tomado sus bases de la más perfecta, si se atiende a la corrección de los principios y a los efectos benéficos de su administración, difirió esencialmente de la América en un punto cardinal y sin duda el más importante. El Congreso de Venezuela, como el americano, participa de algunas de las atribuciones del Poder Ejecutivo. Nosotros, además, subdividimos este Poder, habiéndolo sometido a un cuerpo colectivo sujeto por consiguiente a los inconvenientes de hacer periódica la existen-

---

26   Véase C. Parra Pérez, *Historia de la Primera República de Venezuela*, Caracas, 1959, Tomo II, pp. 7 y 3 ss.; Augusto Mijares, "La Evolución Política de Venezuela" (1810–1960)," en M. Picón Salas y otros, *Venezuela Independiente 1810–1960*, Caracas 1962, p. 31. De ahí el calificativo de la "Patria Boba" que se le da a la Primera República. Véase R. Díaz Sánchez, "Evolución social de Venezuela (hasta 1960), en *idem,* pp. 199 y s.

cia del gobierno, de suspenderla y disolverla siempre que se separaran sus miembros. Nuestro Triunvirato carece, por decirlo así, de unidad, de continuación y de responsabilidad individual; está privado de acción momentánea, de vida continua, de uniformidad real, de responsabilidad inmediata; y un gobierno que no posee cuanto constituye su moralidad, debe llamarse nulo."[27]

En todo caso, el sistema de separación de poderes se desarrolló en la Constitución de 1811, en la siguiente forma:

En el *Capítulo II* de la Constitución de reguló el "Poder Legislativo" atribuido al Congreso General de Venezuela, el cual fue dividido en dos Cámaras, una de Representantes y un Senado (Art. 3).

En dicho Capítulo se reguló el proceso de formación de las leyes (Arts. 4 a 13); la forma de elección de los miembros de la Cámara de Representantes y del Senado (Art. 14 a 51) con una regulación detallada del proceso de elección de manera indirecta en congregaciones parroquiales (Art. 26) y en congregaciones electorales (Art. 28); sus funciones y facultades (Art. 52 a 66); el régimen de sus sesiones (Art. 67 a 70); y sus atribuciones especiales (Art. 71). La Constitución, siguiendo la tendencia general, restringió el sufragio al consagrar requisitos de orden económico para poder participar en las elecciones,[28]

---

27 Véase en Simón Bolívar, *Escritos Fundamentales,* Monte Ávila Editores, Caracas, 1982, p. 121.

28 Véase R. Díaz Sánchez, "Evolución Social de Venezuela (hasta 1960)", en M. Picón Salas y otros, *Venezuela Independiente 1810–1960*, Caracas, 1962, p. 197, y C. Parra Pérez, Estudio preliminar a la *Constitución Federal de Venezuela de 1811*, p. 32. Es de destacar, por otra parte, que las restricciones al sufragio también se establecieron en el sufragio pasivo, pues para ser representante se requería gozar de "una propiedad de cualquier clase" (Art. 15) y para ser Senador, gozar de "una propiedad de seis mil pesos" (Art. 49). Véase J. Gil Fortoul, *Historia Constitucional de Venezuela*, Obras Completas, Tomo I, Caracas, 1953, p. 259.

reservándose entonces el control político del naciente Estado a la aristocracia criolla y a la naciente burguesía parda.

El *Capítulo III* de la Constitución reguló el "Poder Ejecutivo," el cual se dispuso que residiría en la ciudad federal "depositado en tres individuos elegidos popularmente" (Art. 72) por las Congregaciones Electorales (Art. 76) por listas abiertas (Art. 77). En el Capítulo no sólo se reguló la forma de elección del triunvirato (Arts. 76 a 85), sino qué se definieron las atribuciones del Poder Ejecutivo (Arts. 86 a 99) y sus deberes (Arts. 100 a 107).

De acuerdo a la forma federal de la Confederación, se reguló la relación entre los Poderes Ejecutivos Provinciales y el Gobierno Federal, indicándose que aquéllos eran, en cada Provincia, "los agentes naturales e inmediatos del Poder Ejecutivo Federal para todo aquello que por el Congreso General no estuviere cometido a empleados particulares en los ramos de Marina, Ejército y Hacienda Nacional" (Art. 108).

Y el *Capítulo IV* de la Constitución estuvo destinado a regular el Poder Judicial de la Confederación depositado en una Corte Suprema de Justicia (Arts. 110 a 114) con competencia originaria entre otros, en los asuntos en los cuales las Provincias fueren parte interesada y competencia en apelación en asuntos civiles o criminales contenciosos (Art. 116).

En relación con estas previsiones, no hay que olvidar que entre las instituciones constitucionales nacidas en Norteamérica, la que tal vez tuvo la más distinguida originalidad, fue el papel asignado al Poder Judicial en el sistema de separación de poderes, con la fundamental competencia de controlar la constitucionalidad y legalidad de los actos de los demás poderes, lo que fue inconcebible en los orígenes del constitucionalismo francés.

Ese rol fundamental del Poder Judicial puede decirse que se comenzó a esbozar en América Latina, precisamente en la

Constitución de Venezuela de 1811, al regularse expresamente en su texto, el mencionado principio de la supremacía constitucional y la garantía objetiva de la Constitución (Art. 199 y 227) –lo que en los Estados Unidos había sido creación de la jurisprudencia de la Corte Suprema a partir de 1803–; con lo cual se abrió paso al desarrollo futuro del control de la constitucionalidad de las leyes, establecido como sistema mixto en Venezuela y Colombia, desde el Siglo XIX, a la vez difuso y concentrado.

IV. LOS DERECHOS DEL HOMBRE (CAPÍTULO VIII) Y OTRAS DISPOSICIONES GENERALES

Otro de los principios derivados del constitucionalismo moderno conforme a los aportes dados por las revoluciones norteamericana y francesa, fue el de la declaración formal y escrita de derechos y libertades fundamentales del hombre, el cual también se siguió en 1811, y primero, en la Provincia de Venezuela respecto de la cual la Sección Legislativa del Congreso General, el 1º de julio de 1811, adoptó la *"Declaración de Derechos del Pueblo,"* incluso, antes de la firma del Acta de la Independencia el 5 de julio de 1811.

Se trató de la primera declaración de derechos fundamentales con rango constitucional en la historia del constitucionalismo moderno, adoptada luego de la Revolución Francesa, con lo cual se inició una tradición constitucional que ha permanecido invariable en Venezuela.[29]

---

29 Véase Allan R. Brewer-Carías, *Las declaraciones de derechos del pueblo y del hombre de 1811 (Bicentenario de la Declaración de "Derechos del Pueblo" de 1º de julio de 1811 y de la "Declaración de Derechos del Hombre" contenida en la Constitución Federal de los Estados de Venezuela de 21 de diciembre de 1811),* Prólogo De Román José Duque Corredor), Academia de Ciencias Políticas y Sociales, Caracas 2011.

El texto de la Declaración de julio de 1811, luego recogido y ampliado en la Constitución de diciembre de 1811, pudiendo decirse que fueron producto de la traducción de la Declaración de Derechos del Hombre y del Ciudadano que precedió la Constitución francesa de 1793, y que, como se ha dicho, llegó a Venezuela antes de 1797, a través de José María Picornell y Gomilla, uno de los conjurados en la llamada "Conspiración de San Blas," de Madrid, de 1796, quien, una vez que la misma fue descubierta, fue deportado a las mazmorras españolas del Caribe.

Ese texto fue el que, catorce años después, sirvió para la Declaración de Derechos del Pueblo de 1811 y luego para el capítulo respectivo de la Constitución de 1811.[30] En ese texto, sin embargo, se incorporó una novedosa norma que no encuentra antecedentes ni en los textos constitucionales norteamericanos ni franceses, y es la que contiene la "garantía objetiva" de los derechos, y que declara "nulas y de ningún valor" las leyes que contrariaran la declaración de derechos, de acuerdo a los principios que ya se habían establecido en la célebre sentencia *Marbury v. Madison*, de 1803, de la Corte Suprema de los Estados Unidos.

La declaración de derechos, además, como se dijo, se incorporó en el *Capítulo VIII* de la Constitución de 1811, que se refirió a los "Derechos del Hombre que se reconocerán y respetarán en toda la extensión del Estado," distribuidos los ar-

---

[30] Véase Allan R. Brewer–Carías, *Los Derechos Humanos en Venezuela: casi 200 años de Historia,* Caracas 1990, pp. 101 ss. Véase igualmente, *Las declaraciones de derechos del pueblo y del hombre de 1811* (Bicentenario de la Declaración de "Derechos del Pueblo" de 1º de julio de 1811 y de la "Declaración de Derechos del Hombre" contenida en la Constitución Federal de los Estados de Venezuela de 21 de diciembre de 1811), (Prólogo de Román José Duque Corredor), Academia de Ciencias Políticas y Sociales, Caracas 2011.

tículos en cuatro secciones: Soberanía del pueblo (Arts. 141 a 159), Derechos del hombre en sociedad (Arts. 151 a 191), Derechos del hombre en sociedad (Arts. 192 a 196) y Deberes del cuerpo social (Arts. 197 a 199).

En la Primera Sección sobre "Soberanía del pueblo," se precisaron los conceptos básicos que en la época originaban una república, comenzando por el "pacto social," a cuyo efecto los artículos 141 y 142 de la Constitución dispusieron:

> "Después de constituidos los hombres en sociedad han renunciado a aquella libertad ilimitada y licenciosa a que fácilmente los conducían sus pasiones, propia sólo del estado salvaje. El establecimiento de la sociedad presupone la renuncia de esos derechos funestos, la adquisición de otros más dulces y pacíficos, y la sujeción a ciertos deberes mutuos. El pacto social asegura a cada individuo el goce y posesión de sus bienes, sin lesión del derecho que los demás tengan de los suyos" (Art. 141 y 142).

La Sección continúa con el concepto de soberanía (art. 143) y de su ejercicio mediante representación (art. 144–146), el derecho al desempeño de empleos públicos en forma igualitaria (art. 147), con la proscripción de privilegios o títulos hereditarios (art. 148), la noción de la ley como expresión de la voluntad general (art. 149) y la nulidad de los actos dictados en usurpación de autoridad (art. 150).

En la Segunda Sección sobre "Derechos del hombre en sociedad," al definirse la finalidad del gobierno republicano (art. 151), se enumeran como tales derechos a la libertad, la igualdad, la propiedad y la seguridad (art. 152), y a continuación se detalla el contenido de cada uno: se define la libertad y sus límites solo mediante ley (art. 153–156), la igualdad (art. 154), la propiedad (art. 155) y la seguridad (art. 156).

Además, en esta sección se regulan los derechos al debido proceso: el derecho a ser procesado solo por causas establecidas en la ley (art. 158), el derecho a la presunción de inocencia (art. 159), el derecho a ser oído (art. 160), el derecho a juicio por jurados (art. 161). Además, se regula el derecho a no ser objeto de registro (art. 162), a la inviolabilidad del hogar (art. 163) y los límites de las visitas autorizadas (art. 165), el derecho a la seguridad personal y a ser protegido por la autoridad en su vida, libertad y propiedades (art. 165), el derecho a que los impuestos sólo se establezcan mediante ley dictada por los representantes (art. 166), el derecho al trabajo y a la industria (art. 167), el derecho de reclamo y petición (art. 168), el derecho a la igualdad respecto de los extranjeros (art. 168), la proscripción de la irretroactividad de la ley (art. 169), la limitación a las penas y castigos (art. 170) y la prohibición respecto de los tratos excesivo y la tortura (arts. 171–172), el derecho a la libertad bajo fianza (art. 174), la prohibición de penas infamantes (art. 175), la limitación del uso de la jurisdicción militar respecto de los civiles (art. 176), la limitación a las requisiciones militares (art. 177), el régimen de las milicias (art. 178), el derecho a portar armas (art. 179), la eliminación de fueros (180) y la libertad de expresión de pensamiento (art. 181). La Sección concluye con la enumeración del derecho de petición de las Legislaturas provinciales (art. 182) y el derecho de reunión y petición de los ciudadanos (art. 183–184), el poder exclusivo de las Legislaturas de suspender las leyes o detener su ejecución (art. 185), el poder de legislar atribuido al Poder Legislativo (art. 186), el derecho del pueblo a participar en la legislatura (art. 187), el principio de la alternabilidad republicana (art. 188), el principio de la separación de poderes entre el Legislativo, el Ejecutivo y el Judicial (art. 189), el derecho al libre tránsito entre las provincias (art. 190), el fin de los gobiernos y el derecho ciudadano de abolirlos y cambiarlos (art. 191).

En la Sección Tercera sobre "Deberes del hombre en sociedad," donde se establece la interrelación entre derechos y deberes (art. 192), la interrelación y limitación entre los derechos (art. 193), los deberes de respetar las leyes, mantener la igualdad, contribuir a los gastos públicos y servir a la patria (art. 194), con precisión de lo que significa ser buen ciudadano (art. 195), y de lo que significa violar las leyes (art. 196).

En la Sección Cuarta sobre "Deberes del Cuerpo Social," donde se precisa las relaciones y los deberes de solidaridad social (art. 197–198), y se establece en el artículo 199, la declaración general sobre la supremacía y constitucional y vigencia de estos derechos, y la nulidad de las leyes contrarias a los mismos, así:

> "Para precaver toda trasgresión de los altos poderes que nos han sido confiados, declaramos: que todas y cada una de las cosas constituidas en la anterior declaración de derechos, están exentas y fuera del alcance del Poder general ordinario del Gobierno y que conteniendo y apoyándose sobre los indestructibles y sagrados principios de la naturaleza, toda ley contraria a ellas que se expida por la Legislatura federal o por las provincias, será absolutamente nula y de ningún valor."

Por último, el *Capítulo IX,* en unos Dispositivos Generales estableció normas sobre el régimen de los indígenas (Arts. 200) y su igualdad (Arts. 201); la ratificación de la abolición del comercio de negros (Art. 202); la igualdad de los pardos (Art. 203); y la extinción de títulos y distinciones (Art. 204).

Se reguló, además, el juramento de los funcionarios (Arts. 206 a 209); la revocación del mandato (Art. 209 y 210), las restricciones sobre reuniones de sufragantes y de congregaciones electorales (Arts. 211 a 214); la prohibición a los individuos o grupos de arrogarse la representación del pueblo (Art. 215); la disolución de las reuniones no autorizadas (Art. 216); el tratamiento de "ciudadano" (Art. 226); y la vigencia de la

Recopilación de las Leyes de Indias mientras se dictaban el Código Civil y Criminal acordados por el Congreso (Art. 228).

V. LA SUPREMACÍA Y LA RIGIDEZ CONSTITUCIONAL

La idea de la Constitución como documento escrito, de valor superior y permanente conteniendo las normas fundamentales de la organización del Estado y una Declaración de los Derechos de los Ciudadanos fue, sin duda, otro de los aportes fundamentales de las revoluciones norteamericanas y francesa, la cual se siguió en la Constitución de 1811, tomando en cuenta incluso que para ese entonces la propia noción de la supremacía de la Constitución ya había sido desarrollada por el presidente de la Corte Suprema de los Estados Unidos, el juez Marshall, en el famoso caso *Marbury vs. Madison* de 1803.[31]

Por ello, debe destacarse la cláusula de supremacía de la Constitución contenida en el artículo 227, que siguió la orientación de la cláusula de supremacía de la Constitución norteamericana (Art. 4), pero con mucho mayor alcance, en la cual se dispuso que:

> "La presente Constitución, las leyes que en consecuencia se expidan para ejecutarla y todos los tratados que se concluyan bajo la autoridad del gobierno de la Unión serán la Ley Suprema del Estado en toda la extensión de la Confederación, y las autoridades y habitantes de las Provincias estarán obligados a obedecerlas religiosamente sin excusa ni pretexto alguno; pero las leyes que se expidan contra el tenor de ella no tendrán ningún valor sino cuando hubieren llenado las condiciones requeridas para una justa y legítima revisión y sanción."

---

31. *Marbury v. Madison*, S.V.S. (1 Cranch) 137. Véase los comentarios en Allan R. Brewer–Carías, *Judicial Review in Comparative Law,* Cambrigde 1989, pp. 101 ss.

Esta cláusula de supremacía y la garantía objetiva de la Constitución se ratificó en el Capítulo VIII sobre los Derechos del Hombre, al prescribirse en su último artículo, lo siguiente:

> "Artículo 199. Para precaver toda transgresión de los altos poderes que nos han sido confiados, declaramos: Que todas y cada una de las cosas constituidas en la anterior declaración de derechos están exentas y fuera del alcance del Poder General ordinario del gobierno y que conteniendo o apoyándose sobre los indestructibles y sagrados principios de la naturaleza, toda ley contraria a ellos que será absolutamente nula y de ningún valor."

Los *Capítulos VI y VII* se refirieron a los procedimientos de revisión y reforma de la Constitución (Arts. 135 y 136) y a la sanción o ratificación de la Constitución (Arts. 138 a 140).

TERCERA PARTE
LAS CONSTITUCIONES PROVINCIALES EN LOS INICIOS DEL CONSTITUCIONALISMO (1811-1812) Y LA CONSTITUCIÓN PARA LA PROVINCIA DE CARACAS DE 31 DE ENERO DE 1812

En el marco de las provincias que conformaban la Capitanía General de Venezuela, el efecto inmediato de la manifestación de independencia proclamada por el Cabildo de Caracas al constituirse en Junta Suprema Conservadora de los Derechos de Fernando VII el 19 de abril de 1910, incluso antes de que se sancionara la Constitución de 1811, fue que, siguiendo el llamado de Caracas, muchos Cabildos provinciales procedieron proclamar la independencia y a dictar sus propias Constituciones, o documentos constitutivos de nuevos gobiernos que se indican a continuación.[1] Ello sucedió específicamente en las Provincias de Barinas, Mérida y Trujillo.

Luego de la sanción de la Constitución Federal de los Estados de Venezuela de diciembre de 1811, y, conforme a sus propias normas se dictaron las Constituciones Provinciales de Barcelona y Caracas. Para ello, la Constitución de 21 de diciembre de 1811, al regular el Pacto Federativo, dejó clara-

---

1 Véase Allan R. Brewer–Carías, *Instituciones Políticas y Constitucionales*, Tomo I, Evolución histórica del Estado, Editorial Jurídica Venezolana, Caracas 1996, pp. 277 ss.

mente expresado que las Provincias conservaban su Soberanía, Libertad e Independencia, y que:

> "en uso de ellas tendrán el derecho exclusivo de arreglar su gobierno y administración territorial bajo las leyes que crean convenientes, con tal que no sean de las comprendidas en esta Constitución ni se opongan o perjudiquen a los Pactos Federativos que por ella se establecen."

Ese acervo de Constituciones provinciales, en todo caso, completaban el marco del nuevo Estado que se estaba construyendo, y que lamentablemente sería destruido con furia solo unos meses después.

I. EL PLAN DE GOBIERNO PROVISIONAL DE LA PROVINCIA DE BARINAS DE 26 DE MARZO DE 1811

En efecto, a los 24 días de la instalación del Congreso General, y cuatro días antes del nombramiento de la Comisión para la redacción de lo que sería el modelo de las Constituciones Provinciales, la Asamblea Provincial de Barinas, el 26 de marzo de 1811, adoptó un "Plan de Gobierno"[2] de 17 artículos, conforme al cual se constituyó una Junta Provincial o Gobierno Superior compuesto de 5 miembros a cargo de toda la autoridad en la Provincia, hasta que el Congreso de todas las Provincias venezolanas dictase la Constitución Nacional (art. 17).

En este Plan de Gobierno, sin embargo, no se estableció una adecuada separación de poderes en cuanto al poder judicial, que se continuó atribuyendo al Cabildo al cual se confió, además, la atención de los asuntos municipales (art. 4). En el Plan, se regularon las competencias del Cabildo en materia judicial, como tribunal de alzada respecto de las decisiones de

---

2 Véase *Las Constituciones Provinciales* ("Estudio Preliminar" de Ángel Francisco Brice), Academia Nacional de la Historia, Caracas 1959, pp. 334 ss.

los Juzgados subalternos (Art 6). Las decisiones del Cuerpo Municipal podían ser llevadas a la Junta Provincial por vía de súplica (art. 8).

II. LA CONSTITUCIÓN PROVISIONAL DE LA PROVINCIA DE MÉRIDA DE 31 DE JULIO DE 1811

En Mérida, el Colegio Electoral formado con los representantes de los pueblos de los ocho partidos capitulares de la Provincia (Mérida, La Grita y San Cristóbal y de las Villas de San Antonio, Bailadores, Lovatera, Egido y Timotes), adoptó una "Constitución Provisional que debe regir esta Provincia, hasta que, con vista de la General de la Confederación, pueda hacerse una perpetua que asegure la felicidad de la provincia."[3]

El texto de esta Constitución, con 148 artículos, se dividió en doce capítulos, en los cuales se reguló lo siguiente:

En el Primer Capítulo, se dispuso la forma de "gobierno federativo por el que se han decidido todas las provincias de Venezuela" (art. 1), atribuyéndose la legítima representación provincial al Colegio Electoral, representante de los pueblos de la Provincia (art. 2). Para la organización del gobierno éste se dividió en tres poderes: Legislativo, Ejecutivo y Judicial, correspondiendo el primero al Colegio Electoral; el segundo a un cuerpo de 5 individuos encargados de las funciones ejecutivas; y el tercero a los Tribunales de Justicia de la Provincia (art. 3). La Constitución declaró, además, que "Reservándose esta Provincia la plenitud del Poder Provincial para todo lo que toca a su gobierno, régimen y administración interior, deja en favor del Congreso General de Venezuela aquellas prerrogativas y derechos que versan sobre la totalidad de las provincias confederadas, conforme al plan que adopte el mismo Congreso en su Constitución General" (art. 6).

---

3   *Idem.*, pp. 253-294.

En el Segundo Capítulo se reguló la Religión Católica, Apostólica y Romana como Religión de la Provincia (art. 1), prohibiéndose otro culto público o privado (art. 2). Se precisó, en todo caso, que "la potestad temporal no conocerá en las materias del culto y puramente eclesiásticas, ni la potestad espiritual en las puramente civiles, sino que cada una se contendrá dentro de sus límites" (art. 4).

En el Tercer Capítulo se reguló el Colegio Electoral, como "legítima representación Provincial" con poderes constituyentes y legislativos provinciales (arts. 1, 2 y 35); su composición por ocho electores (art. 3) y la forma de la elección de los mismos, por sistema indirecto (arts. 3 a 31), señalándose que se debía exigir a los que fueran a votar, que "depongan toda pasión e interés, amistad, etc., y escojan sujetos de probidad, de la posible instrucción y buena opinión pública" (art. 10). Entre las funciones del Colegio Electoral estaba el "residenciar a todos los funcionarios públicos luego que terminen en el ejercicio de su autoridad" (Art 36).

En el Cuarto Capítulo se reguló al Poder Ejecutivo, compuesto por cinco individuos (art. 1), en lo posible escogidos de vecinos de todas las poblaciones de la provincia y no sólo de la capital (art. 2); con término de un año (art. 3); sin reelección (art. 4); hasta un año (art. 5). En este capítulo se regularon las competencias del Poder Ejecutivo (arts. 14 a 16) y se prohibió que "tomara parte ni se introdujera en las funciones de la Administración de Justicia" (art. 20). Se precisó, además, que la Fuerza Armada estaría "a disposición del Poder Ejecutivo" (art. 23), correspondiéndole además "la General Intendencia de los ramos Militar, Político y de Hacienda" (art. 24).

El Capítulo Quinto de la Constitución Provisional de la Provincia de Mérida, dedicado al Poder Judicial, comenzó señalando que "No es otra cosa el Poder Judicial que la autoridad de examinar las disputas que se ofrecen entre los ciudadanos, aclarar sus derechos, oír sus quejas y aplicar las leyes a los casos ocurrentes" (art. 1); atribuyéndose el mismo a todos los jueces superiores e inferiores de la Provincia, y particularmente al Supremo Tribunal de apelaciones de la misma (art. 2), compuesto por tres individuos, abogados recibidos (art. 3). En el capítulo se regularon, además, algunos principios de procedimiento y las competencias de los diversos tribunales (arts. 4 a 14).

En el Capítulo Sexto se reguló el "Jefe de las Armas" atribuyéndose a un gobernador militar y comandante general de las armas sujeto inmediatamente al Poder Ejecutivo, pero nombrado por el Colegio Electoral (art. 1) y a quien correspondía "la defensa de la Provincia" (art. 4). Se regularon, además, los empleos de Gobernador Político e Intendente, reunidos en el gobernador militar para evitar sueldos (art. 6), con funciones jurisdiccionales (arts. 7 a 10), teniendo el Gobernador Político el carácter de presidente de los Cabildos (art. 11) y de Juez de Paz (art. 12).

El Capítulo Séptimo se destinó a regular "los Cabildos y Jueces inferiores;" se atribuyó a los Cabildos, la "policía" (art. 2); y se definieron las competencias municipales, englobadas en el concepto de policía (art. 3). Se reguló la Administración de Justicia a cargo de los alcaldes de las ciudades y villas (art. 4), con apelación ante el Tribunal Superior de Apelaciones (art. 5).

En el Capítulo Octavo se reguló la figura del "Juez Consular," nombrado por los comerciantes y hacendados (art. 1), con la competencia de conocer los asuntos de comercio y sus anexos con arreglo a las Ordenanzas del consulado de Caracas (art. 3) y apelación ante el Tribunal Superior de Apelación (art. 4).

En el Capítulo Noveno se reguló la "Milicia," estableciéndose la obligación de toda persona de defender a la Patria cuando ésta sea atacada, aunque no se le pague sueldo (art. 2).

El Capítulo Décimo reguló el "Erario Público," como "el fondo formado por las contribuciones de los ciudadanos destinado para la defensa y seguridad de la Patria, para la sustentación de los ministros y del culto divino y de los empleados de la administración de Justicia, y en la colectación y custodia de las mismas contribuciones y para las obras de utilidad común (art. 1). Se estableció también el principio de legalidad tributaria al señalarse que "toda contribución debe ser por utilidad común y sólo el Colegio Electoral las puede poner" (art. 3), y la obligación de contribuir al indicarse que "ningún ciudadano puede negarse a satisfacer las contribuciones impuestas por el Gobierno" (art. 4).

El Capítulo Undécimo está destinado a regular "los derechos y obligaciones del Hombre en Sociedad," los cuales también se regulan en el Capítulo Duodécimo y Último que contiene "disposiciones generales." Esta declaración de derechos, dictada después que el 1º de julio del mismo año 1811 la Sección Legislativa del Congreso General para la Provincia de Caracas había emitido la Declaración de Derechos del Pueblo, sigue las mismas líneas de ésta, conforme al libro "Derechos del Hombre y del Ciudadano con varias máximas republicanas y un discurso preliminar dirigido a los americanos" atribuido a Picornell, y que circuló en la Provincia con motivo de la Conspiración de Gual y España de 1797.[4]

III. EL PLAN DE CONSTITUCIÓN PROVISIONAL GUBERNATIVO DE LA PROVINCIA DE TRUJILLO DE 2 DE SEPTIEMBRE DE 1811

Los representantes diputados de los distintos pueblos, villas y parroquias de la Provincia de Trujillo, reunidos en la

---

4   Véase la comparación en Pedro Grases, *La Conspiración de Gual y España y el Ideario de la Independencia*, Caracas, 1978, pp. 71 ss.

Sala Constitucional aprobaron un "Plan de Constitución Provincial Gubernativo"[5] el 2 de septiembre de 1811, constante de 9 títulos, y 63 artículos, en la siguiente forma:

El Primer Título está dedicado a la Religión Católica, como Religión de la Provincia, destacándose, sin embargo, la separación entre el poder temporal y el poder eclesiástico.

El Título Segundo reguló el "Poder Provincial," representado por el Colegio de Electores, electos por los pueblos. Este Colegio Electoral se reguló como Poder Constituyente y a él corresponderá residenciar a todos los miembros del Cuerpo Superior del Gobierno.

El Título Tercero reguló la "forma de gobierno," estableciéndose que la representación legítima de toda la Provincia residía en el prenombrado Colegio Electoral, y que el Gobierno particular de la misma residía en dos cuerpos: el Cuerpo Superior de Gobierno y el Municipal o Cabildo.

El Título Cuarto reguló, en particular, el "Cuerpo Superior de Gobierno," integrado por cinco (5) vecinos, al cual se atribuyeron funciones ejecutivas de gobierno y administración.

El Título Quinto, reguló el "Cuerpo Municipal o de Cabildo" como cuerpo subalterno, integrado por cinco (5) individuos: dos alcaldes ordinarios, dos Magistrados (uno de ellos Juez de Policía y otro como Juez de Vigilancia Pública), y un Síndico personero.

El Título Sexto, relativo al "Tribunal de Apelaciones," atribuyó al Cuerpo Superior de Gobierno el carácter de Tribunal de Alzada.

El Título Séptimo reguló las "Milicias," a cargo de un Gobernador y Comandante General de las Armas de la Provincia,

---

5   Véase *Las Constituciones Provinciales, op. cit.*, pp. 297-320.

nombrado por el Colegio Electoral, pero sujeto inmediatamente al Cuerpo Superior de Gobierno.

El Título Octavo, reguló el Juramento que deben prestar los diversos funcionarios; y el Título Noveno, relativo a los "Establecimientos Generales," reguló algunos de los derechos de los ciudadanos.

IV. LA CONSTITUCIÓN FUNDAMENTAL DE LA REPBLICA DE BARCELONA COLOMBIANA DE 12 DE ENERO DE 1812

Como se dijo, en la Constitución de 1811, las Provincias conservaron la potestad para dictar sus Constituciones, lo cual ocurrió después de su promulgación con las de Barcelona y la de Caracas: la primera puede decirse que ya estaba redactada cuando se promulgó la Constitución Federal; y la segunda, se adaptó conforme a lo que los redactores de ésta pensaban sobre lo que debía ser una Constitución Provincial en el seno de la Federación que se estaba conformando; la cual por tanto, se elaboró precisamente como "Constitución modelo" para la elaboración de las Constituciones provinciales.

En efecto, a los pocos días de promulgada la Constitución Federal del 21 de diciembre de 1811, el pueblo barcelonés, por la voz de sus Asambleas Primarias, por la de sus Colegios Electorales y por la de sus funcionarios soberanos, proclamó la "Constitución fundamental de la República de Barcelona Colombiana,"[6] que fue un verdadero Código Constitucional de 19 títulos y 343 artículos. Este texto fue redactado por Francisco Espejo y Ramón García de Sena,[7] hermano de Manuel García de Sena el traductor en 1810 de las obras de Thomas Paine y

---

6 Véase en *Las Constituciones Provinciales, op. cit.*, pp. 151-249.
7 Véase Ángel Francisco Brice, "Estudio Preliminar" al libro *Las Constituciones Provinciales, op. cit.*, p. 39.

de los textos constitucionales norteamericanos, y por ello tiene gran importancia histórica, pues fue a través de ella que esos textos fueron conocidos en América española y no sólo en Venezuela.

El Título Primero de la Constitución contiene los "Derechos de los habitantes de la República de Barcelona Colombiana" y sus 38 artículos son copia casi exacta de los Derechos del Hombre y del Ciudadano de 1797, correspondiendo a Francisco Espejo la redacción de este Título.[8] Termina dicho Título con la proclamación del principio de la separación de poderes entre el Legislativo, Ejecutivo y Judicial, a la usanza de las Declaraciones de las colonias norteamericanas así:

> "38. Siendo la reunión de los poderes el germen de la tiranía, la República declara que la conservación de los derechos naturales y civiles del hombre de la libertad y tranquilidad general, depende esencialmente de que el Poder Legislativo jamás ejerza el Ejecutivo o Judicial, ni aún por vía de excepción. Que el ejecutivo en ningún caso ejerza el legislativo o Judicial y que el Judicial se abstenga de mezclarse en el Legislativo o Ejecutivo, conteniéndose cada uno dentro de los límites que les prescribe la Constitución, a fin de que se tenga el gobierno de las leyes y no el gobierno de los hombres."

El Título Segundo estaba destinado a regular la organización territorial de la "República de Barcelona," como única e indivisible (art. 1), pero dividida en cuatro Departamentos (art. 2), los cuales comprendían un número considerable de pueblos, en los cuales debía haber una magistratura ordinaria y una parroquia para el régimen civil y espiritual de los ciudadanos (art. 3).

El Título Tercero reguló a los "ciudadanos," con una clasificación detallada respecto de la nacionalidad, siendo los Patricios, los ciudadanos barceloneses, es decir: "los naturales y

---

[8] Véase *Idem.*, p. 150, nota 1.

domiciliados en cualesquiera de los Departamentos del Estado, bien procedan de padres originarios de la República o de extranjeros." Se reguló detalladamente el status de los extranjeros.

El Título Cuarto, se refiere a la soberanía con normas como las siguientes: "la soberanía es la voluntad general unida al poder de ejecutarla;" "ella reside en el pueblo; es una, indivisible, inalienable e imprescriptible; pertenece a la comunidad del Estado; ninguna sección del pueblo; ni individuo alguno de éste puede ejercerla." "La Constitución barcelonesa es representativa. Los representantes son las Asambleas Primarias: los Colegios Electorales y los Poderes Supremos, Legislativo, Ejecutivo y Judicial." "El gobierno que establece es puramente popular y democrático en la rigurosa significación de esta palabra." Como consecuencia del carácter representativo del nuevo Estado, el Título Quinto reguló en detalle las Asambleas Primarias y sus facultades, y las condiciones para ser elector y el acto de votación. Estas Asambleas Primarias debían ser convocadas por las Municipalidades, y su objeto era "constituir y nombrar entre los parroquianos un determinado grupo de electores que concurran a los Colegios Electorales a desempeñar sus funciones." Y el Título Sexto, por su parte, reguló a los "Colegios Electorales y sus facultades." Correspondía a los Colegios Electorales la elección de los funcionarios de la Sala de Representantes y de los Senadores de la Legislatura Provincial; la elección del presidente y vicepresidente del Estado; los miembros de la Municipalidad en cada Departamento; y las Justicias Mayores y Jueces de Paz.

El Título Séptimo se refiere al Poder Legislativo, el cual "se deposita en una Corte General nombrada de Barcelona, compuesta de dos Cámaras, una de Representantes, y la otra de Senadores." En este Título se reguló extensamente el régimen de elección de los miembros de dichas Cámaras, su funcionamiento, facultades comunes y privativas, régimen parlamentario y el procedimiento de formación de las leyes. Entre las funciones que se asignaban a esta Corte General, además de dictar leyes, se precisó que bajo este nombre general de ley se comprendían los actos concernientes a "la formación de un Código Civil, Criminal y Judicial, en cuya ampliación ocupará principalmente sus atenciones." Llama la atención la utilización en este texto, de la palabra "Corte" para denominar el Cuerpo legislativo de la Provincia.

El Título Octavo reguló el Poder Ejecutivo, a cargo del presidente de la República de Barcelona, sus condiciones, atribuciones y poderes; y el Título Noveno reguló todo lo concerniente al vicepresidente, como suplente del presidente.

El Título Décimo se refiere al "Poder Judicial." Allí se reguló el Poder Judicial Supremo confiado a un Tribunal de Justicia, con sus competencias en única instancia y en apelación, y sus poderes de censura de la conducta y operaciones de los Jueces ordinarios. El Título Duodécimo reguló a los "Justicias Mayores," que a la vez que jueces de policía en las ciudades, villas y pueblos, eran los residentes natos de la Municipalidad y Jueces Ordinarios de Primera instancia en las controversias civiles y criminales. Y el Título Decimotercero reguló a los "Jueces de Paz" con competencia para "trazar y componer las controversias civiles de los ciudadanos antes que las deduzcan en juicio, procurándoles cuantos medios sean posibles de acomodamiento entre sí."

El Título Undécimo, reguló a las "Municipalidades," con la precisión de que

> "En cada una de las cuatro ciudades actualmente existentes en el territorio de la República (Barcelona, Aragua, Pao y San Diego de Cabrutica) y en todas las demás ciudades y villas que en adelante se erigieren, habrá un cuerpo municipal compuesto de dos corregidores de primera y segunda nominación y seis regidores."

Según la votación obtenida en su elección, el Regidor que hubiere obtenido mayor número de votos era considerado como Alguacil Mayor, el que más se le acercaba, como Fiel Ejecutor y el que menos votos obtuviera se consideraba el Síndico General. Correspondía a la Municipalidad el Registro Civil y la Policía.

El Título Decimocuarto está destinado a regular el "culto," estableciéndose a la Religión Católica y Apostólica como "la única que se venera y profesa públicamente en el territorio de la República, y la que ésta protege por sus principios constitucionales." El Obispo, conforme a este Título se elegía en la misma forma que se elegía al presidente del Estado, con la única diferencia de que en los Colegios Electorales tendrían voto los eclesiásticos.

El Título Decimoquinto reguló la "Fuerza Pública;" el Título Decimosexto reguló la "Hacienda;" el Título Decimoséptimo reguló la "sanción del Código Constitucional;" el Título Decimoctavo, estableció el régimen de "Revisión del Código Constitucional;" y el Título Decimonoveno, el régimen del "juramento constitucional".

V. LA CONSTITUCIÓN PARA EL GOBIERNO Y ADMINISTRACIÓN INTERIOR DE LA PROVINCIA DE CARACAS DEL 31 DE ENERO DE 1812

A pesar de que el Congreso General, en marzo de 1811 había designado una comisión de diputados para redactar la Constitución de la Provincia de Caracas, para que sirviera de modelo a las demás de la Confederación, solo fue después de sancionada la Constitución federal, el 31 de enero de 1812, cuando se concluyó su tarea de redactar aprobándose un texto de 328 artículos agrupados en catorce capítulos destinados, como lo indica su Preámbulo, a regular el gobierno y administración interior de la Provincia.

Más que la Constitución de una "República" soberana, como había sido el caso de la Constitución Provincial de Barcelona este texto se acomoda al de la Constitución de una Provincia federada en el marco de una Confederación. Por ello, la Constitución Provincial de Caracas hizo especial énfasis en la necesidad de "organizar equitativamente la distribución y la representación del pueblo en la legislatura provincial."[9]

Esta Constitución puede considerarse, sin duda, como el modelo más acabado de lo que debía ser una Constitución provincial a comienzos del siglo XIX, influida de todos los principios del constitucionalismo moderno que se habían venido expandiendo en el mundo occidental luego de las revoluciones Norte Americana y Francesa de finales del siglo XVIII.

La misma fue sancionada por el Congreso General de la Confederación de Venezuela que se había instalado en 1811, en la "Sección Legislativa de la Provincia de Caracas del Congreso General de Venezuela," es decir, por los diputados electos en la Provincia que integraban dicho Congreso General; con el propósito de regular constitucionalmente el funcionamiento de dicha Provincia en el marco de la Federación que venía de establecerse formalmente el mes anterior, al sancionarse, el 21 de diciembre de 1811, por el mismo Congreso General, la Constitución Federal de los Estados de Venezuela.[10]

La elaboración de ambos proyectos de Constituciones, de la Federal y de la Provincial de Caracas, puede decirse que se realizó en paralelo, en las sesiones del Congreso General, lo

---

9   Véase en *Las Constituciones Provinciales, op. cit.*, pp. 63-146. Véase sobre esta Constitución, Allan R. Brewer-Carías, *La Constitución de la Provincia de Caracas del 31 de enero de 1812*, Serie Estudios Nº 100, Academia de Ciencias Políticas y Sociales, Caracas 2011.

10 Véase el texto en Allan R. Brewer-Carías, *Las Constituciones de Venezuela,* Academia de Ciencias Políticas y Sociales, Tomo I, Caracas 2008, pp. 553 ss.

que se capta del encargo hecho en la sesión del 16 de marzo de 1811 a los diputados Francisco Uztáriz, Juan Germán Roscio y Gabriel de Ponte, Diputados los tres por la Provincia de Caracas por los partidos capitulares de San Sebastián de los Reyes, Calabozo y la ciudad de Caracas, recién instalado el propio Congreso, como comisionados para redactar la Constitución Federal de Venezuela;[11] y del anuncio efectuado en la sesión del Congreso General del 28 de marzo de 1811, donde se informó que se había encomendado a los mismos mencionados diputados Ustáriz y Roscio, la elaboración de "la Constitución provincial de Caracas, con el objeto de que sirviese de modelo a las demás provincias del Estado y se administrasen los negocios uniformemente."[12]

Por ello, en la sesión del Congreso General del 19 de julio de 1811 se dejó constancia de que era un mismo grupo de diputados los "encargados de trabajar la Constitución Federal y la Constitución particular de la provincia de Caracas;"[13] y además, en la sesión del Congreso General del 20 de julio de 1811, el mismo Ustáriz decía que el Congreso le había encomendado junto con Roscio y de Ponte, "para que formase la Constitución federal de los Estados Unidos de Venezuela."[14]

Fue a tales efectos, que Ustáriz comenzó a presentar pliegos de la Constitución en la sesión del Congreso General del

---

11 En la despedida de la sección legislativa de la provincia de caracas al concluir sus sesiones y presentar la Constitución provincial 19 de febrero de 1812 Véase *Textos Oficiales de la primera República de Venezuela*, Biblioteca de la Academia de Ciencias Políticas y Sociales, Caracas 1982, Tomo II, p. 216.

12 *Idem.*, Tomo II, p. 216.

13 *Idem.*, Tomo II, p. 109.

14 Véase Ramón Díaz Sánchez, "Estudio Preliminar," *Libro de Actas del Segundo Congreso de Venezuela 1811-1812*, Academia Nacional de la Historia, Caracas 1959, Tomo I, p. 230.

21 de agosto de 1811,[15] dejándose constancia en la sesión del Congreso del 26 de julio de 1811, por ejemplo, de la presentación de un importante "Proyecto para la Confederación y Gobiernos provinciales de Venezuela,"[16] donde se formulaba un ensayo de distribución de las competencias que debían corresponder al nivel del Estado federal, y al nivel de los Gobiernos provinciales.[17]

Se trató, por tanto, de un proceso constituyente tanto nacional como provincial que se desarrolló en paralelo en el seno del mismo cuerpo de diputados, por una parte, para la conformación de un Estado federal en todo el ámbito territorial de lo que había sido la antigua Capitanía General de Venezuela, con la participación de todos los diputados del Congreso de todas las provincias; y por la otra, para la conformación del marco constitucional de gobierno para una de las provincias de dicha Federación, la de Caracas, incluso, como se dijo, para que el texto sirviera de modelo para la elaboración de las otras Constituciones provinciales.

Esa imbricación de Legislaturas en el mismo Cuerpo de representantes, la del Congreso General y la de la Sección Legislativa de la Provincia de Caracas, explica que en la sesión del Congreso General del 31 de enero 1812 se diera cuenta formalmente de que la Constitución provincial de Caracas iba a firmarse ese mismo día;[18] hecho del cual además, se dio

---

15   *Idem.*, Tomo I, p. 317.

16   Véase el texto en *El pensamiento constitucional hispanoamericano hasta 1830*, Biblioteca de la Academia Nacional de la Historia, Caracas 1961, Tomo V, pp. 41-44.

17   Véase *Textos Oficiales de la Primera República de Venezuela*, cit., Tomo II, pp. 111-113.

18   Véase *Libro de Actas del Segundo Congreso de Venezuela 1811-1812*, *cit.,* Tomo II, p. 307.

anuncio en la sesión del mismo Congreso General del día siguiente, del 1 de febrero de 1812.[19]

Esta Constitución de la Provincia de Caracas, por su parte, tiene la importancia de que formó parte del segundo grupo de Constituciones provinciales que se sancionaban en la historia del constitucionalismo moderno, después de las que se habían adoptado en 1776 en las trece antiguas Colonias inglesas en Norteamérica y que luego formaron los Estados Unidos de América, y que fueron las Constituciones o Formas de Gobierno de New Hampshire, Virginia, South Carolina, New Jersey Rhode Island, Connecticut, Maryland, Virginia, Delaware, New York y Massachusetts.[20] Venezuela fue, así, el segundo país en la historia del constitucionalismo moderno en haber adoptado la forma federal de gobierno a los efectos de unir como un nuevo Estado, lo que antes habían sido antiguas Provincias coloniales.

---

19 Véase *Libro de Actas del Segundo Congreso de Venezuela 1811-1812*, *cit.*, Tomo II, p. 309. Como se dijo, con posterioridad, el 19 de febrero de 1812 luego de haberse promulgado la Constitución de la Provincia de Caracas, la Sección Legislativa para la Provincia del Congreso General dirigió una "despedida a los habitantes de Caracas al terminar sus sesiones y presentar la Constitución," (firmada por los diputados Felipe Fermín Paúl, Martín Tovar, Lino de Clemente, Francisco Xavier Ustáriz, José Ángel Alamo, Nicolás de Castro, Juan Toro, Tomás Millano" Véase en *Textos Oficiales de la Primera República de Venezuela*, *cit.*, Tomo II, p. 216.

20 El texto de casi todas estas Constituciones se conocía en Caracas a partir de 1810 por la traducción que hizo Manuel García de Sena, en la obra *La Independencia de la Costa Firme, justificada por Thomas Paine treinta años ha*, editada en Filadelfia en 1810. Véase la edición, con prólogo de Pedro Grases, del Comité de Orígenes de la Emancipación, núm. 5. Instituto Panamericano de Geografía e Historia, Caracas, 1949. El texto de la Constitución de los Estados Unidos de América también se conocía por la traducción contenida en dicho libro, y por la que hizo en Joseph Manuel Villavicencio, *Constitución de los Estados Unidos de América*, editado en Filadelfia en la imprenta Smith & M'Kennie, 1810.

1. *Los diputados de la Provincia de Caracas al Congreso General y la Sección Legislativa para la Provincia de Caracas*

Las elecciones de diputados al Congreso general por la Provincia de Caracas se efectuaron a partir del 1° de noviembre de 1810, en la forma prescrita en el antes mencionado Reglamento para la elección y reunión de diputados al cuerpo conservador de los derechos de Fernando VII en las Provincias de Venezuela de 11 de junio de 1810,[21] habiéndose elegido los siguientes 24 diputados, por os Partidos Capitulares de Caracas, de San Sebastián de los Reyes, de la Villa de Calabozo, de Villa de Cura, de Valencia, de San Carlos, de San Felipe, de Ospino, de Nirgua, del Tocuyo, de Barquisimeto, de Guanare y de Araure.

Para ese momento, todas las Provincias que formaban la Capitanía General de Venezuela tenían sus propias Legislaturas, menos la Provincia de Caracas, por haber desaparecido la Junta Suprema y transferida su autoridad al Congreso General, que además funcionaba en la capital. Este cuerpo, sin embargo, dada la necesidad de que la Provincia tuviera su Asamblea Legislativa para que, entre otros aspectos se "declararán los derechos del ciudadano," decretó que se formara una "Sección Legislativa" del Congreso para la Provincia, compuesta de los diputados de la Provincia que se hallaban en el Congreso,[22] la cual se instaló el 1° de junio de 1811.

Instalada esta Sección Legislativa, materialmente, el primer acto que el Congreso adoptó "en su Sección Legislativa para la Provincia de Caracas" fue la declaración de "Derechos

---

21   Véase *Textos Oficiales de la Primera República de Venezuela, cit.*, Tomo II, pp. 63-84.

22   Véase Pedro Grases, *La Conspiración de Gual y España y el Ideario de la Independencia,* Caracas, 1978, p. 81, nota 3.

del Pueblo"[23] el 1º de julio de 1811, considerada por Pedro Grases, como "la declaración filosófica de la Independencia,"[24] que se comenta más adelante.

Otra importante Ley que se sancionó por Sección Legislativa de Caracas fue la Ley sobre Libertad de Imprenta 1811, encabezada su emisión por Congreso General Constituyente de Venezuela.[25] Con posterioridad, en la sesión del 5 de agosto de 1811 se planteó que el Congreso sancionase "la libertad de imprenta decretada por la Sección Legislativa de Caracas." [26]

En el mismo año 1811 se dictó, además las llamadas Ordenanzas de Llanos de la Provincia de Caracas, hechas de orden y por comisión de su Sección Legislativa del Congreso, en lo que quizás fue ley más importante de gobierno y policía dictada por el Congreso. Las firmaron los diputados Francisco Hernández, Gabriel Pérez Pagola; Juan Ascanio y Domingo Gutiérrez de la Torre.[27]

---

23 Véase el texto en Allan R. Brewer-Carías, *Las Constituciones de Venezuela*, cit., Tomo I, pp. 549-551.

24 Véase P. Grases, *La Conspiración de Gual y España...*, cit., p. 81. En otra obra dice Grases que la declaración "Constituye una verdadera declaración de independencia, anticipada al 5 de julio." Véase en Pedro Grases, "Estudio sobre los 'Derechos del Hombre y del Ciudadano'," en el libro *Derechos del Hombre y del Ciudadano* (Estudio Preliminar por Pablo Ruggeri Parra y Estudio histórico-crítico por Pedro Grases), Academia Nacional de la Historia, Caracas 1959, p. 165.

25 Véase *Textos Oficiales de la Primera República de Venezuela*, Biblioteca de la Academia de Ciencias Políticas y Sociales, Caracas 1982, Tomo II, p. 121-128.

26 Véase Ramón Díaz Sánchez, "Estudio Preliminar," *Libro de Actas del Segundo Congreso de Venezuela 1811-1812,* Academia Nacional de la Historia, Caracas 1959, Tomo I, p. 26882.

27 Véase *Textos Oficiales de la Primera República de Venezuela*, cit., Tomo II, p. 103.

A pesar de esta actividad importante, debe recordarse que la provincia de Caracas, como tal y como se ha dicho anteriormente, no tenía autoridades políticas propias: su Poder ejecutivo era el Ejecutivo plural designado por el Congreso al instalarse; y su órgano legislativo era la sección legislativa del Congreso General. Ello dio origen a diversas discusiones sobre el tema. Por ejemplo, en la sesión del Congreso General de 17 de octubre 1811 se resolvió "que la Sección Legislativa de Caracas debe continuar gobernando la Provincia, con autoridad absoluta e independiente del Congreso General, cuando éste suspenda sus sesiones después de concluida la Constitución."[28]

Por su parte, en la sesión del 7 de diciembre 1811 se discutió en el Congreso General "sobre la necesidad de que se establezca en Caracas un Gobierno provisional legítimo," tema que fue diferido;[29] y se volvió a plantar al recibirse en la sesión del Congreso del 9 de diciembre un oficio del Poder Ejecutivo, el que se acordó pasa a la Sección Legislativa de la Provincia para que resolviera.[30] En la sesión del Congreso del 14 de diciembre de 1811, fue la Municipalidad de la capital la cual planteó el tema sobre el Gobierno Provincial, lo que consta se pasó a la consideración del mismo.[31]

Con posterioridad a la sanción de la Constitución federal de 21 de diciembre de 1811, en la cual se estableció que la capital federal, del nuevo Estado, debía ubicarse en Valencia; y a la sanción de la Constitución de la provincia de caracas de 31 de enero de 1812, en la sesión del 6 de febrero de 1812, se

---

28 Véase *Libro de Actas del Segundo Congreso de Venezuela 1811-1812*, cit., Tomo II, p. 103.
29 *Idem.,* Tomo II, p. 196.
30 *Idem.,* Tomo II, p. 197.
31 *Idem.,* Tomo II, p. 207.

discutió la consulta formulada por el Poder Ejecutivo de que no debía continuar como federal después de instalado el Provincial de Caracas, discusión que fue diferida.[32] En la sesión del 7 de febrero de 1812 "se acordó declarar que el actual Poder Ejecutivo debe continuar en todas sus atribuciones federales hasta el término preciso que prescribe el Reglamento provisorio con que fue erigido, debiendo trasladarse a la ciudad federal y comunicarse a la Sección Legislativa" para su conocimiento.[33]

En la sesión del 10 de febrero 1811, de nuevo, se dio cuenta del oficio del Poder Ejecutivo "en que se denegaba a trasladarse a la ciudad federal, a pretexto de no haber ejercido en ningún tiempo atribuciones federales y sí únicamente las de la provincia de Caracas," planteamiento que se discutió y votó, no habiéndose admitido la renuncia.[34] De nuevo se discutió el tema en la sesión del 15 de febrero de 1811, ante la negativa del poder Ejecutivo de trasladarse de Caracas a la capital federal en Valencia, resultando la negativa a aceptar tal planteamiento por el Congreso. De ello, se acordó aprobar un decreto[35] en el cual se resolvió lo siguiente:

> "Considerando el Congreso la urgentísima necesidad de que al separarse del actual Poder Ejecutivo las atribuciones provinciales y federales que en parte han ejercido, no quede la Confederación sin jefe Supremo que desempeñe las funciones de alto gobierno, ínterin se instala el Poder Ejecutivo provisional, en quien han de recaer hasta la sanción de la Constitución, ha decretado, en sesión de este día, se restituya íntegra y plenamente el actual Poder Ejecutivo sus funciones federales que le corresponden por el reglamento provisorio con que fue elegido, me-

---

32   *Idem.*, Tomo II, p. 317.
33   *Idem.*, Tomo II, p. 318.
34   *Idem.*, Tomo II, p. 323.
35   *Idem.*, Tomo II, p. 341.

diante a que por la próxima instalación del provisional de Caracas, queda salvado uno de los principales inconvenientes que tuvieron las provincias para reconocerlo por la confederación; y que por consecuencia de las facultades que se le restituyen, debe trasladarse en su oportunidad a la ciudad federal."[36]

En la sesión extraordinaria del mismo 15 de diciembre de 1811 el Poder Ejecutivo envió oficio allanándose a trasladarse a la ciudad federal.[37]

El resultado de estos incidentes fue que el 6 de marzo de 1812 el Congreso se reunió en Valencia como Capital Federal,[38] tratándose entonces en la sesión del 10 de marzo de 1812, el tema de la elección del Poder Ejecutivo Federal, [39] discutiéndose de nuevo en la sesión del 17 de marzo d 1811, el tema de obligar al Poder Ejecutivo a trasladarse a Valencia.[40] Finalmente en las sesiones de 21 de marzo de 1812 se eligió al Poder Ejecutivo federal conforme a la nueva Constitución federal de 1811.[41]

2. *Contenido general de la Constitución provincial*

A pesar de que el Congreso General, apenas instalado, el 28 de marzo de 1811 había nombrado una comisión para redactar la Constitución de la Provincia de Caracas, la cual debía servir de modelo a las demás Provincias de la Confederación, esa Comisión tardó mucho en preparar el proyecto, por lo que algunas Provincias, como Barcelona procedió a dictar la suya para organizarse políticamente.

---

36   *Idem.*, Tomo II, pp. 331-344.
37   *Idem.*, Tomo II, p. 345.
38   *Idem.*, Tomo II, p. 350.
39   *Idem.*, Tomo II, p. 353.
40   *Idem.*, Tomo II, p. 356.
41   *Idem.*, Tomo II, p. 370.

En el caso de la Provincia de Caracas, también, solo fue después de sancionada la Constitución Federal, que la misma Sección Legislativa para la Provincia del mismo Congreso General, el 31 de enero de 1812 sancionó un texto de 328 artículos agrupados en catorce capítulos la Constitución de la Provincia de Caracas, destinada, como lo indica su Preámbulo, a regular el gobierno y administración interior de la Provincia.

Más que la Constitución de una "República" soberana, como había sido el caso de la Constitución Provincial de Barcelona, este texto se acomodó más al de una Provincia federada en el marco de una Confederación. Por ello, la Constitución Provincial de Caracas hace especial énfasis en la necesidad de "organizar equitativamente la distribución y la representación del pueblo en la legislatura provincial."[42]

El Capítulo Primero se refiere a la "Religión" declarándose que "la Religión Católica, Apostólica y Romana que es la de los habitantes de Venezuela hace el espacio de tres siglos, será la única y exclusiva de la Provincia de Caracas, cuyo gobierno la protegerá." (art. 1).

El Capítulo Segundo reguló detalladamente "la división del territorio." Allí se precisó que "el territorio de la Provincia de Caracas se dividirá en Departamentos, Cantones y Distritos" (arts. 2 a 4). Los Distritos debían ser un territorio con más o menos 10.000 habitantes y los Cantones, con más o menos 30.000 habitantes (art. 5). Los Departamentos de la Provincia eran los siguientes: Caracas, San Sebastián, los Valles de Aragua, (capital La Victoria), Barquisimeto y San Carlos (art. 6), y en la Constitución se precisó al detalle cada uno de los Cantones que conforman cada Departamento, y sus capitales (arts. 7 a 11); así como cada uno de los Distritos que conforman cada Cantón, con los pueblos y villas que abarcaban (arts. 12 a 23).

---

42   Véase en *Las Constituciones Provinciales, cit.,* pp. 63-146.

El Capítulo Tercero está destinado a regular "los sufragios parroquiales y congregaciones electorales," es decir, el sistema electoral indirecto en todo detalle, en relación a la forma de las elecciones y a la condición del elector, (arts. 24 a 30). Por cada mil almas de población en cada parroquia debía haber un elector (art. 31). Los Electores, electos en los sufragios parroquiales, formaban en cada Distrito, Congregaciones Electorales (art. 32). También debían elegirse electores para la escogencia en cada parroquia de los agentes municipales (art. 24). Estas congregaciones electorales eran las que elegían los Representantes de la Provincia para la Cámara del gobierno federal; a los tres miembros del Poder Ejecutivo de la Unión; al Senador o Senadores por el Distrito, para la Asamblea General de la Provincia; al representante por el Distrito, para la Cámara del Gobierno Provincial; y al elector para la nominación del Poder Ejecutivo de la provincia (art. 33). Los Electores electos en cada Distrito, para la elección del Poder Ejecutivo, formaban las Juntas Electorales que, reunidas en las capitales de Departamentos, debían proceder a la nominación (art. 49).

El Capítulo Cuarto está destinado a regular a las "Municipalidades." Sus miembros y los agentes municipales, se elegían por los electores escogidos para tal fin en cada parroquia (art. 24 y 59). La Constitución, en efecto, estableció que en cada parroquia debía elegirse un agente municipal (art. 65) y que los miembros de las municipalidades también debían elegirse (art. 67). El número de miembros de las Municipalidades variaba, de 24 en la de Caracas, dividida en dos cámaras de 12 cada una (art. 90); 16 miembros en las de Barquisimeto, San Carlos, La Victoria y San Sebastián (art. 92); y luego de 12, 8 y 6 miembros según la importancia y jerarquía de las ciudades (arts. 91 a 102). Las Municipalidades capitales de Distrito debían llevar el Registro Civil (art. 70) y se les atribuían todas las competencias propias de vida local en una enumeración que cualquier régimen municipal contemporánea envidiaría (art. 76). La Municipalidad gozaba "de una autoridad puramente legislativa" (art. 77) y elegía los alcaldes (art. 69) que eran las autoridades para la administración de justicia, y proponían al Poder Ejecutivo los empleos de Corregidores (arts. 69 y 217) que eran los órganos ejecutivos municipales. En ellas tenían asiento, voz y voto, los agentes municipales que debían ser electos en cada parroquia (arts. 65 y 103).

El Capítulo Quinto reguló al "Poder Legislativo" de la Provincia que residía en una Asamblea General compuesta por un Senado y una Cámara de Representantes (art. 130). En detalle, el texto reguló su composición, funcionamiento, poderes y atribuciones y el sistema de elección de sus miembros (arts. 230 a 194).

El Capítulo Sexto reguló el "Poder Ejecutivo" de la Provincia, que residía en 3 individuos electos por los Electores de cada Distrito (arts. 195 y 196). Se reguló la forma de elección y las condiciones de elegibilidad de los miembros del Poder Ejecutivo (arts. 196 a 207) así como sus atribuciones (arts. 308 a 233).

El Capítulo Séptimo está destinado al "Poder Judicial," en el cual se dispuso que se conservaba provisionalmente la organización que del mismo existía (art. 234), y que a nivel inferior era administrado, además de por Jueces de Primera Instancia, por los alcaldes y Corregidores con apelación ante las Municipalidades (arts. 240 a 250). En las materias civiles y criminales, sin embargo, se estableció que la justicia sería administrada por dos Cortes Supremas de Justicia (art. 259) y por los Magistrados inferiores de primera instancia antes indicados (art. 235). En cada Departamento se establecieron Tribunales Superiores (art. 251) y en general se establecieron normas de procedimiento judicial relativas al juicio verbal, que se estableció como norma general (art. 240).

Los Capítulos Octavo y Noveno se refieren a la "elección de los Senadores para el Congreso General y su remoción," así como de los Representantes (arts. 275 a 280).

El Capítulo Diez se refiere al "Fomento de la literatura" donde se reguló al Colegio y Universidad de Caracas (art. 281) y el fomento de la cultura (art. 282).

Los Capítulos Once y Doce están destinados a regular la revisión y reforma de la Constitución (arts. 283 a 291) y su sanción o ratificación (art. 292 a 259).

El Capítulo Trece, indica que "se acuerdan, declaran, establecen y se dan por insertos literalmente en esta Constitución los derechos del hombre que forman el Capítulo Octavo de la Federal, los cuales están obligados a observar, guardar y cumplir todos los ciudadanos de este Estado" (art. 296).

El Capítulo Catorce contiene una serie de "Disposiciones Generales, donde se regulan, en general, otros derechos de los ciudadanos, así como deberes (arts. 297 a 234), concluyéndose con la formulación expresa de la garantía objetiva de la Constitución, en el sentido de que "las leyes que se expidieren contra el tenor de ella no tendrán valor alguno sino cuando hubieren llenado las condiciones requeridas para una justa y legítima revisión y sanción (de la Constitución)" (art. 325).

Este texto constitucional concluye con una "Despedida" de la "Sección Legislativa de Caracas, dirigida a los habitantes de la Provincia," al terminar sus sesiones y presentar la Constitución Provincial en la cual se hace un recuento del proceso de conformación institucional de la Confederación y del Gobierno Federal hasta ese momento, justificándose la propuesta de formar una "sección legislativa provisoria para Caracas" del Congreso General, compuesta con la separación de sus diputados al mencionado Congreso General, la cual tuvo a su cargo la elaboración del texto constitucional provincial.[43]

Este texto constitucional fue firmado en "el Palacio de la Legislatura de Caracas," por los siguientes diputados: Por el Partido Capitular de San Sebastián, Felipe Fermín Paúl, presidente; por el Partido Capitular de San Sebastián, Martín Tovar, Vice-presidente; por el Partido Capitular de San Sebastián: Francisco Javier Uztáriz; por el Partido Capitular de Nirgua: Salvador Delgado; por el Partido Capitular de Caracas, Isidoro Antonio López Méndez; por el Partido Capitular de San Felipe, Juan José de Maya; por el Partido Capitular de Guanare, José Vicente Unda; por el Partido Capitular de Caracas, Bartolomé Blandín; por el Partido Capitular de Valencia, Fernando de Peñalver; por el Partido Capitular de Caracas, Lino de Clemente; por el Partido Capitular de Barquisimeto, José Ángel de Álamo; por el Partido Capitular de la Villa de Calabozo, Juan Germán Roscio; por el Partido Capitular de la ciudad de Ospino, Gabriel Pérez Págola; por el Partido Capitular de Barquisimeto, Tomás Millano; y por el Partido Capitular de Valencia, Juan [Rodríguez del] Toro.

3. *Sobre el Poder Legislativo de la Provincia*

Como se señaló, en la Constitución provincial se asignó el Poder Legislativo de la Provincia a Asamblea General compuesta por un Senado y una Cámara de Representantes (art. 130), regulándose detalladamente su composición, funcionamiento, poderes y atribuciones, así como el sistema de elección de sus miembros (arts. 230 a 194).

Las Cámaras que componían el Poder legislativo tenían la competencia general, es decir, "pleno poder y facultad para hacer ordenar y establecer todas las leyes, ordenanzas, estatu-

---

43   Véase en *Las Constituciones Provinciales, op. cit.,* pp. 137 ss.

tos, órdenes y resoluciones, con penas o sin ellas," que juzgasen necesarias "para el bien y felicidad de la Provincia," con la aclaratoria de que las mismas, sin embargo, no debían "ser repugnantes ni contrarias a esta Constitución" (art. 186)

La iniciativa de las leyes se atribuyó tanto al Senado como a la Cámara de Representantes. Teniendo, además, cada una de ellas la facultad de proponer a la otra reparos, alteraciones o adiciones, o de rehusar su consentimiento a la ley propuesta por una absoluta negativa (art. 131). Sin embargo, en cuanto a las leyes sobre contribuciones, las mismas se dispuso que tendrían principio solamente en la Cámara de Representantes, quedando siempre al Senado la facultad de adicionarlas, alterarlas o rehusarlas (art. 132).

Todos los proyectos o proposiciones que fuesen aceptadas, "según las leyes de debates," debían sufrir tres discusiones en sesiones distintas, con el intervalo de un día cuando menos, entre unas y otras, sin cuya circunstancia no se podía pasar a la otra Cámara (art. 133). Estas leyes de debate, sin embargo, no se aplicaban respecto de las proposiciones urgentes, en cuyo caso cada Cámara debía preceder a la declaratoria de urgencia (art. 134). Las proposiciones que fuesen rechazadas por una de las Cámaras, no podían repetirse hasta después de un año sin el consentimiento de las dos terceras partes de cada una de las Cámaras; pero podían hacerse otras nuevas que contuvieran parte, artículos o ideas de las rechazadas (art. 135). Ninguna ley, ordenanza o resolución podía contener otras materias que las que expresase su título, y debían todas estar firmadas por el presidente del Senado y de la Cámara (art. 136).

Para que los proyectos de la ley que fuese propuestos, aceptados, discutidos y deliberados en ambas Cámaras se convirtieran en ley, con fuerza de tal, debían previamente ser presentados al Poder Ejecutivo de la Provincia para su revisión. Si el Poder Ejecutivo, después de examinar el proyecto lo aprobare, lo debía firmar en señal de su aprobación (art. 137); y en todo caso, si el Poder Ejecutivo no devolvía el proyecto a la Cámara de su origen dentro de cinco días contados desde su recibo con exclusión de los feriados, se tendía por ley, y debía ser promulgada como tal (art. 138).

Sin embargo, el Poder Ejecutivo podía objetar el proyecto, en cuyo caso debía devolverlo, con sus reparos y objeciones, a la Cámara que hubiese tenido la iniciativa, la cual debía copiar íntegramente las objeciones en su registro y pasarlas de nuevo a examen y consideración. En caso de que resulte aprobado por segunda vez por las dos terceras partes de la Cámara, se debía pasar el proyecto con las objeciones a la otra Cámara, donde también debía considerarse. Si en esta Cámara se aprobase igualmente por las dos terceras partes de sus miembros presentes, entonces se consideraba que el proyecto tenía fuerza de ley, y el Poder Ejecutivo debía publicarla (art. 137).

La formalidades establecidas en el proceso de formación de las leyes, decretos, actos o resoluciones de las Cámaras fue muy detallada, al punto de disponerse que debían pasar de una Cámara a otra y al Poder Ejecutivo con un preámbulo que contuviera "primero, la fecha de las sesiones de cada Cámara en que se haya examinado la materia; segundo, las de las respectivas resoluciones, con inclusión de la de urgencia, cuando la haya; y, tercero, la exposición de las razones v fundamentos que han motivado la decisión." Si se omitía alguno de estos requisitos, se debían devolver los proyectos a la Cámara que hubiera cometido la falta, o la de la iniciativa, si la hubiesen cometido las dos (art. 142).

Se establecieron, además, normas de redacción legislativa para que su redacción fuera uniforme, clara y sencilla, exigiéndose la indicación de un membrete que explicase "compendiosamente su contenido, con las voces de ley, acto, resolución, u orden, sobre o para tal cosa, etc., y a la fórmula de estilo siguiente: La Asamblea general de la provincia de Caracas, decreta, o ha decretado que, etc. Estas palabras precederán a la parte dispositiva de las leyes, actos u órdenes de la Legislatura" (art. 143).

Pero además del ejercicio de la función legislativa, se atribuyó al Poder legislativo, como de su exclusiva competencia, el control e inspección sobre el Poder Ejecutivo, asignándosele "la pesquisa y averiguación de las faltas de todos los empleados del Estado en el desempeño de sus deberes." Correspondía además al Senado "recibir las correspondientes acusaciones en todos los casos de traición, colusión o malversación," correspondiendo a dicha Cámara oír, examinar y juzgar dichos hechos. Se precisó, además, que todo ciudadano quedaba "con plena libertad de acusar los delitos de esta clase, bajo la responsabilidad y cauciones prevenidas por las leyes" (art. 145). La Constitución dispuso, además, que "de ninguna manera se limiten estas facultades pesquisitorias de la Cámara sobre todos los empleados del Estado" (art. 155).

Las Cámaras del Poder Legislativo, además, tenían entre sus atribuciones, "proteger la cultura de los habitantes del país, promoviendo por leyes particulares el establecimiento de escuelas de primeras letras en todas las poblaciones y auxiliando los esfuerzos que ellas mismas hicieren por el conducto de sus respectivas Municipalidades, para lograr tan grande objeto" (art. 187).

En materia impositiva, además, se dispuso entre las funciones de las Cámaras la realización de un "censo exacto de las propiedades o bienes raíces que posean los particulares en toda la extensión de la Provincia" a los efectos de "facilitar el establecimiento de un sistema de imposición y recaudación de contribuciones más ventajoso a las rentas del Estado, menos dispendioso y molesto a los pueblos, y que no embarace el giro interno de las producciones, de la agricultura y de la industria; censo que debía servir para cuando "se crea útil y oportuno," para alterar "el método actual de los impuestos calculado sobre los frutos y producciones, y le sustituya otro que se refiera al valor de los mismos bienes raíces, moderado, equitativo, y proporcionado a las exigencias del Gobierno." (art. 189).

La Constitución atribuyó además competencia al Poder legislativo para procurar disponer "con toda la brevedad posible una razón circunstanciada de las tierras que haya vacantes sin legítimo dueño conocido en los distritos de las Municipalidades, bien por conducto de éstas o como lo juzgue más oportuno," pudiendo "disponer de ellas en beneficio del Estado, de sus rentas y de su agricultura, vendiéndolas o arrendándolas, o en favor de los mismos pueblos y distritos, cuyas Municipalidades, con estos recursos a su disposición, podrán hacer efectivos los proyectos de educación y de beneficencia que conciban para sus respectivos habitantes, con menos gravamen de éstos y mayor beneficio de los pobres"(art. 191).

Por último, correspondía también al Poder Legislativo, la competencia para "constituir Tribunales de justicia en lo interior de la Provincia según lo creyere conveniente para su mejor y más pronta administración," con posibilidad de facultarlos "para oír, juzgar y determinar toda suerte de causas civiles y criminales en el grado y forma que tuviese a bien establecer" (art. 192).

4. *Sobre el Poder Ejecutivo provincial*

El Poder Ejecutivo de la Provincia se reguló en la Constitución como un Ejecutivo plural integrado por 3 individuos electos en segundo grado, por los Electores de cada Distrito, correspondiéndole, en general, el cuidar y velará sobre la exacta y fiel ejecución de las leyes del Estado y de la Unión en todo lo que estuviere al alcance de sus facultades en el territorio de la Provincia" (art. 233).

Al Ejecutivo se lo facultó, cuando lo exigiera el bien y prosperidad de la Provincia, para convocar extraordinariamente a la Asamblea general o a alguna de sus Cámaras (232).

La Constitución dispuso que el Ejecutivo debía dar cuenta a la Asamblea general del estado de la República, presentar en particular a cada Cámara el estado de las rentas Provinciales, indicando los abusos que hubiere, y recomendando las medidas que juzgase convenientes sin presentarles proyectos de ley ya formados (art. 230). Además, se dispuso que el Ejecutivo debía dar en todo tiempo, a cualquiera de las Cámaras, las cuentas, informes e ilustraciones que le pidieran, "a excepción de aquellas cuya publicación no conviniere por entonces" (art. 231).

5. *Sobre el Poder Judicial de la Provincia*

En cuanto al Poder judicial, la Constitución estableció en general, que las materias civiles y criminales ordinarias el Poder Judicial se debía administrar por dos Cortes supremas de Justicia, y por los Magistrados inferiores de primera instancia que residen en las ciudades, villas y pueblos de la Provincia, "bajo la misma forma y con las mismas facultades que han tenido hasta ahora" (art. 235).

Se estableció, por otra parte, que el Supremo Poder Judicial de la Provincia de Caracas residiría en dos Cortes Supremas de Justicia, una de las cuales se debía establecer en esta capital, Caracas, y la otra, en la ciudad de Barquisimeto (art. 259). La primera debía extender su jurisdicción a los departamentos de Caracas, de Aragua y de San Sebastián, y se denominaba: Corte Suprema de Justicia de los Departamentos Orientales; la segunda, debía ejercer la jurisdicción en los departamentos de Barquisimeto y de San Carlos, y se denominaba: Corte Suprema de Justicia de los Departamentos Occidentales (art. 260). Cada Corte, en su respectivo territorio, debía conocer por apelación de los negocios civiles y criminales sentenciados por los Corregidores, alcaldes ordinarios, Municipalidades y Tribunales Superiores de departamento, y originalmente podía conocer de aquellos en que conocía la antigua Audiencia con el nombre de casos de Corte (art. 261).

La Constitución, por otra parte, fue muy precisa en prever, en general, la posibilidad de acudir a medios alternativos de administración de justicia. Así, el artículo 236 dispuso que los Jueces debían procurar "componer amigablemente todas las demandas antes que se enjuicien, y a nadie se le rehusará el derecho de hacer juzgar sus diferencias por árbitros" (art. 236). De las decisiones de estos árbitros, que debían nombrar las mismas partes, no se admitirían apelaciones ni recursos de nulidad, o de una nueva revisión, a menos que se hubieran reservado expresamente (art. 237).

Se dispuso además en la Constitución, que "aquellos negocios de que no pueden conocer los Jueces ordinarios, se llevarán a ellos para que si es posible se concilien las partes antes de establecerse la demanda; más si el Juez no pudiere conciliarlas, seguirán los asuntos a los Tribunales correspondientes" (art. 238).

6. *Sobre el fomento "de la literatura"*

La Constitución, como se ha dicho, incluyó un capítulo sobre el "fomento de la literatura," en el cual se dispuso que "el Colegio y la Universidad que se hayan establecido en esta capital conservarán los bienes y rentas de que hasta aquí han gozado bajo la especial protección y dirección del Gobierno," correspondiéndole a la Legislatura promover y auxiliar cuanto sea posible "el adelantamiento y progresos de estas corporaciones literarias, cuyo objeto y destinos son tan interesantes y útiles al bien de la comunidad" (art. 282).

A tal efecto, en el artículo 283 de la Constitución se definió "la cultura del espíritu" como:

"el medio único y seguro de distinguir las verdaderas y sublimes virtudes que hacen honor a la especie humana, y de conocer en toda su fuerza los vicios horrendos que la degradan y se perpetúan impunemente entre las naciones salvajes y bárbaras. Ella es también el órgano más oportuno para hacer conocer al pueblo sus imprescriptibles derechos, y los medios capaces de conservarle en la posesión de aquella arreglada y justa libertad que ha dispensado a todos la sabia naturaleza. Es igualmente el camino más pronto y seguro que hay de procurarle el acrecentamiento de sus comodidades físicas, dirigiendo con acierto su actividad y sus talentos al ejercicio de la agricultura, del comercio, de las artes y de la industria que aumentan la esfera de sus goces y le constituyen dueño de innumerables producciones destinadas a su servicio para una alta y generosa beneficencia."

En consecuencia, la propia Constitución reconoció que "un Gobierno sabio e ilustrado no puede desentenderse de procurar la cultura de la razón y de que se propague y generalice cuanto fuere posible entre todos los ciudadanos," disponiendo entonces que era un

"deber de las Legislaturas, de las Municipalidades y de los Magistrados del Estado procurar el fomento y propagación de la literatura y de las ciencias, protegiendo particularmente el establecimiento de Seminarios para su enseñanza, y las de las lenguas cultas, sabias o extranjeras, y el de sociedades privadas e instituciones públicas que se dirijan al mismo objeto, o a promover el mejoramiento de la agricultura, de las artes, oficios, manufacturas y comercio, sin comprometer la verdadera libertad y tranquilidad de los pueblos"(art. 282).

7. *Sobre la revisión y reforma constitucional*

La Constitución de la Provincia, como era lo propio de toda Constitución moderna, estableció los mecanismos para su revisión y reforma, de manera que "cuando la experiencia manifestare la necesidad o conveniencia de corregir o añadir alguna cosa" a la Constitución, la misma se debía sujetar a las siguientes formas prescriptas en el texto, "sin cuya circunstancia no tendrán valor ni efecto las correcciones y adiciones" (art. 283). El procedimiento se estableció en la forma siguiente:

1. Las proposiciones podían tener principio en cualquiera de las Cámaras de la Legislatura, y en cada una de ellas se debían leer y discutir públicamente por tres veces en distintos días interrumpidos, del mismo modo que las leyes ordinarias (art. 284).

2. Si en ambas Cámaras las propuestas hubiesen obtenido la aprobación de las dos terceras partes de sus miembros constitucionales, debían entonces pasarse al Poder Ejecutivo obtener su aprobación. De no recibir las propuestas los votos referidos, se debían tener por rechazadas y no podían repetirse hasta después de un año cuando menos en otra sesión de la Legislatura (art. 285).

3. Si el Poder Ejecutivo aprobaba las proposiciones, se debía producir entonces una resolución de la Asamblea general sobre el objeto a que se dirigían las propuestas; pero si el Ejecutivo no las aprobaba, debía devolverlas a la Asamblea general dentro del término de diez días con los reparos correspondientes (art. 286).

4. Las proposiciones devueltas por el Ejecutivo, sin embargo, se debían calificar como "Resolución de la Asamblea" en caso de que, una vez examinadas de nuevo en las Cámaras, "fuesen sostenidas por las tres cuartas partes de sus miembros constitucionales." También se considerarían con el mismo carácter "cuando no fuesen devueltas dentro de los diez días. (art. 287).

Las resoluciones sobre revisión de la Constitución, sin embargo, no entraban en vigencia con la aprobación de los órganos del Estado, sino que debían someterse a consulta popular y a la aprobación por los representantes. A tal efecto, se estableció el siguiente procedimiento:

1. Las resoluciones sobre revisión y reforma constitucional, en efecto, se debían comunicar a las Municipalidades y estas las debían insertar en los papeles públicos, "cuando menos tres meses antes de las próximas elecciones de noviembre," para que, impuestos los sufragantes y electores de las reformas o adiciones que se proponían, pudieran, si quisiesen, "dar sus instrucciones sobre el particular a los nuevos miembros que elijan para la Legislatura" (art. 288).

2. Lo mismo debía realizarse a los dos años siguientes antes de las referidas elecciones; y cuando por este medio se hubiese renovado toda o la mayor parte de la Cámara de los Representantes, la Asamblea general, en su inmediata sesión, es cuando entonces debía proceder "a examinar las proposiciones sujetándose a las formas prescritas" antes indicadas para la Legislatura en que se hizo la iniciativa (art. 289).

3. Si las proposiciones fuesen aceptadas finalmente por las dos terceras partes de la nueva Asamblea general con la aprobación del Poder Ejecutivo, o sin ésta por las tres cuartas partes de la misma, entonces es que debían insertarse en la Constitución en la forma correspondiente (art. 290).

4. En todo caso, los artículos de la Constitución que fuesen sometidos a examen para ampliarse, corregirse o suprimirse, debían permanecer íntegramente en su fuerza y vigor hasta que las alteraciones propuestas fueran aprobadas, publicadas y mandadas tener por parte de la Constitución (art. 291).

8. *Sobre la sanción y ratificación de la Constitución*

Por otra parte, en cuanto a la sanción o ratificación de la propia Constitución de enero de 1812, en el propio texto constitucional se estableció la necesaria participación popular, así:

1. El pueblo de la Provincia de Caracas, por medio de convenciones particulares reunidas expresamente para el caso,

o por el órgano de sus Electores capitulares autorizados determinadamente al intento, o por la voz de los sufragantes Parroquiales, debía expresar solemnemente su voluntad libre y espontánea, de aceptar, rechazar o modificar, en todo o en parte, la Constitución (art. 292).

2. La elección de cualquiera de los medios antes propuestos se dejó "al arbitrio y prudencia de la próxima venidera Legislatura Provincial," lo cual lamentablemente nunca ocurrió, con la exigencia de que debía adoptar "uno mismo para la sanción y ratificación de esta Constitución que para la de la Federal;" de manera que una y otra debían ejecutarse "en un mismo tiempo, tanto por la mayor comodidad y alivio que de ello resulta a los pueblos, como por la mayor instrucción y conocimiento que les proporciona el tener a la vista simultáneamente ambas constituciones, así para exponer su voluntad como para expedir con mayor acierto y felicidad de la causa común las funciones que ellas prescriben"(art. 293).

3. Leída la Constitución a las corporaciones que hubiere hecho formar la Legislatura, y verificada su aprobación con las modificaciones o alteraciones que ocurrieren por pluralidad, se debía entonces jurar solemnemente su observancia, y se debía proceder, dentro del tercero día, "a nombrar los funcionarios de los Poderes que forman la representación Provincial, o a convocar las Congregaciones electorales con el mismo objeto" (art. 294). Se aclaró, finalmente que no habría "embarazo alguno" para que en esas elecciones se nombrasen para Legisladores o para miembros del Poder Ejecutivo, tanto en el Gobierno federal como en el de la Provincia, "a los que han servido los mismos destinos en ambos departamentos durante el año de mil ochocientos once, y a los que los sirvieren en el presente de mil ochocientos doce" (art. 295).

Es sabido, sin embargo, que nada de esto se pudo hacer pues unos meses después, desde diciembre de 1812 la ocupación del territorio de la provincia por las fuerzas españolas al mando de Monteverde, arrasaron con toda la civilidad que se establecía en este excepcionalísimo texto que fue la Constitución provincial de Caracas de 1812.

9. Declaraciones políticas generales y el desarrollo del principio de igualdad

La Constitución provincial de Caracas de 1812, como ocurrió con todas las Constituciones posteriores, incorporó en unas disposiciones generales, una serie de declaraciones generales de política pública, y aparte de todos los derechos de los ciudadanos que se declararon incorporados en el texto constitucional, contenidos en la declaración de Derechos del Pueblo sancionada el 1 de julio de 1811 (art. 296), se incluyeron otras disposiciones de gran importancia en materia de igualdad y no discriminación. Las más importantes fueron las siguientes:

A. *Sobre el régimen de los indios*

En primer lugar, en el texto mismo de la Constitución se dispuso que respeto de la "clase de ciudadanos que hasta ahora se ha denominado de indios," reconociéndose que no se había conseguido "el fruto apreciable de algunas leyes que la Monarquía española dictó a su favor, porque los encargados del Gobierno de estos países tenían olvidada su ejecución," en virtud de que "las bases del sistema de Gobierno que en esta Constitución ha adoptado Caracas no son otras que las de la justicia y la igualdad," entonces se dispuso que se encargaba "muy particularmente a la Asamblea general," que así como debía "aplicar sus fatigas y cuidados para conseguir la ilustración de todos los habitantes de la Provincia, proporcionándoles escuelas, academias y colegios en donde aprendan todos los que quieran los principios de Religión, de la sana moral, de la política, de las ciencias y artes útiles y necesarias para el sostenimiento y prosperidad de los pueblos," que igualmente debía procurar "por todos los medios posibles atraer a los referidos ciudadanos naturales a estas casas de ilustración y enseñanza, hacerles comprender la íntima unión que tienen con todos los demás ciudadanos, las consideraciones que como aquéllos merecen del Gobierno, y los derechos de que gozan por sólo el hecho de ser hombres iguales a todos los de su especie, a fin de conseguir por este medio sacarlos del abatimiento y rusticidad en que los ha mantenido el antiguo estado de cosas, y que no permanezcan por más tiempo aislados, y aún temerosos de tratar a los demás hombres" (art. 297).

A tal efecto, la Constitución prohibió que los indios pudieran "aplicarse involuntariamente a prestar sus servicios a los Tenientes, o Curas de sus Parroquias, ni a otra persona alguna," y además, les permitió

"el reparto, en propiedad, de las tierras que les estaban concedidas y de que están en posesión, para que a proporción entre los padres de familia de cada pueblo las dividan y dispongan de ellas como verdaderos señores, según los términos y reglamentos que formare para este efecto" (art. 297).

La consecuencia de estas previsiones, fue que en el texto de la Constitución se revocaron y dejaron "sin valor alguno, las leyes que en el anterior Gobierno concedieron ciertos Tribunales, protectores y privilegios de menor edad a dichos naturales, las cuales, dirigiéndose al parecer a protegerlos, les han perjudicado sobremanera según ha acreditado la experiencia" (art. 298).

B. *Sobre la prohibición de la esclavitud*

La Constitución, por otra parte, recordando que el comercio inicuo de negros había sido prohibido por Decreto de la Junta Suprema de Caracas en 14 de agosto de 1810, declaró que dicho comercio quedaba "solemne y constitucionalmente abolido en todo el territorio de la Provincia, sin que puedan de modo alguno introducirse esclavos de ninguna especie por vía de especulación mercantil" (art. 299).

C. *Sobre la situación de los pardos*

La Constitución, además, dispuso en su artículo 300 que quedaban "revocadas y anuladas en todas sus partes las leyes antiguas que imponían degradación civil a una parte de la población libre de Venezuela, conocida hasta ahora bajo la denominación de pardos y morenos." En consecuencia, se declaró que éstos quedaban "en posesión de su estimación natural y civil, y restituidos a los imprescriptibles derechos que les corresponden como a los demás ciudadanos" (art. 300).

D. *Sobre la abolición de los títulos nobiliarios y las relaciones personales con la Monarquía*

En la Constitución, además, se declararon extinguidos "todos los títulos concedidos por el anterior Gobierno," prohibiéndose a la Legislatura Provincial "conceder otro alguno de nobleza, honores o distinciones hereditarias, ni crear empleo u oficio alguno, cuyos sueldos o emolumentos puedan durar más tiempo que el de la buena conducta de los que los sirvan "(art. 301). Además, se dispuso que las persona que ejercieran algún "empleo de confianza u honor bajo la autoridad del Estado," no podían aceptar "regalo, título o emolumento de algún Rey, Príncipe o Estado extranjero, sin el consentimiento del Congreso" (art. 302).

La consecuencia de ello, fue la previsión en el artículo 324, en el sentido de que nadie podía "tener en la Provincia de Caracas otro título ni tratamiento público que el de ciudadano, única denominación de todos los hombres libres que componen la nación."

E. *Sobre el ejercicio de los derechos políticos*

La Constitución fue determinante en relación con los mecanismos de participación popular y de democracia representativa, en establecer en general, que los ciudadanos sólo podían "ejercer sus derechos políticos en las Congregaciones parroquiales y electorales, y en los casos y formas prescritas por la Constitución" (art. 313); de manera que ningún individuo o asociación particular podía

> "hacer peticiones a las autoridades constituidas en nombre del pueblo, ni menos abrogarse la calificación de pueblo soberano, y el ciudadano o ciudadanos que contravinieren a este parágrafo, hollando el respeto y veneración debidas a la presentación y voz del pueblo, que sólo se expresa por la voluntad general, o por el órgano de sus representantes legítimos en las Legislaturas, serán perseguidos, presos y juzgados con arreglo a las leyes" (art. 314).

Además, se declaró que toda reunión de gente armada, bajo cualquiera pretexto que se formase, si no emanaba de órdenes de las autoridades constituidas, se consideraba como "un atentado contra la seguridad pública," y debía "dispersarse inmediatamente por la fuerza." Además, se declaró también, que "toda reunión de gente sin armas" que no tuviese el mismo origen legítimo se debía disolver "primero por órdenes verbales, y siendo necesario, se destruirá por la fuerza en caso de resistencia o de tenaz obstinación" (art. 315).

F. *Sobre la supremacía constitucional y la continuidad del orden jurídico sub-constitucional anterior*

El artículo 325 de la Constitución, declaró expresamente el principio de la supremacía constitucional y graduación del orden jurídico al disponer que las leyes que se expidieran para ejecutarla, la Constitución del Gobierno de la Unión, y todas las leyes y tratados que se concluyeran bajo su autoridad, "serán la ley suprema de la Provincia de Caracas en toda la extensión de su territorio; y las autoridades y habitantes de ella estarán obligados a obedecerlas y observarlas religiosamente, sin excusa ni pretexto alguno."

Se precisó, sin embargo, como garantía objetiva de la Constitución, que "las leyes que se expidieren contra el tenor de ella no tendrán valor alguno sino cuando hubieren llenado las condiciones requeridas para una justa y legítima revisión y sanción" (art. 325).

En lo que se refiere al orden jurídico precedente de orden sub-constitucional, el artículo 326 de la Constitución estableció que entre tanto que se verificaba "la composición de un Código Civil y criminal, acordado por el Supremo Congreso el ocho de marzo último [1811], adaptable a la forma de Gobierno establecido en Venezuela," se declaraba en su fuerza y vigor el Código que hasta aquí nos ha regido en todas las materias v puntos (lo que era una clara referencia a la *Recopilación de las Leyes de los Reynos de Indias*) que directa o indirectamente no se opongan a lo establecido en esta Constitución."

G. *Sobre la difusión y conocimiento de la Constitución y de los derechos de los ciudadanos*

Finalmente, en la Constitución misma se previó la necesidad de difundir su conocimiento, a cuyo efecto, se encargó y recomendó eficazmente

> "a todos los venerables Curas de los pueblos de esta Provincia, que los domingos y demás días festivos del año la lean públicamente en las iglesias a sus feligreses, como también la Constitución federal formada por el Congreso general de Venezuela, y con especialidad el capítulo octavo de ella, que tiene por título derechos del hombre, que se reconocerán y respetarán en toda la extensión del Estado, encareciéndoles la importancia, necesidad y obligación en que se hallan todos los ciudadanos de instruirse de estos derechos y de observarlos y cumplirlos exac-

tamente, haciéndoles cuando lo juzguen conveniente las aplicaciones, ilustraciones y advertencias conducentes a facilitarles su inteligencia. (art. 327).

Igualmente, se encargó y recomendó a todos los maestros de primeras letras que pusieran en manos de sus discípulos, en la forma y modo que hallasen más adaptables, el texto de la Constitución, y también la Federal,

> "procurando que las posean y manejen como otro cualquiera libro o lectura de las que se usan comúnmente en las escuelas, haciéndolas leer y estudiar constantemente, y en especial el capítulo octavo de la Constitución federal que trata de los derechos del hombre, por ser una de las instrucciones en que deben estar radicados a fondo, y un objeto esencialísimo de la educación que debe recibir la juventud de Venezuela" (art. 328).

CUARTA PARTE
EL EXTRAORDINARIO RÉGIMEN DEL GOBIERNO Y ADMINISTRACIÓN INTERIOR (MUNICIPAL) DE LA PROVINCIA DE CARACAS EN LA CONSTITUCIÓN PROVINCIAL DE 31 DE ENERO DE 1812

Uno de los aspectos más destacados del régimen constitucional de los Provincias Unidas de Venezuela 1811, fue que, habiéndose constituido las mismas en un Estado federal, como Confederación de provincias, el régimen municipal, que había sido tan importante en la génesis de la propia independencia y en la configuración territorial de las Provincias durante el régimen colonial, no se reguló en forma alguna en la Constitución federal, sino que se dejó su regulación a las Constituciones provinciales.

Por ello, en la Constitución de la Provincia de Caracas de enero de 1812, siendo la misma la más importante de todas las provincias y que se había redactado precisamente para que sirviera de modelo a las que debían sancionarse en las otras provincias, se estableció una detalladísima y extraordinaria regulación del régimen municipal, que debe destacarse, partiendo de unas consideraciones sobre el territorio de la propia provincia de Caracas, que por su extensión, en el Congreso General de 1811 se había querido dividir en varias provincias.

I. LA DISCUSIÓN SOBRE EL TERRITORIO DE LA PROVINCIA DE CARACAS Y SU DIVISIÓN

En efecto, de todas las provincias que conformaban la antigua Capitanía General de Venezuela, y luego de la sanción de la Constitución Federal de diciembre de 1811, la más extensa, territorialmente hablando, era la Provincia de Caracas que comprendía lo que en la actualidad es el territorio de los Estados Miranda, Vargas, Aragua, Carabobo, Guárico, Yaracuy, Falcón, Lara, Portuguesa, Cojedes y Trujillo de la República de Venezuela; y que en la época estaba dividida en los Partidos capitulares o Municipalidades de Caracas, San Sebastián, Villa de Cura, Valencia, San Carlos, San Felipe, Barquisimeto, Guanare, Calabozo, Carora, Araure, Ospino, Tocuyo y Nirgua.

Esta extensión y la importancia de la propia ciudad de Caracas respecto de todas las otras provincias, llevó a que se discutiera repetidamente sobre la división del territorio de la Provincia, para crear varias provincias, lo que ocurrió desde la sesión del Congreso General de Venezuela del 25 de junio de 1811 donde se propuso dividirla en dos; pero acordándose, primero, pasar a constituir la Confederación, y después, que se procediera a dividir la Provincia de Caracas.[1]

El tema se volvió a tratar en la sesión del 27 de junio de 1811, donde se discutió ampliamente las razones a favor y en contra de la división,[2] particularmente conforme a lo expresado en la *Memoria* que presentó al Congreso sobre la necesidad de dividir la Provincia de Caracas y multiplicar los gobiernos territoriales que presentó el Diputado por el distrito de Valen-

---

[1] Véase *Libro de Actas del Segundo Congreso de Venezuela 1811-1812*, cit., Tomo I, p. 112, 117.

[2] *Idem.*, Tomo I, p. 119.

cia, Fernando de Peñalver.[3] Se consideró, contra la extensión de la Provincia y la importancia de Caracas capital, que "ningún beneficio gozan los pueblos distantes de Caracas y es nula la libertad que han adquirido, mientras tengan que venir aquí a mendigar las luces y la justicia."[4] De ello, salió la propuesta de dividir la provincia en cuatro provincias, es decir, tres nuevas más a la capital, así: una, comprendiendo a Barquisimeto, Tocuyo, Carora y San Felipe; otra, comprendiendo a San Carlos, Araure, Ospino y Guanare; y la otra comprendiendo a Valencia, Nirgua, Puerto Cabello y los valles de Aragua. La de Caracas, por su parte, quedaba con la capital y Calabozo, Villa de Cura, San Sebastián y el Puerto de La Guaira.[5]

Posteriormente, en la sesión del 2 de septiembre de 1811, se volvió a discutir el tema de la división de la Provincia de Caracas, y llegó a acordarse "en el día por el Congreso, que se divida en dos la Provincia de Caracas, quedando ésta compuesta de los Departamentos de la capital, Valencia, San Sebastián, Puerto Cabello, Calabozo, Villa de Cura, Nirgua y San Felipe; y la otra Provincia se compondrá de San Carlos, Barquisimeto, Carora, Tocuyo, Ospino, Araure y Guanare, con la cual división quedan, a esa nueva provincia interior 150.245 almas, y la de Caracas 262.612." Se acordó dicha división, pero con la advertencia de que "no puede ni debe llevare a efecto esta medida por ahora y hasta que la Diputación General de Caracas, en quien reside la Legislatura de la Provincia,

---

[3] Véase el texto en *El pensamiento constitucional hispanoamericano hasta 1830*, Biblioteca de la Academia nacional de la Historia, Caracas 1961, Tomo V, pp. 3925-

[4] Véase *Libro de Actas del Segundo Congreso de Venezuela 1811-1812*, cit., Tomo I, p. 122.

[5] *Idem.*, Tomo I, pp. 126-127.

estipule, convenga y presente al Congreso para su sanción los límites y capital, que ha de tener la nueva Provincia."[6]

Luego, en la sesión del 15 de octubre de 1811 se trató de nuevo el tema de la división de las Provincias y sobre Caracas se acordó que "Las provincias convienen en confederarse sin nueva división de la de Caracas, con la precisa calidad de que ésta se dividirá cuando el Congreso de Venezuela lo juzgue oportuno y conveniente."[7]

En todo caso, en la Constitución de la Provincia de 1812, el territorio de la misma no sólo permaneció el mismo que tenía, sino que fue objeto de una regulación específica y particularizada en forma tal que no se encuentra parangón en Constitución alguna de la época

II. LA DIVISIÓN TERRITORIAL UNIFORME DE LA PROVINCIA EN DEPARTAMENTOS, CANTONES Y DISTRITOS

La Constitución de la Provincia de Caracas de 1812, en efecto, estableció la división territorial de la Provincia en una forma única, que no encuentra antecedente en ningún texto constitucional precedente, adoptando el uniformismo en la organización territorial derivado de la organización municipal adoptada en la Revolución francesa a partir de 1789-1791.

En tal forma, en el artículo 17 de la Constitución se comenzó por disponer que, en forma uniforme, "el territorio de la Provincia de Caracas se dividía en Departamentos, estos en Cantones y estos en Distritos;" agregándose que "cada Departamento constará de uno o más Cantones según la proporción de las localidades con el objeto de esta división"(art. 13); que "cada Cantón comprenderá tres Distritos, y a veces uno más en

---

6 *Idem.,* Tomo II, pp. 11-14.
7 *Id.,* Tomo II, p. 99.

razón de las circunstancias"(art. 19); y que "cada Distrito se compondrá de una porción de territorio que tenga en su recinto diez mil almas de población de todas clases, sexos y edades" (art. 20).

Se establecieron, así, en la Constitución, los siguientes cinco (5) Departamentos en la Provincia, con sus respectivas capitales, el de Caracas, el de San Sebastián, el de los Valles de Aragua, con la ciudad de la Victoria por capital, el de Barquisimeto, y el de San Carlos. (art. 21).

1. *La organización territorial del Departamento de Caracas*

El Departamento de Caracas comprendía tres cantones, que fueron: el cantón del Tuy, cuya capital se fijó en la ciudad de la Sabana de Ocumare; el cantón de los Altos, cuya capital se fijó en la ciudad de Petare; y el Cantón de Caracas y sus costas vecinas, cuya capital se fijó en la misma ciudad capital. (art. 22).

A. *El cantón del Tuy*

El cantón del Tuy, conforme al artículo 27 comprendía tres (3) distritos que eran:

1. El distrito inferior del Tuy, que comprendía los pueblos y valles de Cupira, Guapo, Río Chico, Mamporal, Tacarigua, Curiepe, Marasma, Panaquire, Tapipa, Caucagua, Macaira y Aragüita, siendo su capital Caucagua;

2. El distrito medio del Tuy, que comprendía los pueblos de Santa Lucía, Santa Teresa, San Francisco de Yare, y la Sabana de Ocumare, que era su capital; y

3. El distrito superior del Tuy, que comprendía los pueblos de Charallave, Tácata, Cúa y Paracotos, siendo este último su capital (art. 27).

B. *El cantón de los Altos*

El cantón de los Altos, conforme al artículo 28, comprendía igualmente tres (3) distritos, que eran:

1. El distrito de Guarenas que comprendía los pueblos de Guatire, Guarenas y Petare, que era su capital.
2. El distrito de Guaire, que comprendía los pueblos de Chacao, Hatillo, Baruta, Valle, Vega y Antímano, cuya capital era el Valle, y
3. El distrito de Los Teques, que comprendía los pueblos de Macarao, San Pedro, Los Teques, San Antonio y San Diego, cuya capital era el pueblo de Los Teques.

C. *El cantón de Caracas*

El cantón de Caracas, conforme al artículo 29, así como sus costas vecinas en su departamento, comprendían cuatro distritos, que eran:

1. El distrito de La Guaira con los pueblos y valles de Caruao, Chuspa, Naiguatá, Caraballeda, Cojo, Macuto. La Guaira, Maiquetía, Tarmas y Carallaca, cuya capital era La Guaira; y
2. Tres distritos de Caracas que (el segundo, tercero y cuarto) que comprendían el recinto de la ciudad de Caracas, hasta donde se extendían sus parroquias.

2. *La organización territorial del Departamento de San Sebastián*

El Departamento de San Sebastián comprendía dos cantones, que fueron: el cantón del Norte o de San Sebastián, con su capital en la misma ciudad de San Sebastián; y el cantón del Sur o de Calabozo, que tenía por capital a la misma ciudad de Calabozo (art. 23).

A. *El cantón de San Sebastián*

El cantón del norte, o de San Sebastián, conforme al artículo 30, comprendía tres (3) distritos, que eran:

1. El distrito de San Sebastian, que comprendía los pueblos de San Juan de los Morros, San Sebastián, San Casimiro de Güiripa, San Francisco de Cara, Camatagua, y Cura, con San Sebastián por capital.

2. El distrito de Orituco, que comprendía los pueblos de Taguay, San Rafael de Orituco, Altagracia de Orituco, Lezama y Chaguaramos, con Lezama por capital; y

3. El distrito del valle de la Pascua, que comprendía al mismo valle de la Pascua, Tucupido, Chaguaramal, Santa María de Ypire, San Juan de Espino, Yguana, Altamira, San Fernando de Cachicamo, Santa Rita, y Cabruta, con el valle de la Pascua por capital.

B. *El cantón de Calabozo*

El cantón del sur, o de Calabozo, conforme al artículo 31, constaba de tres distritos, que eran:

1. El distrito de Ortiz, que comprendía los pueblos de Parapara, Ortiz, San Francisco de Tiznados, y San José de Tiznados, con Ortiz por capital.

2. El distrito del Sombrero, que comprendía los pueblos del Sombrero, Barbacoas, y el Calvario, con el del Sombrero por capital; y

3. El distrito de Calabozo, que comprendía la misma ciudad de Calabozo y los pueblos de Ángeles, Trinidad, el Rastro, Guardatinajas, Camaguán, y Guayabal, con Calabozo por capital.

3. *La organización territorial del Departamento de los Valles de Aragua*

El Departamento de los Valles de Aragua comprendía también de dos cantones: el cantón Oriental o de la Victoria, con su capital en la misma ciudad de la Victoria; y el cantón Occidental o de Guacara, que tenía por capital la misma ciudad de Guacara (art. 24).

A. *El cantón de la Victoria*

El cantón oriental de la Victoria, conforme al artículo 32, comprendía comprenderá cuatro distritos, que eran:

1. El distrito de la Victoria, que comprendía los pueblos del Buen Consejo, San Mateo, y la Victoria, que era su capital.

2. El distrito de Turmero, que comprendía los pueblos de Cagua, Santa Cruz, y Turmero, que era su también su capital.

3. El distrito de Maracay, que comprendía toda su jurisdicción y los pueblos de Chuao, Choroní, y Cuyagua, con Maracay por capital; y

4. El distrito de la ciudad de Cura, que comprendía el pueblo de Magdaleno, y la misma ciudad de Cura, que era su capital.

B. *El cantón de Guacara*

El cantón occidental de Guacara, conforme al artículo 33, comprendía tres distritos, que eran:(3), que eran:

1. El distrito de Guacara, que comprendía los pueblos de Mariara, Cata, Ocumare, Turiamo y Guacara de capital.

2. El distrito de los Guayos, que comprendía los pueblos de los Guayos, Güigüe, y San Diego, con los Guayos de capital; y

3. El distrito de Puerto Cabello, que comprendía al mismo Puerto Cabello y a los pueblos y valles de Patanemo, Borburata, Guayguasa, Agua Caliente, Morón, y Alpargatón, con Puerto Cabello por capital.

4. *La organización territorial del Departamento de Barquisimeto*

El Departamento de Barquisimeto comprendía tres cantones, que fueron: el cantón de San Felipe, con su capital en la misma ciudad de San Felipe; el cantón de Barquisimeto, con su capital en la ciudad de Barquisimeto, y el cantón de Tocuyo, con su capital en el Tocuyo (art. 25).

A. *El cantón de San Felipe*

El cantón de San Felipe, conforme al artículo 34, comprendía cinco (5) distritos, que eran:

1. El distrito de Nirgua, compuesto de esta ciudad, que era la capital y los pueblos de Temerla, Cabria, Taria, Montalbán, Canoabo, y Urama.

2. Dos distritos en San Felipe, en lo que era en ese momento el Partido capitular de San Felipe, formando un distrito doble bajo de una misma capital, que lo era la ciudad de San Felipe, y comprendiendo a los pueblos de Cocorote, Guama, San Francisco Javier de Agua Culebras, Cañizos, Tinajas, San Nicolás y Aroa;

3. Dos distritos de Carora, en el Partido capitular de Carora, del cual esta ciudad era su capital, extendiéndose a los pueblos de Aregue, Arenales, Burerito, Siquisique, Río del Tocuyo, Moroturo y Ayamanes.

B. *El cantón de Barquisimeto*

El cantón de Barquisimeto, que conforme al artículo 35 de la Constitución constaba de tres (3) distritos, que eran:

1. Dos distritos de Barquisimeto en la misma ciudad de Barquisimeto, con los pueblos de Santa Rosa, Buria, Altar, Bovare, y Sarare, del cual Barquisimeto era capital.

2. El distrito de Yaritagua, que abracaba los pueblos de Urachiche, Cuara, Chivacoa, Duaca, y Yaritagua, que era su capital.

C. *El cantón del Tocuyo*

El cantón del Tocuyo, que conforme al artículo 36 tenía tres (3) distritos, que eran:

1. El distrito de Tocuyo, que se extendía hasta donde alcanzaba la Parroquia de la ciudad, que era su capital.
2. El distrito de Quíbor, que comprendía a los pueblos de Barbacoas, Curarigua de Leal, Cubiro, y Quíbor, que era la capital; y
3. El distrito de Humocaro, que comprendía a los pueblos de Chabasquén, Humocaro Alto, Humocaro Bajo, que será la capital, Guarico, y Santa Ana de Sanare.

5. *La organización territorial del Departamento de San Carlos*

El Departamento de San Carlos comprendía dos cantones: el cantón de San Carlos y el cantón de Guanare.

A. *El cantón de San Carlos*

El cantón de San Carlos, conforme al artículo 37 de la Constitución, comprendía cuatro (4) distritos, que eran:

1. El distrito de San Carlos, que se extendía a la misma ciudad de San Carlos y a los pueblos de San José, y Caramacate, quedando San Carlos por capital.
2. El distrito del Pao, que comprendía los pueblos del Pao, Tinaco y Tinaquillo, con el Pao por capital.
3. El distrito de Lagunillas, que comprendía los pueblos de Agua Blanca, San Rafael de Onoto, Cojede, San Miguel del Baúl, y Lagunitas, que era su capital.

4. El distrito de Araure, que comprendía la misma ciudad de Araure, que era su capital, con los pueblos de Acarigua, la Aparición de la Corteza, San Antonio de Turén y las Sabanetas de Jujure.

B. *El cantón de Guanare*

El cantón de Guanare, conforme al artículo 38 de la Constitución, tenía tres (3) distritos, que eran:

1. El distrito de Ospino, abarcaba a la misma ciudad de Ospino, que era la capital, y a San Rafael de las Guasguas.

2. El distrito de Guanare comprendía a la ciudad de Guanare y a los pueblos de María y de Maraca, quedando Guanare por capital; y

3. El distrito de Tucupido comprendía los pueblos de Tucupido, Boconó y Papelón, con Tucupido por capital.

III. EL RÉGIMEN ORGÁNICO Y COMPETENCIAL DEL MUNICIPIO EN LA PROVINCIA DE CARACAS

La Constitución Provincial de Caracas de 1812, por otra parte, fue un ejemplo único, en su tiempo, en cuanto a la regulación general del régimen municipal en todo el territorio de una provincia, estableciendo un régimen municipal general, con Municipalidades de diversa categoría, lo que dependía del número de miembros que integraban el cuerpo municipal, según la importancia y extensión del territorio que se les asignó. Como se verá a continuación, el detalle de regulación constitucional en la materia implica la realización de un estudio territorial extraordinario, que según se lee en las actas de las sesiones del Congreso General, fue encomendado al diputado Francisco Javier Ustáriz, junto con los diputados José Vicente Unda y Juan José de Maya, en su sesión del 5 de marzo de 1811, para "examinar el estado que tenían las Municipalidades de la Provincia de Caracas."⁸

1. *Algo sobre las competencias municipales*

Estas Municipalidades configuraron una pieza central del gobierno de la provincia, disponiéndose su existencia en materialmente todas las ciudades, villas y pueblos que se enumeran en la división territorial antes mencionada, organizadas en concejos según la importancia de las mismas.

De acuerdo con el artículo 76 de la Constitución provincial, las dichas Municipalidades tenían las siguientes facultades peculiares, que eran las materias propias de la vida local:

> "la conservación de las propiedades públicas que hubiere en el distrito; todo lo concerniente a las fuentes y aguas públicas de las poblaciones; el aseo y buen orden de sus calles y plazas; la limpieza de los desaguaderos; el alumbrado, rondas y patrullas de las noches para quietud y seguridad del vecindario; la construcción y reparo de puentes y obras públicas necesarias o útiles, el establecimiento y superintendencia de las escuelas de primeras letras y otras de literatura que puedan procurarse; el alivio de los pobres, la salubridad pública, precaviendo los estragos dañosos a la salud de los ciudadanos; la seguridad y sanidad de las cárceles y prisiones, con cuyo objeto elegirán uno o dos individuos de su seno que visiten las casas de prisión y cuiden que los presos no sufran los rigores y malos tratamientos que la ley no ha prescrito; la conservación de los pesos y medidas que fije la Legislatura para las ventas; la regulación del pe-

---

8   En la despedida de la Sección Legislativa de la Provincia de Caracas al concluir sus sesiones y presentar la Constitución provincial 19 de febrero de 1812. Véase *Textos Oficiales de la primera República de Venezuela, cit.,* Tomo II, p. 216. Ustáriz volvió a explicar su concepción para la organización territorial del Estado en 1812 en el "Plan de Gobierno Provisorio para Venezuela" que presentó a Simón Bolívar en 1813. Véase en *El pensamiento constitucional hispanoamericano hasta 1830, cit.,* Tomo V, pp. 129-130.

so y calidad del pan y de otras cosas que son de la primera necesidad para el abasto y subsistencia del pueblo; las licencias para los pulperos y revendedores, cuyo importe no podrá ceder en beneficio de ningún particular, sino de los fondos de la Municipalidad; la abolición y persecución de los juegos prohibidos que disipan el tiempo y arruinan la fortuna de los ciudadanos; la licencia, restricción, regulación y orden de los espectáculos y diversiones públicas, y de los trucos, billares y otros lugares de pasatiempo; la apertura, conservación, reparo y mejora de los caminos públicos; la navegación de los ríos; la subsistencia del fluido vacuno, y todo lo demás que fuese necesario para llevar a efecto estos objetos: bien que la Legislatura podrá ampliar y restringir por leyes particulares la jurisdicción de las Municipalidades, según lo juzgare conveniente."

El órgano de representación y gobierno de las Municipalidades era precisamente una Cámara o concejo colegiado que conforme al artículo 77 de la Constitución era "una autoridad puramente legislativa" con competencia en las materias municipales (art 76), para lo cual tenía "facultad para expedir los reglamentos y ordenanzas que fueren necesarias para el desempeño de sus deberes; para imponer penas ligeras que no sean injuriosas ni infamatorias y para ordenar otras contribuciones suaves y moderadas sobre los carruajes y bestias de servicio que transitan por los caminos y los arruinan y deterioran, o sobre las personas sin propiedad, que nada contribuyen para las cargas del Estado y gozan de todas las ventajas del orden social."

Debe mencionarse, además, que en la Constitución, las Municipalidades, los Corregidores y Alcaldes conservaban funciones judiciales en primera instancia (arts. 240 ss.).

2. *Las municipalidades según el número de miembros del órgano colegiado municipal*

Conforme a este esquema, en la Constitución se regularon las Municipalidades integradas en forma variable por 24, 16,

12, 8 y 6 miembros; y, además, se reguló la existencia de Agentes Municipales en las parroquias. Todas estas autoridades eran electas mediante sufragio por los electores.

A. *La Municipalidad de Caracas capital con 24 miembros y dos Cámaras*

De acuerdo con el artículo 90 de la Constitución, la Municipalidad de la capital de Caracas se componía de 24 miembros o Corregidores, estando la Corporación dividida en dos Cámaras de doce personas cada una (art. 91).

B. *Las Municipalidades con 16 miembros y dos Cámaras*

El artículo 95 de la Constitución organizó siete (7) Municipalidades con 16 miembros cada una y dos Cámaras en las ciudades de *Barquisimeto, San Carlos, la Victoria, San Sebastián, Tocuyo y Guanare*.

En estas se sometió la eficacia de las resoluciones de las Municipalidades, en los recesos de la Legislatura, al sometimiento del asunto a Poder Ejecutivo de la Provincia (art. 95)

De acuerdo con lo previsto en el artículo 92 de la Constitución, se dispuso que habría Municipalidades con 16 miembros cada una en las ciudades de *Barquisimeto, San Carlos, la Victoria y la de San Sebastián*, quedando divididas en dos Cámaras de ocho miembros cada una, y con dos alcaldes ordinarios que debían presidirlas. En cuanto a las Municipalidad de Barquisimeto debía comprender al pueblo de Bobare; la Municipalidad de San Carlos se debía extender a los de San José y Caramacate; la Municipalidad de San Sebastián se debía extender a los de San Juan de los Morros, San Casimiro de Güiripa y San Francisco de Cara; y la Municipalidad de la Victoria, comprendía su sola Parroquia (art. 93).

El artículo 94 de la Constitución también dispuso que las Municipalidades del *Tocuyo* y *Guanare* se comprendían también de 16 miembros. La primera extendía sus límites a su Parroquia; y la segunda, a los pueblos de María y de Maraca.

C. *Las Municipalidades con 12 miembros*

El artículo 96 de la Constitución reguló la existencia de Municipalidades constituidas con 12 miembros cada una, y una sola Cámara o corporación que debían presidir dos Alcaldes Ordinarios, en las ciudades "de *San Felipe*, capital del cantón de este nombre, en el departamento de Barquisimeto; en la de *Maracay*, capital del tercer distrito del cantón oriental de la Victoria; en la de *Puerto Cabello*, capital del tercer distrito del cantón occidental de Guacara; en la de *Carora*, capital del cuarto y quinto distritos del cantón de San Felipe; en la del Pao, capital del segundo distrito del cantón de San Carlos; en la de *Ospino*, capital del primer distrito del cantón de Guanare; y en la de *Quíbor*, capital del segundo distrito del cantón del Tocuyo."

Conforme al artículo 97 de la Constitución, la jurisdicción de la Municipalidad de *San Felipe* se extendía a los pueblos de Agua Culebras, Cañizos, San Nicolás, Aroa y Cocorote; las de *Puerto Cabello* y *Quíbor*, se extendían a los pueblos de su distrito; la de *Carora*, a los pueblos de Arenales, Burerito, Aregue y Santiago del Río del Tocuyo; la de *Maracay*, a los pueblos de Chuaco, Choroní y Cuyagua; y las del *Pao* y *Ospino* a sus respectivas Parroquias.

D. *Las Municipalidades con 8 miembros*

El artículo 98 de la Constitución dispuso que había Municipalidades de ocho (8) miembros y un Alcalde, "a menos que estén en posesión de nombrar dos y quieran continuar en el mismo uso," en las ciudades de la *Sabana de Ocumare,* de *Pe-*

tare, de *Guacara*, de *Calabozo*, de *Cura*, de *Nirgua* y de *Araure*, y en las villas de *La Guaira, Siquisique*, de *Cagua, Turmero, Sombrero, Santa Rosa, San Rafael de las Guasguas* y *Tucupido* (art. 98).

La jurisdicción de la ciudad de Sabana de Ocumare, se debía extender al pueblo de San Francisco de Yare; la de Calabozo a los de Angeles, Trinidad, Rastro, Camaguán y Guayabal; la de Cura al pueblo de Magdaleno; la de Nirgua a Temerla, Cabria y Taria; la de Araure a Acarigua; la de La Guaira a su distrito; la de Siquisique a Ayamanes y Moroturo; la de Tucupido al de Boconó y las demás debían quedar reducidas a la extensión de sus Parroquias (art. 99).

E. *Las Municipalidades con 6 miembros*

El artículo 100 de la Constitución reguló los lugares donde debía haber "pequeñas" Municipalidades compuestas de seis (6) miembros y un alcalde, "a los que se reunirán en algunas los Agentes particulares de aquellas Parroquias comprendidas en su demarcación que se designaren expresamente en la Constitución." Estos lugares fueron los siguientes a los que se asignó en el artículo 101 de la misma Constitución, la denominación de *villas*: los pueblos de los Teques, el Valle, Barata, Hatillo, Chacao, Guarenas, Curiepe, Guapo, Cancaina, Santa Lucía y Paracotos, comprendidos en el departamento de Caracas; en los de San Mateo, Buenconsejo, Santa Cruz del Escobar, Mariara, los Guayos y Güigüe, en el departamento de Aragua; en los de Camatagua, Taguay y Lezama, Altagracia de Orituco, Chaguaramas, Tucupido del Llano arriba, Valle de la Pascua, Chaguaramal, Santa María de Ipire, Ortiz, San José de Tiznados, Barbacoas y Guardatinajas, en el departamento de San Sebastián; en los de Montalbán, Guama, Sanare, Yaritagua, Urachiche, Sarare, Humocaro Bajo, en el departamento de Barquisimeto; en los del Tinaco, San Miguel del Baúl, Lagunitas, la Sabaneta de Jujure, la Aparición de la Corteza y Papelón, en el departamento de San Carlos.

Dispuso el artículo 102 de la Constitución, que la jurisdicción de la Municipalidad de los Teques, se extenderá a los pueblos de San Diego, San Antonio, San Pedro y Macarao; la del Valle, a los de la Vega y Antímano; la de Guarenas a Guatire; la de Curiepe a Mamporal, Tacarigua y Marasma; la del Guapo a Río Chico y Cupira; la de Caucagua a Aragüita, Macaira, Tapipa y Panaquire; la de Santa Luisa a Santa Teresa; la de Paracotos a Charallave, Cúa y Tácata; la de Mariara a Ocumare de la costa, Cata y Turiamo; la de los Guayos a San Diego; la de Altagracia de Orituco a San Rafael de Orituco; la de Santa María de Ipire a San Fernando, Iguana, Altamira, Espino, Santa Rita y Cabruta; la de Ortiz al pueblo de Parapara; la de San José de Tiznados al de San Francisco de Tiznados; la de Barbacoas al del Calvario; la de Montalbán al de Canoabo y Urama; la de Sanare al de Buría y el Altar; la de Urachiche al de Cuara, Chivacoa y Duaca; la de Sarare al de Guarico; la de Humocaro Bajo, al de Humocaro Alto y Chabasquén; la del Tinaco al del Tinaquillo; la de Lagunitas al de Agua Blanca, San Rafael de Onoto y Cojede; y la de la Sabaneta de Jujure al de Turen; y las demás quedarán reducidas a su Parroquia.

3. *Las Parroquias y los agentes municipales*

En cada Parroquia, que era una división de los cantones, además, debía haber un Agente Municipal. Estos Agentes Municipales, y en su defecto los respectivos sustitutos, tenían asiento, voz y voto en las Municipalidades a que pertenecieran sus Parroquias, para acordar y representar por ellas todo lo que estuviese al alcance de sus facultades (art. 103).

En particular, los artículos 104 a 107 de la Constitución precisaron en qué pueblos y lugares debía designarse Agentes Municipales, así:

a. El pueblo de San José, comprendido en la jurisdicción de la Municipalidad de San Carlos, nombrará un Agente y su sustituto para la segunda Cámara de dicha Municipalidad. Los de María y de Maraca, comprendidos en la de Guanare, tendrán también en la segunda Cámara un agente municipal o sus sustitutos; y los de San Juan de los Morros, San Casimiro de Güiripa y San Francisco de Cara, tendrán, del mismo modo, un Agente cada uno en la segunda Cámara de la Municipalidad de San Sebastián, a quien pertenecen (art. 104).

b. Los pueblos de Cañizos y de Aroa, sujetos a la Municipalidad de San Felipe, nombrarán un Agente cada uno con sus respectivos sustitutos; el de Cocorote, dos para la misma Municipalidad de San Felipe; los de Arenales y Santiago del Río del Tocuyo, cada uno el suyo para la Municipalidad de Carora (art. 105).

c. El pueblo de Macuto dará un Agente municipal y el de Maiquetía dos para la corporación de La Guaira; el de Magdaleno dará uno para la de Cura; el de Acarigua dará dos para la de Araure; y los de Trinidad, Rastro, Camaguán Guayabal, darán el suyo cada uno para la de Calabozo (art. 106).

d. Los pueblos de San Diego, San Antonio, San Pedro y Maracao nombrarán un Agente cada uno para la Municipalidad de los Teques, a quien pertenecen; la Vega y Antímano nombrarán también el suyo para la del Valle; Guatire dará otro para la de Guarenas; Marasma otro para la de Curiepe: Río Chico y Cúpira, darán un Agente cada uno para la del Guapo; Tapipa y Panaquire, darán también los suyos para la de Caucagua; Santa Teresa dará otro para Santa Lucía; Charallave dos; Cúa dos y Tacata uno para la de Paracotos; Choroní dará uno para Maracay; Ocumare de la Costa, otro para la de Mariara; San Diego, otro para la de los Guayos; San Rafael de Orituco, dos para la de Altagracia de Orituco; Parapara, dos para la de Ortiz; San Francisco de Tiznados, otros dos para la de San José de Tiznados; el Calvario uno para la de Barbacoas; el Guárico, otros dos para la de Sanare; Humocaro Alto y Chabasquén, otros dos cada uno para la de Humocaro Bajo; y el Tinaquillo, otros dos para la del Tinaco; y San Rafael de Onoto uno, y Cojedes dos para la de Lagunitas (art. 107).

4. *Los alcaldes en los sitios distantes de poblado*

En la Constitución también se reguló la situación de casos donde hubiera "muchos Partidos en la Provincia donde se han reunido varios habitantes en sus casas v labores," respecto de los cuales la experiencia había acreditado que no era suficiente para el gobierno local la designación de "un simple Cabo o Comisionado de justicia para mantener el orden y procurar la seguridad que exigen unos lugares semejantes que son más expuestos que cualquiera otros a la voracidad de los vagos y ociosos, por su mucha distancia de los poblados y por la falta de una administración vigorosa que corrija los vicios y desórdenes;" previendo entonces el artículo 128 que se debían remediar "estos abusos tan perjudiciales" del modo siguiente:

> "Además de los Corregidores y Alcaldes que actualmente existen, o que aumente la constitución con jurisdicción ordinaria, las Municipalidades elegirán cada dos años un Alcalde, en quien se confíe la inmediata administración de justicia de los referidos lugares, al tiempo mismo que se nombren los de los pueblos; pero ellas deberán informar previamente a la Legislatura de los sitios que haya en sus jurisdicciones, donde convenga, o se necesite alguno de estos Alcaldes, para obtener su consentimiento y aprobación" (art. 129).

IV. EL RÉGIMEN DE ELECCIÓN DE CARGOS REPRESENTATIVOS EN LA PROVINCIA Y EN PARTICULAR, EN EL ÁMBITO MUNICIPAL

Todos los altos cargos públicos en la provincia de Caracas, como correspondía a un Estado democrático, eran ocupados mediante elección popular, correspondiendo el derecho primario al sufragio (en las Asambleas primarias) conforme al artículo 27 de la Constitución, "a todo hombre libre que, siendo ciudadano de los Estados Unidos de Venezuela, con tres años de vecindad en la Provincia y uno en la Parroquia o lugar donde sufraga, fuese mayor de veintiún años, en caso de ser soltero, o menor, siendo casado y velado; y si poseyere un caudal libre del valor de seiscientos pesos en la capital de la Provincia, siendo soltero, y de cuatrocientos siendo casado, aunque pertenezcan a la mujer, o de cuatrocientos si vive en las demás ciudades, villas, pueblos o campos de lo interior en el primer caso, y de doscientos en el segundo o, no teniendo propiedad alguna, que ejerza una profesión mecánica, útil, en calidad de maestro u oficial examinado y aprobado o tenga grado o aprobación pública en una ciencia o arte liberal, o que sea arrendador de tierras para sementeras o ganado, con tal que sus productos equivalgan a las cantidades arriba mencionadas, en los respectivos casos de soltero o casado."

La votación de los sufragantes en las parroquias se estableció en forma indirecta, en general de dos grados, en el sentido de que los sufragantes elegían en cada parroquia a los "electores parroquiales" que debían formar la Congregación electoral, en un número equivalente, en general, de uno en cada parroquia por cada mil almas de población. Sin embargo, se dispuso que "la que no tuviere mil, dará uno; y la que excediere de uno o más millares, dará otro, siempre que el exceso pase de quinientas almas" (art. 31).

Los electores parroquiales agrupados en las Congregaciones electorales, debían reunirse en las capitales del distrito cada dos años (art. 32); y era a ellos a quienes correspondía realizar la elección del Representante o Representantes de la Provincia para la Cámara del Gobierno federal; de los tres individuos que habrían de componer el Poder Ejecutivo de la Unión, que era plural; de un Senador o dos cuando lo prescribiera la Constitución para la Asamblea general de la Provincia, por el cantón a que pertenece el distrito; de un Representante para la Cámara del Gobierno provincial, por el mismo distrito; y a la de un elector para la nominación del Poder Ejecutivo de la Provincia (art. 33). En este último caso, la elección era indirecta en tres grados, pues se trataba de que cada Congregación electoral nominaba un Elector para integrar una Junta electoral que era la que debía elegir el Poder Ejecutivo Provincial (art. 49). Conforme al artículo 49 de la Constitución, estas Jutas electorales se debían reunir en las capitales de los departamentos, en acto presidido por el Corregidor de la capital del departamento (art. 51).

En materia de cargos municipales, se estableció un sistema electoral de dos grados para la elección de los miembros de las Municipalidades, y un sistema de elección directa para la elección de los Agentes Municipales. Estos últimos, en efecto, se elegían directamente por los electores sufragantes en la elección en cada parroquia donde correspondiera (arts. 24, 64).

En cuanto a la elección de los miembros de las Municipalidades, la misma era indirecta, pues en este caso, los sufragantes en las parroquias debían elegir los miembros de las Juntas Electorales (art. 59), que eran los llamados a elegir a los miembros de las Municipalidades.

De acuerdo con el artículo 110 de la Constitución, para ser miembros de las Municipalidades o Agente municipal, "era preciso poseer en los pueblos del partido una propiedad territorial o una casa propia o un establecimiento de comercio o de pastorería, o que tenga arrendadas y cultivadas cuatro fanegadas de tierra, suponiendo siempre que debe ser mayor de veinticinco años."

Por otra parte, también se regularon los cargos municipales no electivos, como los alcaldes, que se elegían por cada Municipalidad, y los Corregidores que debían proponerse por esta al Poder Ejecutivo Provincial (art. 69). Estos eran considerados "particularmente como jurisdiccionarios del Poder Ejecutivo Provincial," y también lo debían ser de las Municipalidades "en la ejecución de sus leyes" (art. 83). Se reguló también al "Corregidor Juez de Policía" como funcionario dependiente del Poder Ejecutivo, y que no tenía ni voz ni asiento en la Municipalidad, siendo sólo ejecutor de sus resoluciones (art. 118).

Las sesiones de la Municipalidad sólo podían ser presididas por sus alcaldes "o, en defecto de éstos, por los miembros que se eligieren al efecto" (art. 83).

QUINTA PARTE
LA DESTRUCCIÓN DEL ESTADO DURANTE LA GUERRA DE LIBERACIÓN DE VENEZUELA, Y LA SUSTITUCIÓN DE LA CONSTITUCIÓN FEDERAL Y DE LAS CONSTITUCIONES PROVINCIALES POR LA "LEY DE LA CONQUISTA" Y LA "LEY MARCIAL" (1812-1817)

Transcurrido algo más de un mes después de la constitución del Estado de Venezuela con la sanción de la Constitución Federal de 21 de diciembre de 1811, en febrero de 1812, una fuerza invasora militar española formada en Puerto Rico, desembarcó en Coro bajo el comando del Capitán de Fragata Domingo de Monteverde, iniciando la campaña de recuperación realista de la República.

Lo que había ocurrido en las Provincias de Venezuela no fue comprendido ni fue tolerado por la Regencia de España ni por las Cortes de Cádiz, las cuales ordenaron el bloqueo marítimo de las Provincias y la invasión militar de las mismas.[1]

---

1   Véase Allan R. Brewer-Carías, "Crónica de un desencuentro: las provincias de Venezuela y las Cortes de Cádiz (1810-1812)," en José E. Palomino Manchego y José de Jesús Naveja Macías (Coordinadores), *La Constitución de Cádiz de 1812 (A propósito de su Bicentenario),* Universidad Inca Garcilaso de la Vega, Colegio de Abogados de Lima, Instituto Iberoamericano de Derecho Constitucional, Lima 2015, pp. 769-808.

Como consecuencia de ello, la tarea que apenas se había iniciado de sustituir las antiguas formas institucionales de la Colonia, por las nuevas instituciones republicanas establecidas en cada una de las Provincias, reguladas en la Constitución FEDERAL y en las Constituciones Provinciales, con la invasión militar española quedó toda paralizada, a lo que contribuyó el devastador terremoto que desoló a toda la provincia de Caracas el 24 de marzo de 1812, que los frailes y el Arzobispo de Caracas atribuyeron a un castigo de Dios, por la revolución de Caracas.[2]

La amenaza de Monteverde y la necesidad de defender la República, llevaron al Congreso, el 4 de abril de 1812, a delegar en el Poder Ejecutivo todas las facultades necesarias,[3] y éste, el 23 de abril de 1812, nombró Generalísimo a Francisco de Miranda, con poderes dictatoriales. En esta forma, la guerra de independencia frente al invasor, obligó, con razón, a dejar de un lado la Constitución. Como el secretario de Guerra José de Sata y Bussy le comunico en correspondencia dirigida al Teniente General Francisco de Miranda ese mismo día 23 de abril de 1812:

> "Acaba de nombraros el Poder Ejecutivo de la Unión, General en Jefe de las armas de toda la Confederación Venezolana con absolutas facultades para tomar cuantas providencias juzguéis necesarias a salvar nuestro territorio invadido por los enemigos de la libertad Colombiana; y bajo este concepto no os sujeta ley alguna ni reglamento de los que hasta ahora rigen estas Repúblicas, sino que al contrario no consultareis más que la Ley suprema de salvar la patria; y a este efecto os delega el Po-

---

2   Véase J.F. Blanco y R. Azpurúa, *Documentos para la historia de la vida pública...*, op. cit., Tomo III, pp. 614 v.

3   Véase *Libro de Actas del Congreso de Venezuela 1811–1812,* Biblioteca de la Academia Nacional de la Historia, tomo II, Caracas, 1959, pp. 397 a 399.

der de la Unión sus facultades naturales y las extraordinarias que le confirió la representación nacional por decreto de 4 de este mes, bajo vuestra responsabilidad."[4]

En la sesión del Congreso del 4 de abril de 1812, se había acordado que "la medida y regla" de las facultades concedidas al Poder Ejecutivo fuera la salud de la Patria; y que siendo esa la suprema ley, "debe hacer callar las demás;"[5] pero a la vez, se acordó participar a las "Legislaturas Provinciales" la vigencia de la Constitución Federal sin perjuicio de las facultades extraordinarias al Poder Ejecutivo.[6]

El Congreso, el 4 abril de 1812, además, había exhortado a las mismas "Legislaturas provinciales" que obligaran y apremiasen a los diputados de sus provincias a que sin excusa ni tardanza alguna se hallaren en la ciudad de Valencia para el 5 de julio de 1812, para determinar lo que fuera más conveniente a la causa pública.[7] Esta reunión nunca se pudo realizar. Ya para esa fecha por la necesidad de salvar la República, se produjo en Venezuela la primera ruptura del hilo constitucional.

La dictadura duró poco, pues el 25 de julio de 1812 se firmó la Capitulación de Miranda y la aceptación de la ocupación del territorio de la provincia de Caracas por Monteverde.[8]

---

4   Ver *Archivo del General Miranda*, tomo XXIX, La Habana, 1950, pp. 396 y 397.
5   Véase *Libro de Actas del Congreso de Venezuela...*, *op. cit.*, pág. 398.
6   *Idem*, p. 400.
7   *Ibídem*, pp. 398–399.
8   Véase los documentos en *Archivo del General Miranda*, tomo XXIV, *cit.*, pp. 509 a 530. Además, en J.F. Blanco y R. Azpurúa, *op. cit.*, pp. 679 ss. Además, en José de Austria, *Bosquejo de la Historia Militar de Venezuela*, Biblioteca de la Academia Nacional de la Historia, Tomo I, Caracas 1960, pp. 340 ss. (José de Austria fue contemporáneo del proceso de Independencia; había nacido en Caracas en 1791).

Antes, el coronel Simón Bolívar, quien tenía a su cargo la plaza militar de Puerto Cabello, la perdió y a mediados de Julio, antes de la Capitulación, comunicó los sucesos a Miranda.[9] Entre las múltiples causas de la caída de la Primera República está, sin duda la pérdida de Puerto Cabello.

En todo caso, Monteverde desconoció los términos del Armisticio, Miranda fue detenido en la noche del 31 de julio de 1812, por Bolívar y otros de sus subalternos, y entregado a los españoles. Luego, con pasaporte otorgado por Monteverde, Bolívar logró salir de La Guaira a fines de septiembre hacia Curazao, siguiendo luego hacia Cartagena.[10]

Como consecuencia de todos esos acontecimientos, en Venezuela, el territorio había quedado sin Estado ni Constitución; y si bien en marzo se había sancionado en España la Constitución de Cádiz de 1812, la misma no se publicó en Caracas por las fuerzas españolas de ocupación sino el 3 de diciembre de 1812, pero sin que tuviera aplicación alguna.[11] Sobre dicha publicación, el mismo Monteverde informó al gobierno de la Metrópoli sobre la desaplicación de su texto, diciendo que si lo había hecho "fue por un efecto de respeto y obediencia, no porque consideré a la provincia de Venezuela merecedora todavía de que participase de los efectos de tan benigno código."[12]

De estos acontecimientos, por lo demás, dio cuenta Simón Bolívar en su documento "Exposición sucinta de los hechos del comandante español Monteverde, durante el año de su do-

---

9 *Idem.* pp. 415 a 430.

10 Véase Allan R. Brewer-Carías, *Sobre Miranda. Entre la perfidia de uno y la infamia de otros, y otros escritos*, Segunda edición corregida y aumentada, Editorial Jurídica Venezolana, Caracas / New York 2016.

11 Véase José de Austria, *Bosquejo de la Historia militar...*, *op. cit.,* Tomo I, p. 364.

12 *Idem,* Tomo I, p. 370.

nación en las Provincias de Venezuela" de fecha 20 de septiembre de 1813:

> "Pero hay un hecho, que comprueba mejor que ninguno la complicidad del Gobierno de Cádiz. Forman las Cortes la constitución del Reino, obra por cierto de la ilustración, conocimiento y experiencia de los que la compusieron. La tuvo guardada Monteverde como cosa que no importaba, o como opuesta a sus ideas y las de sus consejeros. Al fin resuelve publicarla en Caracas. La publica ¿y para qué? No sólo para burlarse de ella, sino para insultarla y contradecirla con hechos enteramente contrarios. Convida a todos, les anuncia tranquilidad, les indica que se ha presentado el arca de paz, concurren los inocentes vecinos, saliendo muchos de las cavernas en que se ocultaban, le creen de buena fe y, como el fin era sorprender a los que se le habían escapado, por una parte se publicaba la Constitución española, fundada en los santos derechos de libertad, propiedad y seguridad, y por otra, el mismo día, andaban partidas de españoles y canarios, prendiendo y conduciendo ignominiosamente a las bóvedas, a los incautos que habían concurrido a presenciar y celebrar la publicación.
>
> Es esto un hecho tan notorio, como lo son todos los que se han indicado en este papel, y se explanarán en el manifiesto que se ofrece. En la provincia de Caracas, de nada vale la Constitución española; los mismos españoles se burlan de ella y la insultan. Después de ella, se hacen prisiones sin sumaria información; se ponen grillos y cadenas al arbitrio de los comandantes y Jueces; se quita la vida sin formalidad, sin proceso..."[13]

En Venezuela, por tanto, la situación era de orden fáctico pues el derrumbamiento del gobierno constitucional fue seguido, en paralelo, por el desmembramiento de las instituciones coloniales. Por ello, Monteverde, durante toda su campaña en Venezuela en 1812 y 1813, desconoció incluso la exhortación que habían hecho las Cortes de Cádiz, en octubre de 1810, so-

---

13   *Ibídem*, Tomo II, pp. 111 a 113.

bre la necesidad de que en las provincias de Ultramar donde se hubiesen manifestado conmociones (sólo era el caso de Caracas), si se producía el "reconocimiento a la legítima autoridad soberana" establecida en España, debía haber "un general olvido de cuanto hubiese ocurrido indebidamente."[14] La reacción de los patriotas contra la violación por Monteverde de la Capitulación de Miranda, llevó al mismo Monteverde a constatar, en representación dirigida a la Regencia el 17 de enero de 1813, que:

> "Desde que entré en esta Capital y me fui imponiendo del carácter de sus habitantes, conocí que la indulgencia era un delito y que la tolerancia y el disimulo hacían insolentes y audaces a los hombres criminales."

Agregó su apreciación sobre "la frialdad que advertí el día de publicación de la Constitución y la falta de concurrencia a actos públicos de alegría," lo que lo apartaron de sus intentos de gobernar con dulzura y afabilidad. Convocó a una Junta que, en consecuencia, ordenó "la prisión de los que se conocían adictos a la revolución de 1810" y se rebeló contra la propia Real Audiencia que "había puesto en libertad algunos mal vistos del pueblo que irritaban demasiado mis fueros," ordenando a los comandantes militares que no liberaran los reos a la justicia.[15]

Por ello, el 30 de diciembre de 1812 en oficio dirigido al comandante militar de Puerto Cabello, Monteverde, en desprecio del Tribunal, le ordenaba:

---

14   Véase el Decreto de 15 de octubre de 1810, en Eduardo Roca Roca, *América en el Ordenamiento Jurídico de las Cortes de Cádiz,* Granada 1986, *cit.,* p. 199.

15   Véase el texto en J.F. Blanco y R. Azpurúa, *Documentos para la historia de la vida pública...,* op. cit., Tomo IV, p. 623–625.

"Por ningún motivo pondrá usted en libertad hombre alguno de los que estén presos en esa plaza por resulta de la causa de infidencia, sin que preceda orden mía, aun cuando la Real Audiencia determine la soltura, en cuyo caso me lo participará Ud. para la resolución que corresponde."[16]

La Real Audiencia acusó a Monteverde de infractor de las leyes, por lo que decía en su representación que "se me imputa que perturbo estos territorios, los inquieto y pongo en conmoción, violando las leyes que establecen su quietud."[17]

Monteverde concluyó su representación declarando su incapacidad de gobernar la Provincia, señalando que:

"Así como Coro, Maracaibo y Guayana merecen estar bajo la protección de la Constitución de la Monarquía, Caracas y demás que componían su Capitanía General, no deben por ahora participar de su beneficio hasta dar pruebas de haber detestado su maldad, y bajo este concepto deben ser tratadas por la ley de la conquista; es decir, por la dureza y obras según las circunstancias; pues de otro modo, todo lo adquirido se perderá."[18]

Los años 1813 y 1814, por tanto, en Venezuela fueron años de guerra total, de guerra a muerte, no habiendo tenido aplicación efectiva ni la Constitución Federal de 1811 ni la Constitución de Cádiz de 1812. La guerra se prolongó por casi una década, en medio de la cual no sólo desapareció el constitucionalismo, recibiendo el país la mayor expedición militar jamás enviada antes por España a América (Morillo, 1814) sino que al final de la misma, en 1821, incluso el país mismo llegó a desaparecer como Estado, quedando el territorio de lo

---

16 Véase el texto en José de Austria, *Bosquejo*...,, *op. cit.,* Tomo I, pp. 365 y 366.

17 Véase en J.F. Blanco y R. Azpurúa, *Documentos para la historia de la vida pública... op. cit.,* Tomo IV, pp. 623–625.

18 *Idem.*

que había sido la Federación de Venezuela como un "departamento" más de otro nuevo Estado creado contra toda lógica histórica por Simón Bolívar, como fue la República de Colombia, establecida con la Constitución de Cúcuta de ese año, luego de que Simón Bolívar hubiera propuesto al Congreso de Angostura la sanción de la Ley de Unión de los Pueblos de Colombia en 1819.[19]

En todo caso, en 1812 Monteverde ya comandaba una dictadura militar[20] represiva y despiadada contra los que habían tomado partido por la revolución de 1810. Por su parte, la respuesta de los patriotas se resume en la proclamación de Simón Bolívar, desde Mérida, el 8 de julio de 1813:

"Las víctimas serán vengadas: los verdugos exterminados. Nuestra bondad se agotó ya, y puesto que nuestros opresores nos fuerzan a una guerra mortal, ellos desaparecerán de América, y nuestra tierra será purgada de los monstruos que la infestan. Nuestro odio será implacable, y la guerra será a muerte."[21]

En las Provincias de Venezuela, en consecuencia, no había Constitución alguna que no fuera el mando militar de realistas y patriotas. Conforme la guerra corría por todo el territorio Monteverde, Boves y sus seguidores, gobernaron con la más brutal *ley de la conquista;* y Bolívar y los patriotas gobernaron con la ley dictatorial del *"plan enérgico,"* del "poder soberano" de quien había sido proclamado Libertador, y que, como decía Bolívar, "tan buenos sucesos me ha proporcionado."[22]

---

19   Véase los textos en Allan R. Brewer-Carías, *Las Constituciones de Venezuela*, Academia de Ciencias Políticas y Sociales, Caracas 2008, Tomo I.

20   Véase J. Gil Fortoul, *Historia Constitucional de Venezuela, op. cit.*, Tomo I, p. 214.

21   Véase J. Gil Fortoul, *op. cit.*, Tomo I, p. 216.

22   Véase J. Gil Fortoul, *op. cit.*, p. 221.

Como lo decía el arzobispo de Caracas, Narciso Coll y Prat en un Edicto Circular de 18 de diciembre de 1813, al recomendar la observancia de la *"ley de la Independencia"* adoptada el 5 de julio de 1811:

> "Esta ley estuvo sin vigor, mientras las armas españolas ocuparon estas mismas Provincias, más al momento que vencieron las de la República, y a su triunfo se unió la aquiescencia de los pueblos, ella recobró todo su imperio, y ella es la que hoy preside en el Estado venezolano."[23]

Pero las Cortes de Cádiz, en todo caso, habían felicitado mediante Orden de 21 de octubre de 1812, a Domingo Monteverde y a las tropas bajo su mando, "por los importantes y distinguidos servicios prestados en la pacificación de la Provincia de Caracas"[24].

Meses después, el 15 de diciembre del mismo año 1812 Bolívar dio al público su "Memoria dirigida a los ciudadanos de la Nueva Granada por un caraqueño" conocida como el Manifiesto de Cartagena,[25] con la cual comenzar a formular sus ideas políticas con la reflexión sobre las causas de la caída de la República en Venezuela, entre ellas, la debilidad del régimen político adoptado en la Constitución de 1811. En dicho Manifiesto, en efecto, calificó la construcción institucional de la República reflejada en la Constitución federal de diciembre de 1811, como propia de una "república aérea" atribuyéndole a dicha concepción y a sus autores la caída misma de la República, lo que, posteriormente originaría en la Nueva Granada el despectivo calificativo de la "patria boba" para referirse a

---

23   J.F. Blanco y R. Azpurúa, Tomo IV, p. 726.
24   Véase en Eduardo Roca Roca, *op. cit.,* p. 81.
25   Véase el texto en Simón Bolívar, *Escritos Fundamentales*, Monte Ávila Editores, Caracas, 1982, pp. 57 ss.; y en *Proclamas y Discursos del Libertador*, Caracas, 1939, pp. 11 ss.

ese período de nuestra historia.[26] Simón Bolívar, en efecto, diría en dicho documento:

> "los códigos que consultaban nuestros magistrados no eran los que podían enseñarles la ciencia práctica del Gobierno, sino los que han formado ciertos buenos visionarios que, imaginándose repúblicas aéreas, han procurado alcanzar la perfección política, presuponiendo la perfectibilidad del linaje humano. Por manera que tuvimos filósofos por Jefes, filantropía por legislación, dialéctica por táctica, y sofistas por soldados."[27]

No es de extrañar con semejante apreciación, que Bolívar pensase que como las circunstancias de los tiempos y los hombres que rodeaban al gobierno en ese momento eran "calamitosos y turbulentos, [el gobierno] debe mostrarse terrible, y armarse de una firmeza igual a los peligros, sin atender a leyes, y constituciones, ínterin no se restablece la felicidad y la paz."[28] Por ello concluía afirmando tajantemente que "entre las causas que han producido la caída de Venezuela, debe colocarse en primer lugar la naturaleza de su constitución que, repito,

---

[26] Véase, por ejemplo, por lo que se refiere a la Nueva Granada, el empleo del término en el libro *La Patria Boba*, que contiene los trabajos de J.A. Vargas Jurado (*Tiempos Coloniales*), José María Caballero (*Días de la Independencia*), y J.A. de Torres y Peña (Santa Fé Cautiva), Bogotá 1902. El trabajo de Caballero fue publicado con los títulos *Diario de la Independencia*, Biblioteca de Historia Nacional, Bogotá 1946, y *Diario de la Patria Boba*, Ediciones Incunables, Bogotá 1986. Véase también, José María Espinosa, *Recuerdos de un Abanderado, Memorias de la Patria Boba 1810-1819*, Bogotá 1876.

[27] Véase Simón Bolívar, "Manifiesto de Cartagena," en *Escritos Fundamentales*, Caracas, 1982 y en *Itinerario Documental de Simón Bolívar. Escritos selectos*, Ediciones de la Presidencia de la República, Caracas 1970, pp. 30 ss. y 115 ss.

[28] *Idem*.

era tan contraria a sus intereses, como favorable a los de sus contrarios."[29]

Con ello, Bolívar se puso al servicio militar, primero, del Estado de Cartagena con la misión de "limpiar" el curso del río Magdalena, lo que logró llegando a Ocaña en enero de 1813; segundo, de las Provincias Unidas de Nueva Granada, para expulsar de su territorio al Coronel Ramón Correa, lo que logró a fines de febrero de 1813 en la batalla de Cúcuta; y tercero, de las mismas Provincias Unidas para desalojar a los españoles del territorio de la República de Venezuela, con base en su tesis política y militar de que "Venezuela en manos de España, sería el punto de penetración de América."[30]

Por encargo entonces del Congreso de la Nueva Granada, Bolívar inició desde Cúcuta, en abril de 1813, la penetración de las provincias de Venezuela en lo que se ha denominado la "Campaña Admirable;" que desarrolló con todo éxito llegando a Mérida en mayo de ese año; a Trujillo en julio, donde dictó el Decreto de Guerra a Muerte; entrando finalmente en Caracas en agosto de 1813, donde el 14 de octubre de ese año la Municipalidad de Caracas le otorgó el título de "Libertador." Regresó a Santa Fe de Bogotá en diciembre de 1813.

Debe mencionarse, sin embargo, que apenas iniciada su "Campaña Admirable" desde Nueva Granada para la recuperación del territorio de la República, una vez liberada la provincia de Mérida en mayo de 1813, Bolívar proclamó, desde allí, "el establecimiento de la Constitución venezolana, que regía los Estados antes de la irrupción de los bandidos que hemos expulsado;" y que al mes siguiente, desde Trujillo, el 15 de junio de 1813, en su proclama de guerra a muerte, Bolí-

---

29   *Idem.*
30   Véase Tomás Polanco Alcántara, *Simón Bolívar*, Ediciones GE, Caracas 2000, p. 219.

var también anunció que su misión era "restablecer los Gobiernos que formaban la Confederación de Venezuela" indicando que los Estados ya liberados (Mérida y Trujillo) se encontraban ya "regidos nuevamente por sus antiguas Constituciones y Magistrados."[31]

Sin embargo, esa intención duró poco, no sólo por el contenido del mismo decreto de Guerra a Muerte donde se ordenó pasar por las armas ("contad con la muerte") a todo aquél, español o americano que "aun siendo indiferente" no obrara "activamente en obsequio de la libertad de Venezuela,"[32] sino por su declaración y proclamación desde Caracas, al año siguiente, el 17 de junio de 1814, de la *ley marcial*, entendiendo por tal "la cesación de toda otra autoridad que no sea la militar," con orden de alistamiento general, anunciando para quienes contravinieran la orden que "serán juzgados y sentenciados como traidores a la patria, tres horas después de comprobarse el delito."

A partir de entonces, la ley militar rigió completamente en el bando republicano en los territorios de Venezuela, sumándose así a la "ley de la conquista" que ya había impuesto Monteverde desde que había ocupado el territorio de la República, violado la Capitulación que había suscrito con Miranda, y había recibido a éste preso entregado por sus propios subalternos. Ello le permitió a Monteverde, en representación que dirigió a la Audiencia de Caracas el 30 de diciembre de 1812, a afirmar que si bien Coro, Maracaibo y Guayana, que habían sido las provincias de la Capitanía que no habían participado en la conformación del Estado federal de 1811, "merecen estar

---

31   "Discurso a la Municipalidad de Mérida, 31 de mayo de 1813, en Hermánn Petzold Pernía, *Bolívar y la ordenación de los Poderes Públicos en los Estados Emancipados*, Caracas 1986, p. 32.

32   "Decreto de guerra a muerte," de 13 de junio de 1813 (versión facsimilar) en Hermánn Petzold Pernía," *Bolívar y la ordenación de los Poderes Públicos en los Estados Emancipados*, Caracas 1986, p. 33.

bajo la protección de la Constitución de la Monarquía," es decir, de la de Cádiz que había pretendido jurar en Caracas bajo rito militar, en cambio afirmaba que "Caracas y demás que componían su Capitanía General, no deben por ahora participar de su beneficio hasta dar pruebas de haber detestado su maldad, y bajo este concepto deben ser tratadas por la ley de la conquista; es decir, por la dureza y obras según las circunstancias; pues de otro modo, todo lo adquirido se perderá."[33]

Así quedaron los territorios del Estado de Venezuela sumidos bajo la ley militar, la ley marcial o la ley de la conquista, barriéndose con todo lo que fuera civilidad, contribuyendo desde entonces, con el militarismo resultante, con el desplazamiento, secuestro y sustitución de los próceres de la independencia, quienes fueron apresados y entregados a los españoles, como Francisco de Miranda, o fueron perseguidos y detenidos por éstos (Roscio, Iznardi, Ustáriz) a raíz de los acontecimientos de la noche del 30 de julio de 1812,

Con el abandono del constitucionalismo inicial de la República, primero por el invasor español, y luego por los republicanos que salieron a su defensa, pero que lamentablemente lo despreciaron por provenir de "filósofos" y "sofistas," se inició el proceso que condujo a que los verdaderos próceres de la independencia fueran olvidados, pero no por ingratitud de los venezolanos, sino porque históricamente, en definitiva, fueron secuestrados por el militarismo que en desdeño al civilismo republicano culparon a los próceres de la independencia por el fracaso de la propia República de 1811–1812. De ello resultó que, además, fueran posteriormente suplantados por los nuevos héroes militares, a quienes incluso la historia comenzó

---

33 "Representación dirigida a la Regencia el 17 de enero de 1813," en J.F. Blanco y R. Azpurúa, *Documentos para la historia de la vida pública del Libertador,* Ediciones de la Presidencia de la República, Caracas 1978., Tomo IV, pp. 623–625.

a atribuir la propia independencia de Venezuela, cuando lo que los militares hicieron, con Bolívar a la cabeza fue, mediante una extraordinaria campaña militar, liberar a un país que ya era independiente y que estaba ocupado militarmente por fuerzas enemigas.

La liberación de la Provincia de Caracas, sin embargo, no significó la liberación de Venezuela. En todo el país, la guerra continuó, y la figura de Boves, caudillo al servicio de los realistas, está en el centro de la tragedia de Venezuela en 1814.[34] La capital fue tomada por José Tomás Boves, caudillo al servicio de la Corona,[35] provocando la llamada "emigración" a Oriente por parte de la población de la capital, ordenada por Bolívar. Éste, en septiembre se embarcó con destino a Cartagena, donde llegó por segunda vez, para presentarse ante el Congreso, y dar cuenta de lo que fuera la caída de la llamada "segunda República."

Coincidiendo con la brutal guerra que se sucedió en Venezuela, Fernando VII en cuyo nombre se había producido la independencia de Venezuela, el 4 de mayo de 1814 anuló la Constitución de Cádiz, y los demás actos constitucionales dictados a su amparo, declarándolos "nulos y de ningún valor ni efecto, ahora ni en tiempo alguno, como si no hubiesen pasado jamás."

En esta forma, puede decirse que, porque las bases del constitucionalismo venezolano ya habían sido sentadas antes de la sanción de la Constitución de Cádiz, y porque esta no tuvo aplicación en Venezuela, la misma no tuvo influencia alguna en el constitucionalismo de Venezuela. Después de su anulación, en todo caso, siguió la guerra brutal de independen-

---

34 Véase Juan Uslar Pietri, *Historia de la Rebelión Popular del año 1814, Contribución al estudio de la Historia de Venezuela*, París, 1954.

35 *Idem.*

cia de las Provincias de Venezuela, por lo que dicho texto no pudo haber tenido influencia alguna en el constitucionalismo posterior. Era demasiado español, y Venezuela había declarado la guerra a todo lo español; y por su parte, España le había declarado la guerra a los venezolanos, lo que se materializó en el hecho del envío en 1815, de la mayor expedición armada hacia América, compuesta por 15.000 hombres al mando del Mariscal de Campo Pablo Morillo, para pacificar a las Provincias de Venezuela; la cual llegó en abril de ese año 1815 a las costas orientales del país.[36]

En todo caso, en las mismas filas patrióticas se produjeron bandos, y el Libertador fue expulsado de Venezuela, en oriente, luego de la emigración que dirigió de Caracas a Barcelona en septiembre de 1814, con destino a Cartagena, donde llegó por segunda vez. El Congreso de la Nueva Granada lo nombro "Capitán General de los Ejércitos de la Confederación," pero los conflictos internos en Cartagena, lo obligaron a renunciar al mando, y salió en mayo de 1815 para Jamaica.

El 6 de septiembre de 1815 escribe la célebre Carta de Jamaica (Contestación de un americano meridional a un caballero de esta isla)[37], donde entre otros aspectos, expuso sus ideas políticas sobre el gobierno que requería Venezuela. Pasó a Haití en 1816, donde lo acogió el presidente Alejandro Petion; y desde allí realizó la "Expedición de Los Cayos" con destino a Venezuela, llegando a Margarita, donde se proclamó, de nuevo, "el gobierno independiente de Venezuela;" ratificándole una Asamblea al Libertador, la Jefatura Suprema del Estado y de los Ejércitos de Venezuela.

---

36   Véase José Gil Fortoul, *Historia Constitucional de Venezuela*, *op. cit.*, Tomo I, p. 237.
37   Véase en Simón Bolívar, *Escritos Fundamentales*, *cit.*, pp. 82 ss.

En una Proclama a los venezolanos el 8 de mayo de 1816, ya había afirmado:

"El Congreso de Venezuela será nuevamente instalado donde y cuando sea vuestra voluntad. Como los pueblos independientes me han hecho el honor de encargarme de la autoridad suprema, yo os autorizo para que nombréis vuestros diputados en Congreso, sin otra convocación que la presente; confiándoles las mismas facultades soberanas que en la primera época de la República."[38]

Bolívar regresó a Haití. Se produjeron continuas disensiones entre los jefes patriotas, y el General Santiago Mariño, segundo jefe de la expedición de Los Cayos y del Ejército, quien había sido ratificado en la Asamblea de Margarita, promovió la reunión del denominado Congreso de Cariaco reunido el 8 de mayo 1817, en el cual sin desconocer la autoridad militar del Libertador, se estableció un gobierno federal, nombrándose un Ejecutivo plural.[39]

Consta en efecto del Acta del Congreso de esa fecha, denominado Congreso Supremo de la República, que el mismo lo integraron los "representantes de los Estados Unidos de Venezuela, Francisco Xavier Mayz diputado por el Estado Cumaná, miembro del Departamento Ejecutivo y presidente del mismo (*in rotation*) durante su permanencia en Valencia (9 de Mayo de 1812), Francisco Xavier de Alcalá, Manuel Isaba, Diego Vallenilla, Francisco de Paula Navas, Diego Antonio Alcalá, Diego Bautista Urbaneja y Manuel Maneyro," quienes asumieron "el carácter nacional representativo a que hemos

---

38 Véase V. Lecuna (ed), *Proclamas y Decretos del Libertador,* Edición ordenada por el gobierno de Eleazar López Contreras, Caracas 1939, p. 146.

39 Véase José Gil Fortoul, *Historia Constitucional de Venezuela*, Obras Completas, Tomo I, Caracas, 1953, pp. 246–247.

sido' restituidos por el eminente General Santiago Mariño procediendo éste en nombre del Jefe Supremo de la República el digno ciudadano Simón Bolívar."

Dichos representantes declararon restablecido desde esa fecha "el Gobierno Federal de la República de Venezuela, en sus tres departamentos legislativo, ejecutivo y judicial, para el debido despacho de los negociados que respectivamente les corresponden," y procedieron a desinar un Ejecutivo plural, de tres, entre ellos a Simón Bolívar, disponiendo que como estaba ausente otros designados ejercerían la función ejecutiva provisionalmente. Designaron igualmente los encargados del Departamento judicial.

Los representantes ordenaron finalmente que lo decidido fuera trasmitido al General Simón Bolívar excitándolo "a tomar posesión –tan pronto como sus deberes militares se lo permitan– de un puesto en que no podrá menos que prestar a la República servicios de grande importancia y dignos de su nombre y de sus gloriosos hechos."[40]

Bolívar regresó a Venezuela en el mismo año 1817, y a pesar de que en el Congreso no se había desconocido su autoridad militar, lo desconoció mencionándolo incluso en correspondencias solo como "el llamado Congreso."[41] De seguidas, conquistó la libertad de Guayana, Provincia que desde 1811 había permanecido fiel a la Corona, fijando la sede de su gobierno en Angostura, en el sitio de la actual Ciudad Bolívar, en el Estado Bolívar de Venezuela; cuando ya en operaciones

---

40 Véase el Acta del Congreso de Cariaco de 8 de mayo de 1817, en Allan R. Brewer-Carías, *Las Constituciones de Venezuela, op. cit.*, tomo I, pp. 593-594.

41 Véase las referencias en Tomás Polanco, *Simón Bolívar*, Ensayo de una interpretación biográfica a través de sus documentos, morales i torres editores, Barcelona 1994, pp. 307 ss.

sucesivas había logrado el reconocimiento de su jefatura suprema. . Entre los acontecimientos que a ello contribuyeron debe mencionarse el proceso y fusilamiento del General Piar, uno de los disidentes participantes del Congreso de Cariaco, en octubre de 1817.

A partir de ese mes se declaró a Angostura como capital del Gobierno de Venezuela y residencia provisional de las autoridades, y desde allí se propuso culminar lo que puede decirse había sido su obsesión política desde 1813, que fue la reconstitución institucional del Estado de Venezuela, que había quedado destruido. La conquista de Guayana, por tanto, acentuó la necesidad de establecer un orden institucional para el gobierno civil.

SEXTA PARTE

LAS IDEAS CONSTITUCIONALES DEL LIBERTADOR, SU CRÍTICA AL SISTEMA CONSTITUCIONAL DE 1811, Y LA NECESIDAD DE RECONSTITUIR EL ESTADO DE VENEZUELA

Desde el comienzo de la Campaña Admirable en 1813, ya eliminado el Estado de Venezuela y sin vigencia la Constitución Federal de 1811, Simón Bolívar manifestó una preocupación constante por la reconstrucción del Estado destruido como resultado de la guerra de liberación que comandaba, habiendo sido su propósito inicial, para ello, restablecer en Venezuela el orden constitucional que se había regulado precisamente en dicha Constitución Federal de 1811.

Ello originó, sin embargo, una gran paradoja, pues las ideas constitucionales que Bolívar había expresado hasta entonces eran contrarias al esquema constitucional que los constituyentes de 1811 habían diseñado para constituir el nuevo Estado, en un proceso en el cual por lo demás, él no había participado, pues no fue diputado al Congreso General de 1811.

Hay que recordar que Simón Bolívar fue ante todo un hombre del Poder. Lo ejerció militarmente, lo condujo civilmente, y además, lo concibió institucionalmente. Por ello, si bien es cierto que no llegó a participar activamente en la concepción constitucional del primigenio Estado venezolano en

1811,¹ su intensa labor política y militar posterior no se redujo a comandar las guerras de independencia y a ejercer la conducción política de Venezuela en momentos de total desorganización, sino que además, desarrolló ideas constitucionales para la reconstrucción del Estado,² adaptada a la convulsa sociedad que quedó en estas tierras después de la Independencia.

Y ello lo comenzó a delinear con su primera alocución pública que fue el llamado "Manifiesto de Cartagena" de finales de 1812, en el cual calificó la construcción institucional de la República reflejada en la Constitución federal de diciembre de 1811, como propia de una "república aérea" atribuyéndole a dicha concepción y a sus autores la caída misma de la República, lo que, posteriormente originaría en la Nueva Granada el lamentable y despectivo calificativo de la "patria boba" para referirse a ese importantísimo período civil de nuestra historia.³

---

1 Bolívar, después de cumplir su misión en Londres en 1810, al regresar a Caracas participó en las discusiones de la Sociedad Patriótica que se celebraban en paralelo a las sesiones del Congreso General, y en ella, el 3 de julio de 1811, en la víspera de la declaración de Independencia, exigió al Congreso que debía "oír a la Junta Patriótica, centro de las luces y de todos los intereses revolucionarios," clamando por la necesidad de declarar la Independencia de España, diciendo: "Pongámos sin temor la piedra fundamental de la libertad suramericana: vacilar es perdernos." Véase en Sociedad Bolivariana de Venezuela, *Escritos del Libertador*, Tomo IV, Ediciones Cuatricentenario de la Ciudad de Caracas, Caracas 1968, p. 81.

2 Véase lo expuesto en Allan R. Brewer–Carías. "Ideas centrales sobre la organización del Estado en la obra del Libertador y sus proyecciones contemporáneas," en *Boletín de la Academia de Ciencias Políticas y Sociales*, N° 95–96, Caracas enero–junio 1984, pp. 137 ss.

3 Véase, por ejemplo, por lo que se refiere a la Nueva Granada, el empleo del término en el libro *La Patria Boba*, que contiene los trabajos de J.A. Vargas Jurado (*Tiempos Coloniales*), José María Caballero (*Días de la Independencia*), y J.A. de Torres y Peña (Santa Fe Cautiva), Bogotá 1902. El trabajo de Caballero fue publicado con los títulos *Diario de la Indepen-*

Pero aparte de esta crítica feroz al esquema constitucional de 1811, sin duda, las primeras ideas que manejó Bolívar en el proceso de reorganización del Estado luego de la caída de la primera República, giraron en torno a los mismos principios del republicanismo y la representatividad que se habían manejado en 1811, como contrario al régimen monárquico, lo que implicaba que el Estado debía tener un sustento popular y democrático, de manera que no pudiera resultar de la imposición de una persona. De allí el carácter republicano y no monárquico de nuestro régimen político desde la misma Independencia.

Por ello, el establecimiento de un orden constitucional con base en la soberanía popular, legitimado a través de una Asamblea o Congreso, fue una constante expresada en el pensamiento y acción del Libertador. Así, por ejemplo, lo expresó en sus primeros documentos políticos: el Manifiesto de Cartagena (1812), la Carta de Jamaica (1815) y el Discurso de Angostura (1819), y luego lo planteó repetidamente a lo largo de su vida: en 1813, en su comunicación al Congreso de Bogotá al conquistar Caracas, luego de la Campaña Admirable,[4] en 1814, en su Discurso en la Asamblea de 2 de enero en la Iglesia de San Francisco, en Caracas,[5] en 1816, en su Proclama al desembarcar en Margarita e iniciar la campaña de Oriente y Guayana;[6] en 1817 al instalar el Consejo de Estado en Angostura.[7] Sobre ello insistió posteriormente, en 1818, en su Discurso en la sesión del Consejo de Estado el 1º de octubre y en

---

dencia, Biblioteca de Historia Nacional, Bogotá 1946, y *Diario de la Patria Boba,* Ediciones Incunables, Bogotá 1986. Véase también, José María Espinosa, *Recuerdos de un Abanderado, Memorias de la Patria Boba 1810-1819*, Bogotá 1876.

4   Véase *Escritos del Libertador*, cit., tomo V. p. 5.
5   Véase *Proclamas y Discursos del Libertador*, cit., p. 85.
6   *Idem.*, p. 146.
7   *Ibídem.*, pp. 171 y 172.

su Proclama a los venezolanos el 22 de octubre;[8] en 1819, en su Proclama a los granadinos el 8 de septiembre, luego de la Batalla de Boyacá al plantear la unión de la Nueva Granada y Venezuela.[9]

Esos planteamientos posteriormente los siguió formulando, por ejemplo, en 1824, en su Proclama a los peruanos el 25 de diciembre de 1824, con motivo de la Batalla de Ayacucho;[10] en 1825, en su alocución al Congreso constituyente del Perú, en Lima, el 10 de febrero;[11] en 1826, en su discurso ante el Congreso constituyente de Bolivia el 25 de mayo[12] al presentar el Proyecto de Constitución para Bolivia;[13] y en su Proclama a los venezolanos en Maracaibo, el 16 de diciembre de 1826, en la cual les exigía frente a las tendencias separatistas, no matar la patria, y prometía "llamar al pueblo para que delibere" en una Gran Convención Nacional donde "el pueblo ejercerá libremente la omnipotencia, allí decretará sus leyes fundamentales" y concluía: "Nadie sino la mayoría, es soberana;"[14] en 1828, en su Mensaje a la Convención de Ocaña el 29 de febrero de 1828[15] y en su Discurso ante el Consejo de Gobierno en Bogotá después de la disolución de aquella Convención;[16] en 1829, en la convocatoria que hizo a los pueblos de Colombia para que manifestaran su opinión sobre el gobierno y la Cons-

---

8 *Ibídem.*, p. 193.
9 *Ibídem.*, p. 240.
10 *Ibídem.*, pp. 298 y 299.
11 *Ibídem.*, pp. 300 y 303.
12 *Ibídem.*, pp. 322 ss.
13 Véase Simón Bolívar, *Proyecto de Constitución para la República Boliviana*, Lima, 1826, con notas de Antonio José de Sucre, Caracas, 1978.
14 *Proclamas y Discursos del Libertador*, cit., p. 344.
15 *Idem.*, p. 370.
16 *Ibídem.*, p. 379.

tución,[17] y en fin, en su Mensaje al Congreso Constituyente de la República de Colombia el 20 de enero de 1830[18] y en su Proclama a los colombianos al dejar el mando, el 24 de enero de 1830.[19]

En todos estos escritos, el Libertador planteó siempre la necesidad de que la organización del Estado y su Constitución y gobierno, fueran una manifestación de la soberanía popular y no el producto de la voluntad de un Jefe Supremo. Por ello, en todos los casos en que le correspondió asumir el Poder Público en su totalidad, siempre buscó su legitimación a través de la consulta a los pueblos y de la reunión de un Congreso o Asamblea.

La segunda de las ideas fundamentales sobre las cuales se expresó el Libertador en su carrera militar y política fue en relación con el principio de la separación de poderes, particularmente por la consagración en la Constitución Federal de Venezuela de 1811 de cierta hegemonía del Poder Legislativo, para evitar precisamente la formación de un poder fuerte, que consideró como uno de los factores que originó la caída de la Primera República, generando sus críticas, lo cual condicionó la vida republicana en las décadas posteriores, estimando que el Gobierno constituido conforme al texto de 1811, no se identificaba "al carácter de las circunstancias, de los tiempos y de los hombres que lo rodean."[20]

Por ello, en general, en su Discurso de Angostura al presentar el proyecto de Constitución en 1819, al criticar la adop-

---

17 Véase en José Gil Fortoul, *Historia Constitucional de Venezuela*, Berlín 1904, tomo I, p. 468.

18 Véase *Proclamas y Discursos del Libertador*, op. cit., pp. 391 ss.

19 *Idem.*, p. 399

20 Esto lo señalaba en el Manifiesto de Cartagena de 1812. Véase en J. Fortoul, *op. cit.,* Tomo Primero pp. 329 y 330.

ción de, por ejemplo, instituciones que se habían previsto en la Constitución norteamericanas, por los constituyentes de 1811, indicó:

> "¿No sería muy difícil aplicar a España el Código de libertad política, civil y religiosa de Inglaterra? Pues aún es más difícil adoptar en Venezuela las Leyes de Norteamérica. ¿No dice el Espíritu de las Leyes que éstas deben ser propias para el pueblo que se hacen? ¿Que es una gran casualidad que las de una nación puedan convenir a otra? ¿Que las leyes deben ser relativas a lo físico del país, al clima, a la calidad del terreno, a su situación, a su extensión, al género de vida de los pueblos? ¿Referirse al grado de libertad que la Constitución puede sufrir, a la religión de los habitantes, a sus inclinaciones, a sus riquezas, a su número, a su comercio, a sus costumbres, a sus modales? ¡He aquí el Código que debíamos consultar, y no el de Washington!"[21]

En todo caso, en particular, contra la debilidad del Poder Ejecutivo constitucionalmente consagrada en 1811, particularmente por el carácter tripartito que tuvo, el Libertador, en su Manifiesto de Cartagena en 1812 y luego, en su Discurso de Angostura, propuso al Congreso la adopción de una fórmula de gobierno con un Ejecutivo fuerte, superándose el esquema que denunció conforme al cual en la Constitución de 1811 "el Congreso ha ligado las manos y hasta la cabeza a los Magistrados," habiendo dicho cuerpo "asumido una parte de las funciones Ejecutivas, contra la máxima de Montesquieu, que dice que un Cuerpo Representativo no debe tomar ninguna resolución activa: debe hacer Leyes, y ver si se ejecutan las que hace," indicando finalmente que "nada es tan peligroso con respecto al pueblo como la debilidad del Ejecutivo."[22]

---

21 Véase en Simón Bolívar, *Escritos Fundamentales*, Caracas, 1982, p. 121.
22 Véase el texto en Simón Bolívar, *Escritos Fundamentales,* Caracas, 1982, pp. 132 ss.

Aclaró en su propuesta formulada en Angostura, sin embargo, que su deseo de "atribuir al Ejecutivo una suma de facultades superiores a la que antes gozaba," no era con el propósito de "autorizar a un déspota para que tiranice la República, sino impedir que el despotismo deliberante sea la causa inmediata de un círculo de vicisitudes despóticas en que alternativamente la anarquía sea reemplazada por la oligarquía y por la monocracia.[23]

La tercera de las ideas fundamentales sobre la organización del Estado a las cuales se refirió insistentemente el Libertador en sus años de actividad militar y política, fue sobre la distribución vertical o territorial del poder del Estado, y en particular sobre el régimen federal que se había adoptado en la constitución fundacional del Estado de Venezuela en la Constitución federal de 1811.

Sobre el tema, que gira en torno a la opción entre centralismo y descentralización en la organización del Estado, ya se había pronunciado el primer constitucionalista del mundo moderno que fue Alexis de Tocqueville, al analizar el sistema político federal de los Estados Unidos, considerando que en el mismo, el "más funesto todos los vicios," como "inherente al sistema federal mismo,..." era "la debilidad relativa del gobierno de la Unión," pues estimaba que "una soberanía fraccionada será siempre más débil que una soberanía completa."[24]

Pero por lo que se refiere a Bolívar, hay que destacar su feroz oposición al sistema federal, quedando plasmadas sus ideas desde 1813, cuando expresó su rotunda afirmación en la comunicación que dirigió el 12 de agosto de 1813 al Gobernador de Barinas en la cual le expuso sus ideas fundamentales para la organización y buena marcha del Estado, diciéndole

---

23 *Idem.*, p. 139.
24 Véase Alexis de Tocqueville, *La democracia en América*, México, 1973.

que: "Jamás la división del poder ha establecido y perpetuado gobiernos, sólo su concentración ha infundido respeto para una nación."[25]

Sin embargo, como antes se ha dicho, lo cierto es que al momento de la independencia, el sistema español había dejado en el territorio de las nuevas repúblicas un sistema de poderes autónomos provinciales y citadinos, hasta el punto de que la declaración de independencia la realizan los Cabildos en las respectivas Provincias, iniciándose el proceso, después del intento fallido de Quito en 1809, precisamente en el Cabildo de Caracas el 19 de abril de 1810.

Se trataba, por tanto, de construir nuevos estados en territorios disgregados en autonomías territoriales descentralizadas en manos de Cabildos o Ayuntamientos coloniales. La federación fue, así, hasta cierto punto, la fórmula sacada de la Constitución norteamericana para integrar pueblos habituados a un sistema de poderes descentralizados, y ella fue adoptada en 1811, dividiéndose el Estado en Provincias, las que habían preexistido al propio Estado nuevo, cada una de las cuales debía dictarse su propia Constitución en relación con la organización de sus propios poderes públicos, pero indicándose en la Constitución Federal, la necesaria existencia en cada Provincia de Legislaturas provinciales, a cargo del Poder Legislativo provincial (arts. 25, 48, 124, 130, 134 y 135). Estas Legislaturas provinciales, precedieron, incluso a las Diputaciones provinciales de Cádiz.

Bolívar, sin embargo, como se dijo, fue un crítico feroz de la forma federal, y, por tanto, de todo esquema de distribución vertical del poder en nuestras nacientes repúblicas, y a todo lo largo de su vida política no cesó de condenar el federalismo y

---

25   Véase el texto en *Escritos del Libertador*, tomo V, *op. cit.*, p. 24

alabar el centralismo como la forma de Estado adecuada a nuestras necesidades.

Así lo destacó desde el inicio en el Manifiesto de Cartagena, en 1812, al año siguiente de la sanción de la Constitución y caída la Primera República, al expresar que había sido "la forma federal" la que "debilitó más al Gobierno de Venezuela," al conformar una Confederación en la cual "cada Provincia se gobernaba independientemente" y "cada ciudad pretendía iguales facultades," guiadas por "la teoría de que todos los hombres y todos los pueblos gozan de la prerrogativa de instituir a su antojo el gobierno que les acomode." Todo ello, lo consideró como lo "más opuesto a los intereses de nuestros nacientes Estados."[26]

Luego, en su Discurso de Angostura Bolívar fue aún más duro el criticar la fórmula federal venezolana, calificando al sistema federal como "débil y complicado" para el cual "no estamos preparados," buscando además desenmascarar lo que consideró como la realidad de la fórmula federal que fue, según afirmó, el "empeño inconsiderado de aquellos provinciales..." ante el cual "cedieron nuestros legisladores," refiriéndose a la presión del regionalismo y caudillismo local como el originen el pacto federal al comienzo del fin de la República.

Coincidía en cierta forma el Libertador con Alexis de Tocqueville, quien además de lo antes señalado respecto de la Constitución de los Estados Unidos, llegó a expresar que:

---

26 Véase el texto en Simón Bolívar, *Escritos Fundamentales*, cit., pp. 61 y 62. Véanse las referencias en J. Gil Fortoul, *Historia Constitucional de Venezuela, op. cit.,* tomo I, p. 51.

"se parece a esas bellas creaciones de la industria humana que colman de gloria y de bienes a aquellos que las inventan pero permanecen estériles en otras manos."[27]

Ahora bien, en contraste con al esquema federal, el Libertador propugnó una forma de Estado centralizado, para lo cual afirmó en el mismo Manifiesto de Cartagena, que de lo contrario "los enemigos obtendrán las más completas ventajas," y los territorios del Estado quedarán "envueltos en los horrores de las disensiones civiles y, conquistados vilipendiosamente por ese puñado de bandidos que infestan nuestras comarcas."[28]

Esto mismo lo repitió al año siguiente, en la comunicación que dirigió en 1813 al Gobernador de Barinas, en la cual expuso sus ideas fundamentales para la organización y buena marcha del Estado, en la cual afirmó "...no son naciones poderosas y respetadas sino las que tienen un gobierno central y enérgico."[29]

Posteriormente, en 1815, en su Carta de Jamaica, insistió el Libertador en sus críticas al sistema federal al constatar que:

"así como Venezuela ha sido la República americana que más se ha adelantado en instituciones políticas, también ha sido el más claro ejemplo de la ineficacia de la forma democrática y federal para nuestros nacientes Estados."[30]

Y posteriormente, en 1819, en su Discurso de Angostura expresó que cuanto más admiraba la excelencia de la Constitución Federal de Venezuela, tanto más estaba persuadido "de la imposibilidad de su aplicación a nuestro Estado,"[31] conside-

---

27 Véase en Alexis de Tocqueville, *La democracia en América, op. cit.*, p. 159.

28 Véase en Simón Bolívar, *Escritos Fundamentales, cit.,* 63.

29 Véase en *Escritos del Libertador*, tomo V, *cit.,* p. 24.

30 *Idem.*, p. 97.

31 *Ibídem.*, p. 120.

rando que "no estábamos preparados para tanto bien," pues "el bien como el mal, da la muerte cuando es súbito y excesivo," [32] propugnando en cambio que se adoptara para organizar el Estado, "el Centralismo y la reunión de todos los Estados de Venezuela en una República sola, e indivisible." [33]

Este criterio político del Libertador a favor del centralismo lo va a acompañar hasta el fin de sus días. Así lo expuso, por ejemplo, en 1829 en una carta que envió desde Guayaquil a su antiguo edecán general Daniel Florencio O'Leary, al calificar al sistema federal, como;

> "...una anarquía regularizada, o más bien es la Ley que prescribe implícitamente la obligación de disociarse y arruinar el Estado con todos sus individuos."

Ello lo llevó a afirmar rotundamente:

> "Yo pienso que mejor sería para la América adoptar el Corán que el gobierno de los Estados Unidos, aunque es el mejor del mundo..." [34]

Pero, sin embargo, a pesar de todas sus críticas al sistema constitucional de 1811, como antes se dijo, la gran paradoja que se aprecia en el proyecto del Libertador desde que inició la Campaña Admirable para la liberación de Venezuela, fue su propósito de restablecer en sus territorios, la vigencia de la Constitución federal de 1811 y su sistema institucional.

Ello lo expresó inicialmente desde Cúcuta en Instrucciones dadas el 28 de abril de 1813 a Cristóbal Mendoza quien había sido presidente de Venezuela como miembro del Poder Ejecutivo plural en 1812, para que pasase a encargarse del Gobierno de Mérida:

---

32 *Ibídem.*, p. 140.
33 *Ibídem.*, p. 140.
34 *Ibídem.*, pp. 200 y 201.

"en nombre de la República de Venezuela, ínterin determina el Congreso de la Nueva Granada lo que tenga a bien acordar sobre la naturaleza y forma de Gobierno bajo la cual deberán administrarse los países reconquistados."

Bolívar le indicó a Mendoza que el principal objetivo "se dirigía a restablecer el antiguo orden de cosas en la ciudad de Mérida," asumir el título de Gobernador de la Provincia, "teniendo por autoridad soberana la del Supremo Congreso de la Nueva Granada, entretanto que se restablece el Gobierno de la República de Venezuela."[35]

Esa fue la legitimidad de origen que Bolívar diseñó para la reconquista de Venezuela, lo cual notificó formalmente al presidente encargado del Poder Ejecutivo de la Unión colombiana en comunicación de la misma fecha, indicándole se trataba de "tomar posesión del Gobierno de la Provincia de Mérida, bajo la protección del Congreso de la Nueva Granada, y a nombre de la República de Venezuela." Este "modelo de Gobierno," decía el Libertador al presidente," que le parecía:

"muy adecuado para conciliar la naturaleza del anterior Gobierno federal de Venezuela, con el sometimiento que es debido y conveniente al de la Nueva Granada y a sus Jefes Militares, para de este modo lograr que los pueblos conciban la esperanza de ver restablecer su deseado Gobierno federal y al cual tienen una firme adhesión, sin las trabas y embarazos que podrían producirnos unas autoridades independientes que no reconociesen un centro y se opusiesen quizás algunas veces, o retardasen por lo menos, las operaciones militares, a cuyos Jefes no estuviesen subordinadas."[36]

---

35 Véase el texto de las Instrucciones en *Escritos del Libertador*, Tomo IV, Caracas 1968, pp. 221 y 222 (Doc. N° 164). Igualmente, en Allan R. Brewer-Carías, *Las Constituciones de Venezuela, op. cit.*, Tomo I, p. 585.

36 Véase el texto del Oficio de 30 de abril de 1813 en *Escritos del Libertador*, Tomo IV, Caracas 1968, pp. 226 y 227 (Doc. N° 167). Igualmente, en

Una vez liberada la provincia de Mérida en mayo de 1813, Bolívar proclamó, desde allí, "el establecimiento de la Constitución venezolana, que regía los Estados antes de la irrupción de los bandidos que hemos expulsado;" que no era otra sino la Constitución Federal de 1811. Al mes siguiente, desde Trujillo, al tomar conciencia del sesgo social de la guerra que se estaba ya librando, el 15 de junio de 1813, en su proclama de guerra a muerte, Bolívar también anunció que su misión era "restablecer los Gobiernos que formaban la Confederación de Venezuela," indicando que los Estados ya liberados (Mérida y Trujillo) se encontraban ya "regidos nuevamente por sus antiguas Constituciones y Magistrados."[37]

Luego, en el Discurso dirigido a los ciudadanos y Magistrados de la ciudad de Barinas el 13 de julio de 1813 sobre el régimen político instaurado en la liberada Provincia de Barinas, explicó que su misión, como enviado del Soberano Congreso de la Nueva Granada, además de "destruir el intruso Gobierno español," era "restablecer la República de Venezuela sobre las mismas bases que existían antes de la irrupción de los bandidos." A tal efecto Bolívar repuso "el Poder Ejecutivo provincial en el ciudadano Manuel Antonio Pulido que ejercía estas funciones al tiempo de la disolución de la República," disponiendo que contaba con toda autoridad para organizar el Gobierno político y civil "ínterin se libera la capital de Vene-

---

Allan R. Brewer-Carías, *Las Constituciones de Venezuela, op. cit.*, Tomo I, p. 586.

37 "Discurso a la Municipalidad de Mérida, 31 de mayo de 1813, en Hermánn Petzold Pernía, *Bolívar y la ordenación de los Poderes Públicos en los Estados Emancipados*, Caracas 1986, p. 32.

zuela y se restablece con solidez y legalidad el Gobierno que debe regir las Provincias Unidas de nuestra Confederación."[38]

Pero los efectos de la guerra y la devastación provocada por la misma y por las acciones de Monteverde, pronto provocaron que las intenciones iniciales de restablecer en los territorios liberados la Constitución Federal de 1811, tuvieran que ser abandonadas por el Libertador.

Monteverde había impuesto la aplicación de la "ley de la conquista" en los territorios ocupados por las fuerzas españolas, negándose incluso a jurar la Constitución de Cádiz que desde marzo de 1812 se había sancionado en España, violado la Capitulación que había suscrito con Miranda; y la respuesta del Libertador, no pudo ser otra que la aplicación de la "ley marcial" en los territorios que fue ocupando.

Monteverde, en efecto, en representación que dirigió a la Audiencia de Caracas el 30 de diciembre de 1812, llegó a afirmar que, si bien Coro, Maracaibo y Guayana, que habían sido las provincias de la Capitanía que no habían participado en la conformación del Estado federal de 1811, "merecen estar bajo la protección de la Constitución de la Monarquía," es decir, de la de Cádiz que había pretendido jurar en Caracas bajo rito militar, en cambio afirmaba que:

> "Caracas y demás que componían su Capitanía General, no deben por ahora participar de su beneficio hasta dar pruebas de haber detestado su maldad, y bajo este concepto deben ser tratadas por la ley de la conquista; es decir, por la dureza y obras

---

[38] Véase el texto del Discurso en Barinas, en *Escritos del Libertador*, Tomo IV, Caracas 1968, pp. 360 y 362 (Doc. N° 255). Igualmente, en Allan R. Brewer-Carías, *Las Constituciones de Venezuela, op. cit.*, Tomo I, p. 587.

según las circunstancias; pues de otro modo, todo lo adquirido se perderá."[39]

La respuesta de Bolívar se puede apreciar del contenido del Decreto de "Guerra a Muerte" que Bolívar dictó en Trujillo el 15 de junio de 1813, al ordenar pasar por las armas ("contad con la muerte") a todo aquél español o americano, que "aun siendo indiferente" no obrara "activamente en obsequio de la libertad de Venezuela."[40]

Posteriormente el Libertador en su declaración y proclamación desde Caracas, al año siguiente, el 17 de junio de 1814, decretó la "ley marcial," entendiendo por tal "la cesación de toda otra autoridad que no sea la militar," con orden de alistamiento general, anunciando para quienes contravinieran la orden que "serán juzgados y sentenciados como traidores a la patria, tres horas después de comprobarse el delito."

Así quedaron los territorios del Estado de Venezuela sumidos bajo la ley militar, la "ley marcial" o la "ley de la conquista," barriéndose con todo lo que fuera civilidad, contribuyendo desde entonces, con el militarismo resultante, con el desplazamiento, secuestro y sustitución de los próceres civiles de la independencia,[41] quedando lamentablemente arrinconados todos aquéllos extraordinarios principios civiles, concebi-

---

39 "Representación dirigida a la Regencia el 17 de enero de 1813," en J.F. Blanco y R. Azpurúa, *Documentos para la historia de la vida pública del Libertador,* Ediciones de la Presidencia de la República, Caracas 1978., Tomo IV, pp. 623–625.

40 "Decreto de guerra a muerte," de 13 de junio de 1813 (versión facsimilar) en Hermánn Petzold Pernía," *Bolívar y la ordenación de los Poderes Públicos en los Estados Emancipados*, Caracas 1986, p. 33.

41 Véase Allan R. Brewer-Carías, "Epílogo: El secuestro y suplantación de los próceres," al libro de Giovanni Meza Dorta, *El Olvido de los Próceres. La filosofía constitucional de la Independencia y su distorsión producto del militarismo*, Editorial Jurídica Venezolana, Caracas 2012, pp. 105-122.

dos y elaborados por los civiles, que fueron los hicieron la independencia.[42]

Con todo ello, era evidente que ya no podía plantearse la reorganización del Estado de Venezuela restableciendo la vigencia de la Constitución Federal de 1811, siendo en realidad necesario organizar un nuevo Estado por la desaparición de la propia República; para lo cual incluso pidió asesoramientos diversos, respecto sobre un Plan de Gobierno Provisorio.[43]

Todo ello comenzó a delinearlo el propio Bolívar al reconquistar la Provincia de Caracas en agosto de 1813. Así, en su primera comunicación dirigida al Congreso de la Nueva Granada el 8 de agosto de 1813 con el informe dirigido a la Comisión Político-Militar del mismo, sobre la liberación de la capital de Venezuela, Bolívar informó "desde la ilustre capital de Venezuela [...] el restablecimiento de esta República," señalando que:

> "Ínterin se organiza el Gobierno legal y permanente, me hallo ejerciendo la autoridad suprema, que depondré en manos de una Asamblea de notables de esta capital, que debe convocarse para erigir un gobierno conforme a la naturaleza de las

---

42   Véase Allan R. Brewer-Carías, "La independencia de Venezuela y el inicio del constitucionalismo hispanoamericano en 1810-1811, como obra de civiles, y el desarrollo del militarismo a partir de 1812, en ausencia de régimen constitucional," en *Revista de Historia Constitucional, Revista Electrónica*, http://hc.rediris.es, N° 14, Oviedo 2013, pp. 405-424. Véase en: http://www.historiaconstitucional.com/index.php/historiaconstitucional/-article/view/377/340.

43   Véase los documentos más notables en este sentido en: *Simón Bolívar y la Ordenación del Estado en 1813* (Estudios preliminares de Pedro Grases y Tomás Polanco), Caracas, 1979.

circunstancias y de las instrucciones que he recibido de ese augusto Congreso."[44]

En el Manifiesto del día siguiente 9 de agosto de 1813 que dirigió a sus conciudadanos, en el cual resumió los planes para la organización del Estado, insistió en la misma idea anterior de legitimar el poder:

> "Una asamblea de notables, de hombres virtuosos y sabios, debe convocarse solemnemente para discutir y sancionar la naturaleza del gobierno, y los funcionarios que hayan de ejercerla en las críticas y extraordinarias circunstancias que rodean a la República. El Libertador de Venezuela renuncia para siempre, y protesta formalmente, no aceptar autoridad alguna que no sea la que conduzca a nuestros soldados a los peligros para la salvación de la Patria."[45]

Ello lo reiteró en una nueva comunicación al presidente del Congreso de Nueva Granada el 14 de agosto de 1813, en la cual le indicó "la próxima convocatoria de una Asamblea popular, para determinar la naturaleza del gobierno y la Constitución del Estado," anunciándole la organización de los Departamentos Supremos de la Administración.[46]

Posteriormente, desde Puerto Cabello, el 1 de febrero de 1814, Bolívar se dirigió al Congreso de la Nueva Granada donde le advirtió sobre el "crítico estado de Venezuela," reconociendo definitivamente que:

> "las autoridades que existían en el momento de la capitulación de San Mateo, no pueden absolutamente reponerse; porque

---

[44] Véase en *Escritos del Libertador,* Sociedad Bolivariana de Venezuela, tomo V, Caracas, 1969, p. 5. Allan R. Brewer-Carías, *Las Constituciones de Venezuela, op. cit.,* Tomo I, p. 589.

[45] Véase *Escritos del Libertador,* Sociedad Bolivariana de Venezuela, tomo V, *op. cit.* p. 10.

[46] *Ibídem.,* p. 30.

los individuos que las ejercían se hallan casi todos fuera de Venezuela y sería necesaria una elección popular para constituir legítimamente otros. No es posible realizar asambleas populares, cuando algunos pueblos son alterativamente ocupados por amigos y enemigos, y cuando la mayor parte de los ciudadanos están en el ejército; pero cuando fueran posibles las reuniones, serían muy peligrosas en una tal situación, a lo menos entorpecerían el principal objeto de repeler los enemigos, lo que incontestablemente sacrificaría la República."

Luego, el 6 de septiembre de 1815, en su famosa "Carta de Jamaica" (Contestación de un americano meridional a un caballero de esta isla),[47] entre otros aspectos, expuso sus ideas políticas sobre el gobierno en América hispana, refiriéndose en algunos párrafos a la "heroica y desdichada Venezuela," –en un texto que bien hubiera podido haber dicho sobre lo que en 2019, más de doscientos años después, ocurría en Venezuela–, que:

"sus acontecimientos han sido tan rápidos y sus devastaciones tales, que casi la han reducido á una absoluta indigencia, y a una soledad espantosa: no obstante que era uno de los más bellos países de cuantos hacían el orgullo de la América. Sus tiranos gobiernan un desierto y solo oprimen á tristes restos, que escapados de la muerte, alimentan una precaria existencia: algunas mujeres, niños y ancianos son los que quedan."[48]

Sobre el sistema de gobierno establecido en 1811, apreció que las instituciones políticas adoptadas, habían "sido el más claro ejemplo de la ineficacia de la forma demócrata y federal para nuestros nacientes estados," agregando que "los sistemas

---

47 Véase en Simón Bolívar, *Escritos Fundamentales*, Monte Ávila Editores, Caracas, 1982, pp. 82 ss.

48 Véase en Simón Bolívar, *Escritos Fundamentales*, *op. cit.*, pp. 82 ss.

enteramente populares, lejos de sernos favorables, temo mucho que vengan a ser nuestra ruina."[49]

De regreso de Haití en 1816, al llegar a Margarita en la llamada "Expedición de Los Cayos," Bolívar proclamó, de nuevo, "el gobierno independiente de Venezuela," quedando ratificado en una Asamblea al Libertador, en la Jefatura Suprema del Estado y de los Ejércitos de Venezuela; afirmando en una Proclama a los venezolanos de 8 de mayo de 1816, que:

> "El Congreso de Venezuela será nuevamente instalado donde y cuando sea vuestra voluntad. Como los pueblos independientes me han hecho el honor de encargarme de la autoridad suprema, yo os autorizo para que nombréis vuestros diputados en Congreso, sin otra convocación que la presente; confiándoles las mismas facultades soberanas que en la primera época de la República."[50]

Pasaron luego las vicisitudes mencionadas del Congreso de Cariaco,[51] que fue el intento más serio de limitación a los poderes del Libertador, y en 1817, de regreso a Venezuela, como hemos mencionado, se produjo la conquista de Guayana, fijando en Angostura la capital del Gobierno de Venezuela y residencia provisional de las autoridades, desde donde procedió a adoptar una serie de decisiones para la reconstitución del Estado.

---

49 *Idem.*

50 Véase en V. Lecuna (ed), *Proclamas y Decretos del Libertador, op. cit.*, p. 146.

51 Véase el Acta del Congreso de Cariaco de 8 de mayo de 1817, en Allan R. Brewer-Carías, *Las Constituciones de Venezuela, op. cit.*, tomo I, pp. 593-594

SÉPTIMA PARTE

LA RECONFIGURACIÓN PROVISIONAL DEL ESTADO DE VENEZUELA EN 1817, Y LA CREACIÓN DE UN CONSEJO DE ESTADO

I. LA NECESIDAD DE RECONSTITUIR EL ESTADO Y SUS AUTORIDADES CIVILES

Una vez conquistada la provincia de Guayana, y fijada en la ciudad de Angostura tanto el Cuartel General el Ejército, como la capital del gobierno de Venezuela y residencia provisional de sus autoridades, el Libertador procedió a adoptar una serie de decisiones para la reconstitución del Estado de Venezuela, que había desaparecido con la guerra.

A tal efecto, la primera de las decisiones que adoptó Bolívar el 30 de octubre de 1817, para el restablecimiento del Estado, y con ello, de una autoridad civil en los territorios liberados de Venezuela, en su carácter de Jefe Supremo de la República de Venezuela y Capitán General de los Ejércitos de Venezuela y de la Nueva Granada fue la creación de una institución denominada Consejo de Estado, con carácter provisional, para asistir al Jefe Supremo en el cumplimiento de funciones políticas y de gobierno, y especialmente, para ejercer las funciones legislativas del Estado de Venezuela que se quería reconstituir, sin relación alguna con figuras europeas con el mismo nombre, y, en particular, con del Consejo de Estado que había creado Napoleón en Francia unos años antes (1799).[1]

La idea se había planteado inicialmente durante el mismo año 1817, en las propias filas militares del Libertador, por algunos de sus prominentes generales, como consecuencia de la necesidad de reorganizar el Estado de Venezuela dotando a la República de un gobierno con alguna base civil, luego de cinco años de guerra de liberación, que el Libertador se había propuesto desde 1813.

Y así fue como en febrero de 1817, el general Santiago Mariño quien luego estaría entre los organizadores del Congreso de Cariaco, habría propuesto a Bolívar la creación de una especie de Consejo de Estado para auxiliarlo en el gobierno, habiendo sin embargo sido entonces la respuesta de Bolívar al planteamiento, muy tajante, respondiéndole que:

> "en cuanto me desocupe de atenciones más urgentes que son las de batir a los enemigos, convocaré un Consejo para que establezca una administración regular, capaz de mantener la Re-

---

[1] No creemos que pueda afirmarse pura y simplemente que "El Consejo de Estado Colombiano fue creado en 1817 por Simón Bolívar quien tomó como modelo el Consejo de Estado francés que estableció Napoleón en 1799." Véase Rafael Ballén, "El Consejo de Estado francés en el Antiguo Régimen," *Revista Diálogos de Saberes*, N° 25, Bogotá, julio-diciembre 2016, pp. 13-32. Consultado en file:///C:/Users/Alan%20Brewer/Downloads/Dialnet-ElConsejoDeEstadoFrancesEnElAntiguoRegimen-2693562.pdf. Ese "dogma de fe" que hemos encontrado repetido infinidad de veces en la bibliografía colombiana, en nuestro criterio, no es correcto. Primero, porque en 1817 no se creó el Consejo de Estado Colombiano; y segundo, porque el Consejo de Estado que creó Bolívar en 1817, no tuvo como modelo el Consejo de Estado francés, ni siguió su orientación de órgano de carácter netamente consultivo.

pública. Por el momento, todo lo que se haga será inconsulto y precipitado."[2]

La propuesta se reformuló luego en el antes mencionado Congreso reunido en San Felipe de Cariaco el 8 de mayo de 1817, de cuya constitución supo Bolívar después de regresar de Haití por el oriente de Venezuela, en junio de 1817.

Pero no faltaron otros generales de su Ejército que también abogaran por el establecimiento de alguna forma de gobierno civil, y entre ellos se destacó el general Manuel Piar, a quien Bolívar no solo había nombrado General en jefe en mayo de 1817, sino incluso pensaba designarlo Segundo en el mando de los Ejércitos. Piar le planteó a Bolívar en junio de 1817, la idea de "reformar lo que hay, y hablando en términos propios, ayudar a usted en el gobierno," indicándole que se trataba solo de la:

> "pretensión de dar a usted un senado o consejo para que tenga algo de democrática o de representativa nuestra forma de gobierno y para que haya quien trabaje en lo civil y político mientras usted se ocupa de las atenciones de la guerra."[3]

El desencuentro que originaron todas estas propuestas, por un gobierno más civil y democrático, que Bolívar consideró contrarias a su conducción militar, entre otras cosas, le costó la vida al propio general Piar, conduciendo finalmente a la orden de aprehensión del general Mariño y al fusilamiento de Piar, lo que ocurrió el 16 de octubre de 1817.

---

[2] Así lo dijo en carta al general Brión, fechada en Barcelona, el 13 de febrero de 1917. Véase en *Escritos del Libertador*, Tomo X, 1847, p. 180. Véase las referencias en Tomás Polanco, *Simón Bolívar..*, *op. cit.*, pp. 304.

[3] Así lo dijo en carta del general Briceño a Bolívar de junio de 1817. Véase las referencias en Tomás Polanco, *Simón Bolívar..*, *op. cit.*, pp. 310-311.

Dos semanas después, sin embargo, y paradójicamente, el 30 de octubre de 1817 fue el mismo Bolívar el que crearía el Consejo de Estado en el marco de un conjunto de decisiones sobre la reorganización del Estado de Venezuela.

Ahora bien, independientemente de que haya sido como resultado de sugerencias de sus subalternos para mitigar su poder absoluto, o por convicción propia, lo cierto es que la creación del Consejo de Estado por Bolívar en 1817, formó parte de un conjunto de decisiones que adoptó para establecer las bases de un sistema provisional de gobierno del Estado de Venezuela, conforme al principio de la separación de poderes, por el cual tanto había abogado el Libertador y conforme a su obsesión por reconstituir dicho Estado.

De lo anterior resulta, por tanto que la creación del Consejo de Estado obedeció a lo que el mismo Bolívar explicó tras la conquista de la Provincia de Guayana, en el sentido de la imposibilidad que había de poder restablecer la vigencia plena en los territorios de Venezuela de la Constitución Federal de los Estados de Venezuela del 21 de diciembre de 1811, y poner a funcionar los órganos fundamentales del Estado como había sido originalmente su intención, para lo cual dictó diversos decretos reorganizando el Estado de Venezuela.

Es decir, la creación de la institución del Consejo de Estado se produjo en el marco de una situación excepcional, como fue el proceso de la reconstitución del Estado de Venezuela, guiado por el principio de la separación de poderes, distinguiendo Bolívar entre el órgano del Poder Ejecutivo que Bolívar ejercía como Jefe Supremo, y cuyas funciones complementó creando el 5 de noviembre de 1817 un Consejo de Gobierno para suplirlo en caso de necesidad; reorganizando el Poder Judicial, lo cual hizo mediante decreto del 6 de octubre de 1817 regulando los tribunales de primera instancia y la Alta Corte de Justicia; y atribuyendo provisionalmente el Poder

Legislativo al Consejo de Estado que creó por decreto de 30 de octubre de 1817.[4]

La creación del Consejo de Estado en 1817, por tanto, sólo puede entenderse en el marco de esa reconstitución del Estado de la República de Venezuela, que Bolívar asumió en el proceso de liberación de las Provincias ocupadas por los ejércitos españoles, después de la Capitulación que habían firmado Francisco de Miranda y Domingo Monteverde en julio de 1812. Dado el carácter provisional y las funciones legislativas asignadas, el Consejo de Estado de 1817, por ello, luego desapareció del marco constitucional de la organización del Estado al sancionarse por el Congreso de Angostura la Constitución de 1819, y regularse en ella el Poder Legislativo atribuido al Congreso. Dicho Consejo de Estado de 1817, por tanto, en nuestro criterio, salvo respecto del nombre, no puede considerarse como el antecedente del Consejo de Estado como órgano meramente consultivo y jurisdiccional creado en Colombia, cuyo antecedente se debe ubicar, en realidad, en el Estatuto constitucional de 1828.[5]

---

4   Véase el texto de todos estos actos constitucionales de reconstitución del Estado de Venezuela en Allan R. Brewer-Carías, *Las Constituciones de Venezuela*, Academia de Ciencias Políticas y Sociales, Caracas 2008, Tomo I, pp. 595-617. Véase en general sobre muchos de los temas tratados en este estudio: Allan R. Brewer-Carías, *Historia Constitucional de Venezuela*, Caracas, Editorial Alfa, 2 tomos, 2008; y en Colección Tratado de Derecho Constitucional, Tomo II, Fundación de Derecho Público, Editorial Jurídica Venezolana, Caracas 2014. Igualmente, véase Allan R. Brewer-Carías, *Orígenes del constitucionalismo moderno en Hispanoamérica*, Colección Tratado de Derecho Constitucional, Tomo II, Fundación de Derecho Público, Editorial Jurídica Venezolana, Caracas 2014,

5   Véase Allan R. Brewer-Carías, "La creación del Consejo de Estado por Simón Bolívar en 1817, al proceder como Jefe Supremo a la reconstitución del Estado de Venezuela, y su reformulación, por el mismo Bolívar en 1828, al asumir el Poder Supremo en la República de Colombia," Conferencia en el *XXIII Encuentro de la Jurisdicción Contencioso Administra-*

La decisión, en efecto, formó parte de un conjunto de decisiones extraordinarias que adoptó el Libertador para reconstituir y organizar el Estado de Venezuela, el cual se había constituido conforme a la Constitución federal de 21 de diciembre de 1811, y el cual para ese momento ya había materialmente desaparecido por la invasión militar española de las Provincias de Venezuela ocurrida a partir de marzo de 1812, y cuyas fuerzas ocuparon la totalidad del territorio de las mismas.

Esa invasión ocurrió luego de la Capitulación firmada en julio de 1812 entre las fuerzas militares de la República y las españolas, razón por la cual a comienzos de 1813 el Congreso de la Nueva Granada le encomendó a Bolívar la liberación de dichas provincias de Venezuela del yugo español. Tras cinco años de guerras conducidas por el Libertador como Jefe Supremo, y, por tanto, conduciendo un de gobierno que se había tornado en exclusivamente militar, consideró necesario buscar organizar al Estado de Venezuela con rasgos de gobierno civil, y eso fue precisamente lo que se propuso hacer el Libertador en Angostura en 1817.

Eso, lo había vislumbrado el Libertador en medio de la Campaña Admirable desde 1813, conforme a su propia convicción expresada durante los años de la guerra de liberación; e incluso se lo llegaron a plantear algunos de sus propios subalternos.

Ahora bien, establecida desde mayo de 1817 una sede permanente del gobierno en Angostura, el Libertador como Jefe Supremo de la República de Venezuela y Capitán General de los Ejércitos de Venezuela y de la Nueva Granada, co-

---

tiva, Encuentro Bicentenario, con ocasión del Bicentenario de la creación del Consejo de Estado, Consejo de Estado, Bogotá, 1 de noviembre de 2017. Disponible en: http://allanbrewercarias.com/wp-content/uploads/2017/11/1203.1205.-Brewer.-Angostura-1817.-C.de-Edo-1.pdf.

menzó a tomar los pasos necesarios para reconstituir el Estado de Venezuela, conforme se decidiera en un Congreso integrado por diputados electos, como lo había anunciado, explicado y prometido a través de los años de guerra.

II. LA ORGANIZACIÓN PROVISIONAL DEL ESTADO CONFORME AL PRINCIPIO DE LA SEPARACIÓN DE PODERES

Teniendo esa mira, sin embargo, incluso a los efectos de poder hacer la convocatoria de las elecciones correspondientes, procedió a emitir una serie de decretos disponiendo la reorganización provisional del Estado, para asegurar su funcionamiento hasta que un nuevo Congreso sancionase la nueva Constitución del Estado.

Dicha organización provisional del Estado de Venezuela la concibió Bolívar bajo el principio de la separación de poderes, que tanto había invocado y por el que tanto se había abogado, estableciendo en líneas generales el siguiente conjunto de decisiones:

Primero, en relación con el Poder Ejecutivo del cual él mismo era titular en su carácter de Jefe Supremo y Capitán General de los Ejércitos de Venezuela y la Nueva Granada, reforzó su estructura creando el Estado Mayor General de los Ejércitos, y un Consejo de Gobierno para que manejara el Estado en su ausencia. Además, en su concepción centralista del Estado, procedió a organizar provisionalmente la administración territorial de las Provincias.

Segundo, en relación con el Poder Judicial, procedió a reorganizarlo, creando con todo detalle los Tribunales de la república, y particularmente creando una la Alta o Suprema Corte de Justicia.

Y tercero, en cuanto al Poder Legislativo, creó un Consejo de Estado provisional para que, presidido por el Jefe Supremo, asumiera las funciones legislativas del Estado, y además pudiera servir de órgano de consulta para las decisiones ejecutivas importante.

Estos decretos, por tanto, fueron parte de un programa global de reorganización del Estado de Venezuela, razón por la cual no pueden analizarse en forma aislada, sino como parte de dicho programa cuyas líneas generales resumió el propio Libertador precisamente en su Discurso de instalación del Consejo de Estado, en Angostura, el 1º de noviembre de 1817, en el cual, entre otros aspectos, señaló:

> "[…] cuando el pueblo de Venezuela rompió los lazos opresivos que lo unían a la nación española, fue su primer objeto establecer una Constitución sobre las bases de la política moderna, cuyos principios capitales son la división de poderes y el equilibrio de las autoridades. Entonces, proscribiendo la tiránica institución de la monarquía española, adoptó el sistema republicano más conforme a la Justicia; y entre las formas republicanas escogió la más liberal de todas, la federal. Las vicisitudes de la guerra, que fueron tan contrarias a las armas venezolanas, hicieron desaparecer la República y con ella todas sus instituciones."

En dicho Discurso, el Libertador argumentó sobre el porqué la guerra había impedido "dar al gobierno de la República la regularidad constitucional que las actas del Congreso habían decretado en la primera época," precisando, al referirse al tercer período de la República iniciado en Margarita, luego de la expedición de Los Cayos en 1816, lo siguiente:

> "En la isla de Margarita volvió a tomar una forma regular la marcha de la República; pero siempre con el carácter militar desgraciadamente anexo al estado de guerra. El tercer período de Venezuela no había presentado hasta aquí, un momento favorable, en que se pudiese colocar al abrigo de las tempestades el arca de nuestra Constitución."

Reseñó el Libertador, en ese Discurso, que por la Asamblea de Margarita del 6 de mayo de 1816 se había creado y nombrado "un poder ejecutivo bajo el título de Jefe Supremo de Venezuela. Así, sólo faltaba la institución del cuerpo legislativo y del poder judicial," por lo que agregaba, que: "La creación del Consejo de Estado debía llenar las funciones del poder legislativo, correspondiendo a una Alta Corte de Justicia el tercer poder del cuerpo soberano."[6]

De todo lo expuesto por el mismo Bolívar, y en cuanto se refiere al Consejo de Estado, conforme a sus propias palabras ciertamente no pudo haber sido más clara su intención de crear el Consejo de Estado con el objeto de ejercer provisionalmente y con toda la precariedad institucional del momento histórico, las funciones legislativas del Estado.

El Libertador, además, en ese excepcional documento sobre organización constitucional, daba cuenta de la organización regular de las provincias libres de Venezuela, mencionando a los diversos gobernadores civiles y militares de las mismas, y entre ellos al General Páez en las Provincias de Barinas y Casanare, y Monagas en la Provincia de Barcelona. Ambos ejercerían la Presidencia de la República décadas después.

III. LA CREACIÓN DE LOS ÓRGANOS PARA EL EJERCICIO DEL PODER JUDICIAL: LOS TRIBUNALES Y LA ALTA CORTE DE JUSTICIA

Por lo que se refiere al Poder Judicial, el establecimiento de Tribunales de Primera Instancia y de una Alta Corte de Justicia fue el primer acto constitucional que dictó el Libertador

---

6   *Idem.*, pp. 173 y 174.

en fecha 6 de octubre de 1817, [7] motivando del Decreto en que era:

> "de primera necesidad el arreglo y organización de Tribunales que administren justicia a las Provincias libres de la República, y deseando dar a estos tribunales la libertad e independencia que exige la justa división de los poderes."

En cuanto a los "tribunales inferiores o de primera instancia," el decreto dispuso que debía haber uno en cada capital de Provincia, a cargo de un Gobernador Político, "que oiga y decida en primera instancia las acusaciones, quejas, denunciaciones, acciones y demás, por escrito, que ocurran en la Provincia, así civiles como criminales" (art. 1). El nombramiento de estos Gobernadores Políticos correspondía al Gobierno Supremo de la República, quien también era competente "para suspenderlos del ejercicio de sus funciones, cuando por sus faltas o abusos se hagan indignos de ellas" (art. 16).

En los procedimientos y decisiones respectivas, los Gobernadores Políticos de Provincia debían atenerse a "las leyes, usos y prácticas que han regido siempre en Venezuela, a menos que estén derogadas o se deroguen por el presente decreto o por alguna ley o decreto de la República (art. 2).

Se dispuso que las sentencias dictadas en las causas civiles debían ser ejecutadas conforme a las leyes (art. 3); y en las causas criminales de delitos que mereciesen pena aflictiva o infamatoria, las sentencias solo podían ejecutarse luego de que fueran confirmadas por la Alta Corte de Justicia de la República, con presencia del proceso (art. 4). En todo caso, las senten-

---

[7] Texto tomado de *Decretos del Libertador,* tomo I, 1813-1825, Caracas, 1961, páginas 84 a 86. Véase el decreto de 6 de octubre de 1817, en Allan R. Brewer-Carías, *Las Constituciones de Venezuela, op. cit*, pp. 595 y 596.

cias en todas esas causas eran siempre apelables ante Tribunal de la Alta Corte de la República (art. 5).

Los gobernadores, para la más fácil administración de justicia, debían delegar su autoridad a otros, para que instruyan los procesos y sustancien las causas que ocurran en los departamentos, distritos y pueblos distantes de la capital; pero se reservará así la decisión o sentencia definitiva" (art. 9).

La Alta Corte de Justicia se estableció en "la capital de la República y mientras se liberte ésta, en la de la Provincia de Guayana," para oír y decidir en segunda y última instancia las apelaciones propuestas y admitidas ante los Gobernadores Políticos de Provincia (Art. 10). Dicha Alta Corte debía componerse de un presidente, dos ministros vocales y un Fiscal o acusador público, que debían ser todos letrados (art. 11), correspondiendo al Jefe Supremo su nombramiento y remoción (art. 18).

Esta Alta Corte, además de sus funciones de Tribunal de apelaciones, conocía como Tribunal de primera instancia "en los casos concernientes a cónsules extranjeros; y en los que alguna Provincia de la República sea parte, bien sea contra otra Provincia, sobre límites, o cualquiera otra diferencia, o bien contra uno o muchos ciudadanos de otra Provincia, y en los juicios que deban seguirse contra los Gobernadores Políticos de Provincia" (art. 12).

El decreto también dispuso que en sus procedimientos y decisiones la Alta Corte debía también sujetarse "a las leyes, usos y prácticas que han regido siempre en Venezuela, a menos que estén derogadas o se deroguen por el presente decreto, o por alguna ley o decreto de la República" (art. 13).

IV. LA REORGANIZACIÓN DE LOS ÓRGANOS DEL PODER EJECUTIVO

En relación con la organización del Poder Ejecutivo, el Libertador, quien lo ejercía en su carácter de Jefe Supremo, procedió a reforzar su funcionamiento, creando en primer lugar, un Consejo de Gobierno; estableciendo un el Estado mayor de los Ejércitos, y organizando provisionalmente la administración territorial del Estado

1. *La creación del Consejo de Gobierno*

El Consejo de Gobierno lo creó Bolívar mediante decreto de 5 de noviembre de 1817, a los efectos de que no faltase "un centro fijo de Gobierno y de Administración" durante la campaña militar que el mismo se aprestaba a emprender. En el decreto dispuso que si por su "muerte u otro acontecimiento" quedase privado "absolutamente de atender al Gobierno de la República," a los efectos de que ésta no quedase "expuesta a los horrores de la anarquía," el gobierno estaría a cargo de un Consejo de Gobierno, integrado por "el Almirante Luis Brión, presidente; el General de División Manuel Cedeño, y del Intendente General Francisco Zea, Vocales" (art. 1).[8]

A dicho Consejo le asignó las siguientes atribuciones:

"1°. Para recibir Cónsules y Enviados extranjeros. 2°. Para entablar y concluir negociaciones de comercio. 3°. Para comprar y contratar armas, municiones, vestuarios y toda especie de elementos de guerra. 4°. Para proveer las divisiones que obran en las Provincias de Cumaná, Barcelona, Guayana, Barinas y Caracas, de cuanto necesiten para la guerra. 5°. Para estipular y pagar el precio de dichos objetos. 6°. Para llenar estas funciones

---

[8] Texto tomado de *Decretos del Libertador,* tomo I, 1813-1825, Caracas, 1961, pp. 106 y 107. Véase igualmente en Allan R. Brewer-Carías, *Las Constituciones de Venezuela, op. cit.*, Tomo I, p. 599.

se reunirá el Consejo, siempre y cuando lo tenga por conveniente, debiendo ser convocado por el presidente" (art. 2).

El decreto especificó, además, que

"en caso de muerte del Jefe Supremo o de que sea hecho prisionero por los enemigos, quedará el Consejo revestido de la plena autoridad y facultades del Poder Supremo, por el término de sesenta días, durante los cuales pondrá en ejecución las disposiciones que se expresan en un pliego cerrado y sellado, de que se depositarán tres copias del todo iguales: la una, en el Consejo de Gobierno, la otra, en el Estado Mayor General, y la otra, en la Secretaría del Consejo de Estado" (art. 3).

2. *La organización territorial centralizada del Estado*

En virtud de que conforme al Decreto de 6 de octubre de 1817 de organización del Poder Judicial, le había otorgado a los Gobernadores políticos, funciones de tribunales de primera instancia, dando origen a una "separación de los gobiernos político y militar," mediante un nuevo decreto de 3 de julio de 1818,[9] Bolívar dispuso que dichos gobernadores políticos de provincia no ejercerían "otras funciones que las del Tribunal de primera instancia conforme al Decreto de 6 de octubre de 1817,"(art. 1) correspondiendo entonces las funciones de "alta policía y la policía municipal" de las provincias "a los gobernadores comandantes generales de las mismas"(art. 2).

En tal carácter de jefes de la policía de la provincia, "los gobernadores comandantes generales serán presidentes de las municipalidades, convocarán y presidirán las asambleas de los padres de familia, recibirán sus sufragios y los de los electores

---

9 Texto tomado de *Decretos del Libertador*, tomo I, 1813-1825, Caracas, 1961, pp. 130 y 131. Véase igualmente en Allan R. Brewer-Carías, *Las Constituciones de Venezuela, op. cit.,* Tomo I, p. 601.

conforme al reglamento de 6 de octubre de 1817 sobre la creación de la Municipalidad" (art. 3).

El Decreto dispuso además, que los gobernadores o comandantes militares de plaza, ciudad, villa o pueblo ejercerían dentro de ellas la policía como tenientes del gobernador comandante general de la provincia (art. 4).

En esta forma, conforme al decreto, se dispuso que quedaban "derogadas, sin valor ni efecto alguno, cuantas leyes, decretos o reglamentos atribuyan a los gobernadores políticos de provincia el ejercicio de la policía en la parte en que se opongan a alguno de los antecedentes artículos "(art. 5).

V. LA CREACIÓN DEL ÓRGANO PARA EL EJERCICIO DEL PODER LEGISLATIVO: EL CONSEJO DE ESTADO

Por lo que se refiere al Poder Legislativo, como antes se dijo, Bolívar creó al Consejo de Estado, mediante decreto de 30 de octubre de 1817,[10] explicando en el encabezamiento del mismo, entre los motivos para ello, que:

> "era imposible establecer por ahora un buen Gobierno representativo y una Constitución eminentemente liberal, a cuyo objeto se dirigen todos mis esfuerzos y los votos más ardientes de mi corazón, mientras no se halle libre y tranquila la mayor parte del territorio de la República, especialmente la capital."

Por ello, "deseando que las providencias importantes, las leyes, reglamentos e instituciones saludables que deben entretanto publicarse para la administración y organización de las Provincias ya libres o que se liberten, sean *propuestas, discu-*

---

10 Texto tomado de *Decretos del Libertador,* tomo I, 1813-1825, Caracas, 1961, pp. 99 a 101. Véase igualmente en Allan R. Brewer-Carías, *Las Constituciones de Venezuela, op. cit*, Tomo I, p. 597-598.

tidas y acordadas en una Asamblea, que por su número y por la dignidad de los que la compongan merezcan la confianza pública," entonces Bolívar procedió a crear:

> "un Consejo Provisional de Estado que residirá por ahora en la capital de la Provincia de Guayana, y será compuesto del Almirante, del Jefe de Estado Mayor General, del Intendente General, del Comisario General del Ejército, del presidente y Ministros de la Alta Corte de Justicia, del presidente y Ministros del Tribunal de Secuestros, de los Secretarios del Despacho y de los empleados siguientes de esta Provincia, mientras resida en su capital, a saber: el Gobernador Comandante general, los Generales y Coroneles que estén en actual servicio en esta ciudad, el Intendente, los Ministros Contador y Tesorero, y el Gobernador Político" (art. 1)

Dicho Consejo se dividió en tres secciones: Primera: Estado y Hacienda que abarcaba "las Relaciones Exteriores, todos los negocios de Estado y alta policía, arreglo de contribuciones directas o indirectas, administración de rentas, etc." Segunda: Marina y Guerra, que abarcaba "todo lo concerniente a la organización y movimiento de las fuerzas de tierra y mar y a la administración militar armas, víveres, vestuarios, pertrechos y municiones, etc." Y Tercera: Interior y Justicia, que abarcaba "la administración civil y de justicia, la policía municipal, todo lo relativo al fomento interior, comercio, agricultura, industria, instrucción pública, establecimiento de beneficencia, caminos, puentes y calzadas, etc." (art. 3 y 8).

El Consejo de Estado se configuró adscrito al Jefe Supremo, quien lo convocaba y presidía, pudiendo delegar esa función, en su ausencia, en alguno de los consejeros (art. 4); y tenía un secretario nombrado por el Gobierno Supremo (art. 9).

Todos los miembros de secciones tenían la iniciativa para poder proponer en ella "cuantos planes, reglamentos, providencias, etc., le parezcan convenientes al bien público en el ramo de sus atribuciones," pero sólo el presidente de la sección podía hacerlo en Consejo de Estado, siempre que el proyecto hubiese sido aprobado por la sección (art. 5). El artículo 6 del Decreto, dispuso que tanto las secciones como el Consejo General de Estado sólo tenían "voto consultivo" (art. 6), y, además, que para los asuntos que el Jefe Supremo quisiera "consultar en particular habrá un Consejo privado compuesto del Almirante, de los Gobernadores militar y político, de los presidentes de las secciones y de los secretarios del Despacho," (art. 11). El decreto especificó, finalmente, que, si en los asuntos que se pidiese dictamen del Consejo de Estado, el Jefe Supremo se conformare con el mismo, "el decreto que recaiga sobre él lo expresará por esta fórmula: «oído el Consejo de Estado u oída la sección N o las secciones N, N, del Consejo de Estado» (art. 10).

A pesar de estas funciones consultivas, sin embargo, del texto del decreto, de su motivación y de las propias palabras del Libertador al instalarlo, fue evidente que Bolívar no pensó en crear un órgano con funciones meramente consultivas o de asesoría del gobierno, ni de un órgano que hiciese parte del gobierno; sino en realidad, de un órgano que debía ejercer el poder legislativo, ciertamente en forma provisional, que debía actuar como una "asamblea" para suplir la ausencia de un Congreso, y que tenía a su cargo "proponer, discutir y aprobar" los cuerpos normativos de la República mientras se dictaba la nueva Constitución,[11] los cuales para entrar en vigencia debían tener el "ejecútese" del Jefe Supremo.[12]

---

11   Libardo Rodríguez, en cambio, ha considerado que el Consejo de Estado habría nacido en 1817 "como una institución que hacía parte del gobierno, es decir, que formaba parte de la incipiente rama ejecutiva, por cuando se le atribuyeron funciones fundamentalmente gubernativas," o "funciones simplemente consultivas o de asesoría al Gobierno" Véase Libardo Rodrí-

En el mismo discurso que pronunció Bolívar en el acto de instalación del Consejo de Estado, incluso expresó su criterio en el sentido de que:

"La creación del Consejo de Estado, va a llenar las augustas funciones del poder legislativo no en toda la latitud que corresponde a la soberanía de este cuerpo, porque sería incompatible con la extensión y vigor que ha recibido el poder ejecutivo, no sólo para libertar el territorio y pacificarlo, sino para crear el cuerpo entero de la República [...]"[13]

El Consejo de Estado, en esta forma, actuó como el órgano del Poder legislativo aprobando leyes, que entraron en vigencia con el "ejecútese" de Bolívar como Jefe Supremo. Con ello, Bolívar quiso regularizar el ejercicio de la función legislativa en el proceso de reorganización del Estado de Venezuela, la cual hasta ese momento había asumido en forma exclusiva como Jefe Supremo, siendo muestra de ello, por ejemplo, el decreto de 3 de septiembre de 1817, que declaró secuestrados y confiscados a favor de la República los bienes muebles e inmuebles pertenecientes al gobierno español, a sus vasallos de origen europeo o a los americanos realistas, creando para

---

guez, *Derecho Administrativo*, Tomo II, Editorial Temis, Bogotá 2017, pp. 478 y 494.

12 Véase Allan R. Brewer-Carías, "La creación del Consejo de Estado por Simón Bolívar en 1817, al proceder como Jefe Supremo a la reconstitución del Estado de Venezuela, y su reformulación, por el mismo Bolívar en 1828, al asumir el Poder Supremo en la República de Colombia," Conferencia en el *XXIII Encuentro de la Jurisdicción Contencioso Administrativa, Encuentro Bicentenario*, con ocasión del Bicentenario de la creación del Consejo de Estado, Consejo de Estado, Bogotá, 1 de noviembre de 2017. Disponible en: http://allanbrewercarias.com/wpcontent/uploads/-2017/11/1203.1205.-Brewer.-Angostura-1817.-C.de-Edo-1.pdf

13 Véase el texto del discurso en "Palabras del Libertador Simón Bolívar en la Instalación del Consejo de Estado en Angostura en 1817," en http://www.consejodeestado.gov.co/documentos/prensa/100anos.pdf.

ello un Tribunal de Secuestros;[14] con lo que luego se dio origen a las llamadas leyes de reparto de los bienes confiscados, lo que se inició con el "Decreto sobre Repartición de Bienes como Recompensa a los Oficiales y Soldados" de 10 de octubre de 1817 sobre repartimiento de bienes nacionales entre los militares, el cual dispuso que las propiedades de españoles que no se pudieren enajenar a beneficio del erario público, sería repartidas y adjudicadas a los del ejército en cantidades proporcionales.[15]

Precisamente para buscar regularizar la función legislativa del Estado, semanas después de estos decretos, se creó el Consejo de Estado, el cual asumió la aprobación de leyes, y entre ellas, la más importante, el "Reglamento para la segunda convocación del Congreso de Venezuela" del 17/24 de octubre de 1818, que debía instalarse en enero de 1819, y que entre otras tareas tendría la de "Tratar de Gobierno y Constitución."[16]

En el texto de este último Reglamento también se aprecia cómo fue el Consejo de Estado el que "formó" el cuerpo normativo, y cómo fue el mismo Consejo de Estado el que lo "aprobó después de serias discusiones en acuerdos de 17 y 19 de octubre" como lo expresó en el texto el secretario del Consejo de Estado, Ramón García Cádiz." En el texto del Regla-

---

14   Véase en José Gil Fortoul, *Historia Constitucional de Venezuela*, Berlín, 1907, Tomo I p. 264.

15   Véase el texto en http://www.cervantesvirtual.com/obra-visor/doctrina-del-libertador--0/html/ff6f5f94-82b1-11df-acc7-002185ce6064_28.html#I_24_ Véase la referencia a esta ley en el encabezamiento de la Ley de 6 de enero de 1820, y en el art. el art. 1 de la Ley de 28 de septiembre de 1821, dictadas ambas por el Congreso de Cúcuta.

16   Texto tomado de José Félix Blanco y Ramón Azpurúa, *Documentos para la historia de la vida pública del Libertador,* Caracas, (reimpresión, Caracas, 1978), tomo VI, pp. 480-488. Véase igualmente en Allan R. Brewer-Carías, *Las Constituciones de Venezuela, op. cit.*, Tomo I, pp. 603-611.

mento, a renglón seguido consta de seguidas el "cúmplase y ejecútese" dado por el Jefe Supremo ordenándolo circular entre los Comandantes Generales de las Provincias libres de Venezuela "para que lo ejecuten."

La situación era relativamente similar a la que en los sistemas presidenciales de gobierno deriva de la relación que existe entre el órgano legislativo, que sanciona las leyes, y el órgano del Poder Ejecutivo, que debe promulgarlas. El hecho de que las leyes sancionadas por el Congreso, para poder entrar en vigencia, deben llevar el ejecútese o ser promulgadas por el Jefe del Poder Ejecutivo, no convierte al Congreso en un órgano consultivo. Lo mismo podría decirse *mutatis mutandis* del Consejo de Estado en su formulación provisional en 1817, como parte de la reconstitución del Estado de Venezuela.[17]

El status del Consejo de Estado como uno de los órganos de los tres poderes del Estado, en particular el encargado de la función legislativa conforme al principio de la separación de poderes adoptado por el Libertador al reorganizar el Estado de Venezuela, se aprecia además, en el texto de la muy importante Declaración que emitió la República de Venezuela mediante Decreto del Jefe Supremo, de ratificar la voluntad de la República de Venezuela "de vivir independiente o perecer en la contienda" ante las amenazas de intervención de las Potencias

---

17 Por su parte Libardo Rodríguez ha considerado que "en el decreto se le asignaba al Consejo de Estado como funciones las de rendir dictámenes de los cuales podía surgir la expedición de decretos, si el Jefe Supremo estaba de acuerdo con lo expresado por esa corporación, de tal manera que carecía de funciones decisorias pues sus dictámenes no eran obligatorios." Véase Libardo Rodríguez, *Derecho Administrativo*, Tomo II, Editorial Temis, Bogotá 2017, p. 494. Esa apreciación podría ser válida respecto del Consejo de Estado creado por Bolívar en 1828, pero en nuestro criterio no para el creado en 1817. Éste sí tenía poderes decisorios, lo único es que para que sus actos pudieran entrar en vigencia debían tener el ejecútese del Jefe Supremo.

europeas coaligadas en la Santa Alianza, de fecha 20 de noviembre de 1818, la cual, como consta fue emitida:

> "Reunidos en Junta Nacional, el Consejo de Estado, la Alta Corte de Justicia, el Gobernador Vicario general de este Obispado, Sede vacante, el Estado Mayor- General, y todas las Autoridades Civiles y Militares..."

Es decir, la declaración se emitió reunidos los órganos de los tres poderes del Estado, siendo el Consejo de Estado en encargado del Poder Legislativo, y en la misma la República de Venezuela concluyó declarando que:

> "7.º Últimamente declara la República de Venezuela que desde el 19 de abril de 1810 está combatiendo por sus derechos, que ha derramado la mayor parte de la sangre de sus hijos, que ha sacrificado todos sus bienes, todos sus goces, y cuanto es caro y sagrado entre los hombres por recobrar sus Derechos Soberanos, y que por mantenerlos ilesos, como la Divina Providencia se los ha concedido, está resuelto el Pueblo de Venezuela a sepultarse todo entero en medio de sus ruinas, si la España, la Europa, y el Mundo se empeñan en encorvarla bajo el yugo español."[18]

De todo lo anterior, por sus antecedentes político-militares en el proceso de reorganización del Estado de Venezuela, y en particular, por la naturaleza y funciones básicamente legislativas que Bolívar le atribuyó al Consejo de Estado que creó en 1817, no parece factible sostener que para su creación Bolívar se hubiera "inspirado" en forma alguna en la figura del Consejo de Estado de Francia que Napoleón había creado en 1799 como órgano netamente consultivo, conforme a la tradición monárquica anterior de los Consejos reales.

---

18 Véase el texto en Allan R. Brewer-Carías, *Las Constituciones de Venezuela, op. cit*, Tomo I, pp. 613 ss.

Y por supuesto, menos aún pensamos que se puede sostener que por el hecho en ese año el joven Bolívar, cuando tenía 16 años, estaba en Madrid, haya registrado nada específico sobre la creación del Consejo de Estado por Napoleón, ni siquiera porque luego haya visitado brevemente Paris entre 1801 y 1802, cuando contaba con 18 años, y cuando sus intereses juveniles obviamente eran otros, como lo resumió por carta dirigida a Alexandre Dehollain-Arnoux, indicándole con razón, que "no hay en la tierra un cosa como Paris. Seguramente que allí es en donde uno se puede divertir infinito sin fastidiarse jamás."[19]

---

19 Véase en Tomás Polanco Alcántara, *Bolívar, op. cit*, pp. 64-65.

OCTAVA PARTE
LA RECONSTITUCIÓN DEL ESTADO DE VENEZUELA POR EL CONGRESO DE ANGOSTURA Y LA CONSTITUCIÓN DE 11 DE AGOSTO DE 1819

I. EL CONGRESO DE ANGOSTURA Y LA CONSTITUCIÓN DE 1819

Luego de las medidas provisionales de reconfiguración del Estado decretadas por Simón Bolívar durante 1817, en la sesión del Consejo de Estado del 1º de octubre de 1818, propuso la convocatoria del Congreso de Venezuela a fin de acelerar "la marcha de la restauración de nuestras instituciones republicanas," manifestando "la necesidad y la importancia de la creación de un cuerpo constituyente que dé al Gobierno una forma y un carácter de legalidad y permanencia."[1]

Para tales efectos, el Consejo de Estado, como se ha dicho, discutió y aprobó el "Reglamento para la segunda convocación del Congreso de Venezuela" que debía instalarse en enero de 1819, y que entre otras tareas tendría la de "tratar de Gobierno y Constitución."[2] Entre las motivaciones del mismo, estuvo el principio de la Libertad Civil, basado en la afirmación de que:

---

1   Véase Pedro Grases, "Notas Editorial," en *El Libertador y la Constitución de Angostura de 1819,* Caracas, 1969, p. 7.

2   Texto tomado de José Félix Blanco y Ramón Azpurúa, *Documentos para la historia de la vida pública del Libertador,* Caracas, (reimpresión, Cara-

"No someterse a una ley que no sea la obra del consentimiento general del Pueblo, no depender de una autoridad que no sea derivada del mismo origen, es el carácter de la Libertad civil a que aspiramos. Cualquiera que sea la nación privada de este derecho, no ha menester otra causa para armarse contra quien pretendiere gobernarla con una potestad emanada de otro principio. Si para cegar la única fuente visible del poder nacional, recurrieren al Cielo los usurpadores, será entonces más calificado el derecho de resistencia contra la usurpación, porque al crimen de la tiranía se añade el de la impostura y sacrilegio."

Realizadas las elecciones durante 1818, en medio de las dificultades derivadas de la guerra, el Congreso de Angostura se instaló el 15 de febrero de 1819, y en esa oportunidad el Libertador leyó su Discurso de Angostura en el cual expuso sus ideas sobre el Estado y su organización, configurándose como la exposición de motivos del Proyecto de Constitución que sometió a la consideración de dicha Asamblea.[3] El Congreso seis meses después sancionó la Constitución Política de Venezuela de 11 de agosto de 1819, influida sin duda por muchos de los principios del constitucionalismo moderno que se habían incorporado en la Constitución de 1811 y las propias ideas del Libertador,[4] en cuya elaboración como es fácil deducir, no hubo influencia alguna de la Constitución de Cádiz, la cual,

---

cas, 1978), tomo VI, pp. 480-488. Véase igualmente en Allan R. Brewer-Carías, *Las Constituciones de Venezuela, op. cit,* Tomo I, pp. 603-611.

[3] Véase Ángel Francisco Brice, Prólogo a las *Actas del Congreso de Angostura,* Instituto de Derecho Público, Caracas, 1969, pp. 9 ss. Véase, además, lo expuesto en Allan R. Brewer-Carías. "Ideas centrales sobre la organización del Estado en la obra del Libertador y sus proyecciones contemporáneas," en *Boletín de la Academia de Ciencias Políticas y Sociales* enero-junio 1984, Nos 95-96, pp. 137 ss.

[4] *El Libertador y la Constitución de Angostura de 1819,* (ed: Pedro Grases), Prólogo: Tomás Polanco, Caracas 1970. Véase en general, *Los Proyectos Constitucionales de Simón Bolívar, El Libertador 1813–1830,* Caracas 1999.

por lo demás, desde 1814 ya había sido anulada por el propio Fernando VII, al restaurar la Monarquía en España.

Esa Constitución, y la reconstitución del Estado de Venezuela, sin embargo, en la realidad no tuvo una vigencia plena, no sólo por los avatares de la guerra, que continuó, sino porque a los cuatro meses de vigencia comenzó a ser modificada formalmente con la sanción el 17 de diciembre de 1819, por el mismo Congreso de Angostura, de una Ley donde se decidió eliminar el Estado de Venezuela y reunir la República junto con las provincias de Nueva Granda, en otro Estado distinto, la República de Colombia, la cual se reguló formalmente en la Constitución de Cúcuta de 1821, y que duró hasta 1830.

En todo caso, el Congreso designó al Libertador, como presidente interino del Estado de Venezuela,[5] quien continuó conduciendo la guerra saliendo inmediatamente para Apure, y luego para la Nueva Granada, para sellar en la batalla de Boyacá la independencia de Colombia.

La Constitución de 1819 se montó sobre tres ideas básicas analizadas por el Libertador, sobre la organización del Estado relativas a la democracia y representatividad, a la separación de poderes y a la centralización del Estado que influyeron en la redacción del texto constitucional. Esas, las resumió así en su Discurso de Angostura:

"Ya disfruta el pueblo de Venezuela de los derechos que legítima y fácilmente puede gozar; moderemos ahora el ímpetu de las pretensiones excesivas que quizás le suscitaría la forma de un gobierno incompetente para él: abandonemos las formas federales que no nos convienen, abandonemos el triunvirato del Poder Ejecutivo, y concentrándolo en un presidente, confiémosle la autoridad suficiente para que logre mantenerse luchando contra los inconvenientes anexos a nuestra reciente situación, al

---

5   Véase el Acta de 16 de febrero de 1819, *Idem.*, p. 101.

estado de guerra que sufrimos, y a la especie de los enemigos externos y domésticos contra quienes tenemos largo tiempo que combatir. Que el Poder Legislativo se desprenda de las atribuciones que corresponden al Ejecutivo."[6]

Además, el Libertador en el Proyecto de Constitución que presentó al Congreso, formuló otras propuestas originales y novedosas para el constitucionalismo de la época, que sin embargo no fueron acogidas por el Congreso, como fueron, por ejemplo, las relativas a la Presidencia Vitalicia, al Senado Hereditario y a la conformación del Poder Moral.[7]

En particular, sobre este último, la propuesta del Libertador, sin embargo, se incluyó en el texto de la Constitución publicado, pero como un "apéndice" informativo, en el cual se indicó, entre otras cosas que dicha propuesta del Poder Moral fue rechazada finalmente por considerarse, por algunos, "como una inquisición moral no menos funesta ni menos horrible que la religiosa" y en todo caso "de muy difícil establecimiento y en tiempos presentes absolutamente impracticable."[8]

Debe observarse, que toda la organización constitucional del Estado de Venezuela establecida en la Constitución de Angostura de 1819, respecto de la cual tanto trabajó personalmente Simón Bolívar, sin embargo, como se dijo, solo tuvo vigencia formal durante unos meses pues al sancionarse la Ley Fundamental de la República de Colombia el 17 de diciembre de 1819, con la misma se declaró al Congreso en receso, terminando definitivamente su vigencia con la sanción de la

---

[6] Véase las referencias en J. Gil Fortoul, *op. cit.*, tomo segundo, pp. 494, 495, 496, 506 y 507.

[7] En anexo a la Constitución de 1819, sin embargo, se publicó el Título correspondiente al Poder Moral. Véase en Allan R. Brewer–Carías, *Las Constituciones de Venezuela, op. cit.*, pp. 367–371.

[8] Véase en Allan R. Brewer-Carías, *Las Constituciones de Venezuela, op. cit.*, Tomo I, p. 637.

Constitución de Cúcuta de 1821; todo, siguiendo las propuestas que formuló el mismo Bolívar, con lo cual constitucionalmente se produjo la extinción del Estado de Venezuela mediante la unión de los pueblos de Venezuela y Colombia, en una sola Nación Colombiana.[9]

II. EL REPUBLICANISMO Y LA REPRESENTATIVIDAD: EL SISTEMA ELECTORAL

El Estado que se reconstituyó con la Constitución de Angostura en 1819, de acuerdo a las modernas corrientes del constitucionalismo que comenzaban a formularse en esa época, debía conciliar el Poder con las libertades, de manera que el Estado fuera, como debe ser, la organización política de la sociedad para garantizar la libertad, basado en la soberanía popular y en el republicanismo.

Por ello, la Constitución de 1819, además de contener, como la anterior de 1811, una extensa declaración de Derechos y deberes del hombre y del ciudadano (34 artículos, Título I), en su Título 5°, siguiendo también los principios de la de 1811 dispuso que "La soberanía de la nación reside en la universidad de los ciudadanos. Es imprescriptible e inseparable del pueblo;" y que "El pueblo de Venezuela no puede ejercer por sí otras atribuciones de la soberanía que la de las elecciones ni puede depositarla toda en unas solas manos" (art. 2). A tal efecto, se reguló un sistema democrático representativo republicano de gobierno basado en el sufragio, como se indica a continuación.

En cuanto al sistema electoral, se siguió exactamente la orientación de la Constitución de 1811, de Asambleas parro-

---

9   Véase la Ley Fundamental de la República de Colombia de 1819 y la Ley Fundamental de la Unión de los Pueblos de Colombia de 1821, en Allan R. Brewer–Carías, *Las Constituciones de Venezuela, op. cit.*, pp. 373–376.

quiales y Asambleas electorales en los Departamentos (que a la vez había seguido la orientación del Reglamento de elección y reunión de diputados de 11 de junio de 1810), con las mismas atribuciones. (Título 4º).

Este sistema representativo en la Constitución de 1819 se reguló en el Título 4º relativo las Asambleas parroquiales y departamentales, estableciéndose para la elección de los representantes ante la Cámara de Representantes un sistema de elección indirecta, con la precisión de su transformación en una elección directa al indicarse que "pasados diez años, las elecciones se harán inmediatamente por el pueblo, y no por medio de electores" (art. 8, Sección Segunda).

A tal efecto, conforme a la división territorial del país (Provincias, Departamentos y Parroquias) se regularon elecciones en dos niveles, en las Parroquias y en los Departamentos.

En cuanto a las elecciones parroquiales, se dispuso que, en cada Parroquia, los ciudadanos activos no suspensos, vecinos y con determinadas rentas, conformaban la Asamblea parroquial (cuerpo de electores de cada parroquia), la cual debía ser convocada por el agente departamental, y tenía las siguientes funciones, en elecciones que debían ser públicas y, por tanto, con la presencia indispensable de los votantes:

> 1. Nombrar el elector o electores que correspondan a la parroquia, lo cual dependía de la población a razón de un elector por 500 almas. Estos electores debían en la Asamblea departamental elegir a los representantes de la Cámara de Representantes. 2. Elegir el juez del departamento. 3. Elegir los miembros municipales del departamento. 4. Nombrar el juez de paz de la parroquia y los jurados.

Es de destacar, por tanto, que estas Asambleas parroquiales, no solo se las convocaba para elegir a los electores de segundo grado, sino que tenían funciones electivas directas respecto de los jueces y los miembros de los cabildos y municipalidades.

Concluidas las elecciones en una sesión, que no debía durar más de cuatro días, la asamblea debía disolverse indicándose que "cualquier otro acto más allá de lo que previene la Constitución no solamente es nulo, sino atentado contra la seguridad pública" (art. 9).

El agente departamental, quien era presidente de la asamblea, debía remitir a la municipalidad de la capital del departamento los registros de las elecciones para archivarlos, y participar a los nombramientos de los de electores de la parroquia, señalándoles el día en que debían reunirse en la misma capital.

Efectuadas las elecciones parroquiales, se pasaba a las elecciones departamentales mediante la constitución de la asamblea electoral en la capital de cada departamento, presidida por el prefecto y compuesta de dichos electores parroquiales electos en las Asambleas parroquiales que estuviesen presentes. La Asamblea debía realizar sus funciones en una sola sesión de ocho días a lo más, indicándose que "Ni antes ni después de las elecciones podrá ocuparse de otros objetos que los que le previene la presente Constitución. Cualquier otro acto es un atentado contra la seguridad pública y es nulo" (art. 2).

Las funciones de las Asambleas departamentales (integradas por los electores de segundo grado elegidos en las parroquias) eran:

1. Elegir al presidente de la República y al vicepresidente. 2. Nombrar el representante o representantes ante la Cámara de Diputados que correspondieran al departamento y un número igual de suplentes que debían reemplazarlos en caso de muerte, dimisión, destitución, grave enfermedad y ausencia necesaria. El número de representantes de cada departamento dependía de su población, a razón de uno por cada 20.000 mil almas. 3. Examinar el registro de las elecciones parroquiales para los

miembros de los cuerpos municipales; hacer el escrutinio de todos los sufragios de las parroquias y declarar legítimo el nombramiento del número constitucional de vecinos que reúnan la mayoría absoluta de votos. El número de los miembros municipales dependía también de la población del departamento con esta proporción: 6 municipales si la población no pasa de 30.000 almas; 8 si pasaba de 30.000 mil; pero no excedía de 60.000, y 12 si pasare de este número. 4. Declarar juez de paz de cada parroquia al ciudadano que haya reunido la mayoría absoluta de sufragios de su respectiva parroquia o elegirlo entre los tres que hayan obtenido mayor número de votos. 5. Hacer la misma declaratoria o la misma elección respecto al juez departamental. 6. Formar la lista de jurados de cada parroquia, inscribiendo en ella los nombramientos de los veinticuatro vecinos que hayan obtenido una mayoría de sufragios en sus respectivas parroquias.

Como se ha dicho, este sistema electoral en dos grados que se estableció en la Constitución de 1819, siguió el mismo modelo del que antes se había establecido en la Constitución de 1811 y en el Reglamento de 1810 para la elección y reunión de diputados al Congreso de 1811, precedió al sistema electoral establecido en la Constitución de Cádiz de 1812, el cual también consistía básicamente en un sistema indirecto, pero en tres niveles. [10]

III. LA SEPARACIÓN DE PODERES Y EL SISTEMA PRESIDENCIAL

1. *El principio constitucional de la separación de poderes*

Por otra parte, en cuanto al principio de la distribución orgánica de poderes, el mismo había penetrado en el constitu-

---

10 Véase el texto en *Constitución Política de la Monarquía Española promulgada en Cádiz a 19 de marzo de 1812*, (Prólogo de Eduardo García de Enterría), (edición facsimilar de la Imprenta Nacional de Madrid, 1820), Civitas Madrid, 1999.

cionalismo venezolano desde 1811, partiendo del principio de que la concentración del poder era un atentado a la libertad; y al contrario, que la mejor forma de garantizar la libertad en una Nación, era mediante un sistema de distribución del poder en la organización del Estado.

Para el momento de la independencia, este principio de la distribución del poder ya se había plasmado en dos vertientes: la distribución horizontal y la distribución vertical del poder. La primera ya había conducido a los sistemas de gobierno, y de allí el sistema presidencial del constitucionalismo norteamericano (en contraste con los sistemas parlamentarios monárquicos europeos) que se había adoptado en la Constitución de 1811, aun cuando el Poder Ejecutivo había quedado a cargo de un triunvirato; y la segunda, también había dado origen a la forma de los Estados, unitarios o federales, es decir, más o menos descentralizados, y que luego del invento norteamericano de la federación, la Constitución de 1811 había optado precisamente por la forma federal (en contraste con los Estados unitarios europeos).

Ambos principios, por supuesto, aparecen en la concepción del Estado en la obra de Simón Bolívar, con reflejos en la Constitución de 1819 para el establecimiento de un sistema de separación horizontal de poderes, con un sistema presidencial reforzado, de carácter unipersonal; y un sistema de Estado unitario, centralizado, con el abandono de todo vestigio federal.

La Constitución de 1811, sin duda, se había adoptado bajo el principio de la separación de poderes, como distribución horizontal del poder público, lo que había sido un acabado producto de los ideólogos del absolutismo, al propugnar la limitación del poder político ilimitado Monarca absoluto, en cuya base estaba la consideración del estado natural del hombre y del contrato original de la sociedad, origen del Estado, para la preservación de sus vidas, libertades y posesiones. El

Estado surgió entonces para proteger los derechos "naturales" que no desaparecieron con el contrato social; y ello guio a nuestros constituyentes de 1811, para lo cual en la Constitución se estableció expresamente la división del Poder Supremo en las tres clásicas categorías: Legislativo, Ejecutivo y Judicial, señalando expresamente que: "El ejercicio de esta autoridad confiada a la Confederación no podrá hallarse reunida en sus diversas funciones," siendo preciso que se conserven "tan separados e independientes el uno del otro cuanto exija la naturaleza de un gobierno libre."

Pero en el texto de la Constitución de 1811, el mecanismo de separación de poderes se configuró con una hegemonía del Poder Legislativo, lo que dio origen a todo un sistema de contrapeso de poderes para evitar la formación de un poder fuerte, a lo que se atribuyó una de las causas de la caída de la Primera República.

Contra esta debilidad del Poder Ejecutivo constitucionalmente consagrada, el cual además era tripartito, como antes se ha analizado, reaccionó de inmediato Simón Bolívar en su Manifiesto de Cartagena en 1812 y luego en su Discurso de Angostura en 1819, en el cual propuso al Congreso, al contrario, la adopción de una fórmula de gobierno con un Ejecutivo fuerte,

Dijo en su Discurso de Angostura:

"Aquí el Congreso ha ligado las manos y hasta la cabeza a los Magistrados. Este cuerpo deliberante ha asumido una parte de las funciones Ejecutivas, contra la máxima de Montesquieu, que dice que un Cuerpo Representativo no debe tomar ninguna resolución activa: debe hacer Leyes, y ver si se ejecutan las que hace. Nada es tan contrario a la armonía de los Poderes, como su mezcla. Nada es tan peligroso con respecto al pueblo como la debilidad del Ejecutivo."[11]

---

11 Véase en Simón Bolívar, *Escritos Fundamentales*, Caracas, 1982, pp. 132 y 133.

Y agregaba:

"En las Repúblicas el Ejecutivo debe ser el más fuerte porque todo conspira contra él; en tanto que en las Monarquías el más fuerte debe ser el Legislativo, porque todo conspira en favor del Monarca..."[12]

Y siguió diciendo:

"Por lo mismo que ninguna forma de Gobierno es tan débil como la democrática, su estructura debe ser de la mayor solidez; y sus instituciones consultarse para la estabilidad. Si no es así, contemos con que se establece un ensayo de Gobierno, y no un sistema permanente: contemos con una sociedad díscola, tumultuaria, anárquica, y no con un establecimiento social, donde tengan su imperio la felicidad, la paz y la justicia."[13]

Concluyendo su tesis afirmando que:

"Que se fortifique pues, todo el sistema de gobierno, y que el equilibrio se establezca de modo que no se pierda, y de modo que no sea propia delicadeza una causa de decadencia. Por lo mismo que ninguna forma de gobierno es tan débil como la democracia, su estructura debe ser de la mayor solidez, y sus instituciones consultarse para la estabilidad. Si no es así, contemos con una sociedad discola, tumultuaria y anárquica, y con un establecimiento social donde tengan su imperio la felicidad, la paz y la justicia..."[14]

Insistió, además, en su Discurso de Angostura en que:

"Cuando deseo atribuir al Ejecutivo una suma de facultades superiores a la que antes gozaba, no he deseado autorizar a un déspota para que tiranice la República, sino impedir que el despotismo deliberante sea la causa inmediata de un círculo de vi-

---

12   *Idem*, pp. 132 y 133.
13   *Idem*, pp. 132 ss.
14   *Idem*, pp. 132, 133, 134 y 139.

cisitudes despóticas en que alternativamente la anarquía sea reemplazada por la oligarquía y por la monocracia."[15]

La Constitución de 1819, en consecuencia, estableció un sistema de separación de poderes, con un presidencialismo reforzado, insistiendo en el Titulo 5°, art. 2, que: "El poder soberano estará dividido para su ejercicio en legislativo, ejecutivo y judicial" (art. 2).

2. *El Poder Legislativo: el Congreso General de Venezuela*

El Título 6° de la Constitución de 1819, siguiendo la orientación de la de 1811, dispuso que el poder legislativo debía ser ejercido por el Congreso General de Venezuela, dividido en dos Cámaras, la de Representantes y el Senado. La Cámara de representantes se integraba por los representantes electos en segundo grado, por las Asambleas departamentales; y el Senado, integrado por igual número que los representantes, se lo reguló de carácter vitalicio, cuyos miembros (después de que fueron elegidos por el Congreso de Angostura por primera vez) serían designados en caso de muerte o destitución, por la Cámara de Representantes para presentarlos al Senado, "a pluralidad de votos tres candidatos entre los ciudadanos más beneméritos por sus servicios a la República, por su sabiduría y virtudes."

La Constitución de 1819, sin embargo, a diferencia de la Constitución de 1811, enumeró las siguientes atribuciones exclusivamente propias del Congreso:

> 1. Proponer y decretar todas las leyes de cualquier naturaleza que sea. El poder ejecutivo sólo podrá presentarle alguna materia para que la tome en consideración, pero nunca bajo la

---

15   *Idem.*, p. 139.

fórmula de ley. 2. Fijar los gastos públicos. 3. Establecer toda suerte de impuestos, derechos o contribuciones; velar sobre la inversión y tomar cuenta de ella al poder ejecutivo, sus ministros o agentes. 4. Contraer deudas sobre el crédito del Estado. 5. Establecer un Banco nacional. 6. Determinar el valor, peso, tipo y nombre de la moneda que será uniforme en toda la República. 7. Fijar los pesos y medidas que también serán uniformes. 8. Establecer los tribunales de justicia. 9. Decretar la creación o suspensión de todos los empleos públicos y señalarles rentas, disminuirlas o aumentarlas. 10. Librar cartas de naturaleza a los extranjeros que las hayan merecido por servicios muy importantes a la República. 11. Conceder honores y decoraciones personales a los ciudadanos que hayan hecho grandes servicios al Estado. 12. Decretar honores públicos a la memoria de los grandes hombres. 13. Decretar la recluta y organización de los ejércitos de tierra, determinar su fuerza en paz y guerra y señalar el tiempo que deben existir según las proposiciones que le haga el poder ejecutivo. 14. Decretar la construcción y equipamiento de una marina, aumentarla y disminuirla según las proposiciones del mismo poder ejecutivo. 15. Formar las ordenanzas que deben regir a las fuerzas de mar y tierra. 16. Decretar la guerra según la proposición formal del poder ejecutivo. 17. Requerir al poder ejecutivo para que negocie la paz. 18. Ratificar y confirmar los tratados de paz, de alianza, de amistad, de comercio y de neutralidad. 19. Elegir la ciudad, capital de la República, que debe ser su residencia ordinaria, pero puede variarla cuando lo juzgue conveniente. 20. Decretar el número y especie de tropas que deben formar su guardia y nombrar el jefe de ella. 21. Permitir o no el paso de tropas extranjeras por el territorio de la República. 22. Permitir o no el paso o residencia de tropas en el círculo constitucional. Este tendrá quince leguas de radio. 23. Permitir o no la estación de escuadras navales extranjeras en los puertos de la República por más de un mes. Siendo por menos tiempo el poder ejecutivo podrá conceder la licencia.

Muchas de estas atribuciones tuvieron una redacción similar a las reguladas en la Constitución de Cádiz de 1812 para las Cortes.

En cuanto a las leyes, el artículo 11 dispuso que "Ningún proyecto de ley se entenderá sancionado ni será ley del Estado hasta que no haya sido firmado por el poder ejecutivo," habiéndose previsto la posibilidad de devolución así: "Si éste no creyere conveniente hacerlo, devolverá el proyecto a la cámara de su origen, acompañándole sus reparos, sea sobre faltas en las fórmulas o en lo sustancial, dentro del término de diez días, contado desde su recibo.

3. *El Poder Ejecutivo: el presidente de la República*

El presidente de la República, electo en segundo grado en las Asambleas electorales departamentales, ejercía el Poder Ejecutivo. Para la elección, el voto de cada elector debía contener los nombres de dos ciudadanos de Venezuela, de manera que el que obtenía las dos terceras partes de votos de electores departamentales era elegido presidente de la República; y el que le siguiere inmediatamente en el número de votos con mayoría absoluta se declaraba vicepresidente de la República.

Conforme se reguló detalladamente en el Título 7º de la Constitución de 1819, el presidente era el comandante en jefe de todas las fuerzas de mar y tierra y está exclusivamente encargado de su dirección, pero no podrá mandarlas en persona. (art. 1); y declaraba la guerra a nombre de la República después que el Congreso la hubiera decretado (art. 7). Celebraba treguas y hacía la paz, pero ningún tratado tenía fuerza hasta que no fuera ratificado por el Congreso (art. 8). También, celebraba todos los tratados de alianza, amistad, comercio y naturalidad con los príncipes, naciones o pueblos extranjeros, sometiéndolos todos a la sanción y ratificación del Congreso, sin la cual no tendrán fuerza (art. 9).

El presidente nombraba todos los empleos civiles y militares que la Constitución no reservare (art. 2); era jefe de la administración general de la República (art. 4), y tenía a su cargo la conservación del orden *y* tranquilidad interior y exterior (art. 5).

El presidente convocaba al Congreso en los períodos señalados por la Constitución y lo presidía en la apertura de sus sesiones; también podía convocarlo extraordinariamente, siempre que la gravedad de alguna ocurrencia lo exigiera (art. 11). Igualmente, convocaba las asambleas primarias o parroquiales por medio de las municipalidades en los períodos señalados por la Constitución (art. 12).

Las leyes, como se dijo, debían ser promulgadas por el presidente, quien las mandaba a ejecutar y cumplir (art. 13); y además, mandaba a cumplir y hace ejecutar las sentencias pronunciadas por el Senado en los casos determinados por la Constitución y las que sean dadas por el poder judicial de la República (art. 14). Se destaca, sin embargo, una atribución específica de intervención ejecutiva en la función judicial, y es que conforme al artículo 15 del Título, "En los casos de injusticia notoria que irrogue perjuicio irreparable puede rechazar la sentencia del poder judicial, fundando su oposición. Si éste la confirma de nuevo y el Senado no está reunido, suspende su ejecución hasta que, reunido, le consulte si deba o no cumplirse." El presidente también podía otorgar indultos (arts. 17, 19).

Por último, se destaca entre las atribuciones del presidente que en caso de conmoción interior a mano armada que amenazare la seguridad del Estado, podía "suspender el imperio de la Constitución en los lugares conmovidos o insurrectos por un tiempo determinado si el Congreso estuviere en receso. Las mismas facultades se le conceden en los casos de una invasión exterior y repentina, en los cuales podrá también hacer la guerra, pero ambos decretos contendrán un artículo convocando el Congreso para que confirme o revoque la suspensión" (art. 20).

4. *El Poder Judicial*

En cuanto al Poder Judicial, de acuerdo con el Título 8° de la Constitución de 1819, estaba depositado en una Corte Suprema de Justicia compuesta por 5 miembros, que residía en la capital, y en los demás tribunales (art. 1). Para el nombramiento de los magistrados de la Corte Suprema se debía proceder así: Eran propuestos por el presidente de la República a la Cámara de Representantes en número triple; esta Cámara los reducía al doble y lo presentaba al Senado para que éste nombrase los que debían componerla (art. 4). Los empleos de ministros de la alta corte de Justicia eran vitalicios (art. 5).

La Corte Suprema de Justicia conocía y determinaba en el último grado las causas de su resorte, no exceptuadas en la Constitución; pero también ejercía las funciones de tribunal de primera instancia, en los casos concernientes a embajadores, ministros, cónsules o agentes diplomáticos con noticia del presidente de la República; conflictos de competencias suscitadas entre los tribunales superiores; controversias que resultaren de los tratados y negociaciones que hiciera el poder ejecutivo; y en las diferencias o pleitos que se suscitaren entre una o muchas provincias o entre un individuo y una o más provincias.

Por otra parte, en cada capital de provincia debía haber un tribunal superior de apelaciones, compuesto de tres letrados, nombrados por el presidente de la República a propuesta de la alta corte; el cual debía conocer de las causas que se elevaren en apelación de los juzgados inferiores de la provincia y de las competencias promovidas entre ellos.

IV. LA ORGANIZACIÓN TERRITORIAL DEL ESTADO Y EL CENTRALISMO

El Libertador, como se dijo, fue un crítico feroz de la forma federal, y, por tanto, de todo esquema de distribución vertical del poder en nuestras nacientes repúblicas, y a todo lo largo de su vida política no cesó de condenar el federalismo y alabar el centralismo como la forma de Estado adecuada a nuestras necesidades.

Así, en el Manifiesto de Cartagena, en 1812, al año siguiente de la sanción de la Constitución y caída la Primera República, escribía:

> "lo que debilitó más al Gobierno de Venezuela fue la forma federal que adoptó, siguiendo las máximas exageradas de los derechos del hombre, que autorizándolo para que se rija por sí mismo, rompe los pactos sociales y constituye a las naciones en anarquía."

> "Tal era el verdadero estado de la Confederación. Cada Provincia se gobernaba independientemente: y a ejemplo de éstas cada ciudad pretendía iguales facultades alegando la práctica de aquéllas, y la teoría de que todos los hombres y todos los pueblos gozan de la prerrogativa de instituir a su antojo el gobierno que les acomode."

> "El sistema federal, bien que sea el más perfecto y más capaz de proporcionar la felicidad humana en sociedad, es, no obstante, el más opuesto a los intereses de nuestros nacientes Estados"[16].

Coincidía el Libertador con Alexis de Tocqueville, quien afirmó respecto de la Constitución de los Estados Unidos que, "se parece a esas bellas creaciones de la industria humana que colman de gloria y de bienes a aquellos que las inventan pero permanecen estériles en otras manos"[17].

---

16   Véase el texto en Simón Bolívar, *Escritos Fundamentales, op. cit.*, pp. 61 y 62.
17   Véase en Alexis de Tocqueville, *La Democracia en América, op. cit.*, p. 159.

Ahora bien, frente al esquema federal, el Libertador propugnaba una forma de Estado centralizado. Por ello afirmaba, en el mismo Manifiesto de Cartagena:

> "Yo soy de sentir que mientras no centralicemos nuestros gobiernos americanos, los enemigos obtendrán las más completas ventajas; seremos indefectiblemente envueltos en los horrores de las disensiones civiles y, conquistados vilipendiosamente por ese puñado de bandidos que infestan nuestras comarcas."[18]

Ante lo que consideraba como la presión del regionalismo y caudillismo local como el origen el pacto federal al comienzo del fin de la República, Bolívar agregó:

> "El primer Congreso en su Constitución federal más consultó ese espíritu de las provincias, que la idea sólida de formar una República indivisible y central. Aquí cedieron nuestros Legisladores al empeño inconsiderado de aquellos provinciales seducidos por el deslumbrante brillo de la felicidad del pueblo americano, pensando en que las bendiciones de que goza son debidas exclusivamente a la forma de gobierno, y no al carácter y costumbres de los ciudadanos." [19]

Agregando en el mismo Discurso de Angostura que:

> "Cuanto más admiro la excelencia de la Constitución Federal de Venezuela, tanto más persuado de la imposibilidad de su aplicación a nuestro Estado."[20]

> "El magnífico sistema Federativo –decía– no era dado a los venezolanos ganarlo repentinamente al salir de las cadenas. No estábamos preparados para tanto bien; el bien como el mal, da la muerte cuando es súbito y excesivo."

---

18 Véase en Simón Bolívar, *Escritos Fundamentales*, *op. cit.*, 63.
19 Véase las referencias en J. Gil Fortoul, *op. cit.,* tomo segundo, pp. 494, 495, 496, 506 y 507.
20 en Simón Bolívar, *Escritos Fundamentales*, *op. cit.,* p. 120.

Por todo ello, agregó:

"Horrorizado de la divergencia que ha reinado y debe reinar entre nosotros por el espíritu sutil que caracteriza al gobierno federativo, he sido arrastrado a rogaros para que adoptéis el Centralismo y la reunión de todos los Estados de Venezuela en una República sola, e indivisible..."[21].

Como consecuencia de todas esas propuestas y reflexiones, en cuanto a la organización territorial del Estado, la Constitución de 1819 estableció como importante disidencia respecto del texto de la Constitución de 1811, y conforme a la orientación del pensamiento de Bolívar, un Estado Centralizado o República "unitaria y centralista,"[22] en contraste con la forma federal inicial, respecto de la cual Bolívar había sido un opositor pertinaz, lo que en definitiva provocó que el texto constitucional de 1819 organizara una República "una e indivisible" (art. 1º), aun cuando con una división territorial de diez Provincias (Barcelona, Barinas, Caracas, Coro, Cumaná, Guayana, Maracaibo, Margarita, Mérida y Trujillo) (art. 2º), todas bajo la autoridad de un gobernador sujeto inmediatamente al presidente de la República (Título IX, Sección Primera, Art. 1º), sin prever regulación alguna respecto de órgano legislativos en las provincias.

A su vez, cada provincia se dividía en Departamentos y Parroquias, cuyos límites y demarcaciones también se debían fijar por el Congreso, "observándose, entre tanto, los conocidos al tiempo de la Constitución Federal" (art. 3). Se precisó, sin embargo, que se haría "una división más natural del territo-

---

21 *Ibídem*, p. 140.
22 Para un análisis de la labor del Congreso de Angostura, véase Pedro Grases (ed.), *Actas del Congreso de Angostura*, Instituto de Derecho Público, Universidad Central de Venezuela, Caracas, 1969.

rio en Departamentos, Distritos y Partidos dentro de diez años, cuando se revea la Constitución" (art. 4).

En el Título 9° de la Constitución de 1819 sobre la organización interior del Estado, se reguló lo concerniente a la administración de las provincias, estableciéndose que en cada capital de provincia debía haber un gobernador sujeto inmediatamente al presidente de la República, el cual, sin embargo, no mandaba las armas que estaban a cargo de un comandante militar. (art. 1). Estos gobernadores de las provincias tenían las siguientes funciones (art. 20): ejercer la alta policía en toda ella y presidir las municipalidades; velar sobre el cumplimiento de las leyes; proponer al presidente los prefectos departamentales; y ser intendente de las rentas de la provincia.

En cada uno de los departamentos, que era la división territorial interna de las provincias, había un prefecto y una municipalidad. Sin embargo, el gobernador era a la vez prefecto del departamento de la capital de la provincia. (art. 2). El prefecto en cada departamento era a la vez teniente del gobernador de la provincia en todas sus atribuciones y confirmaba los agentes departamentales que nombrase la municipalidad (art. 3).

En cuanto a la municipalidad que debía existir en cada departamento (art. 4), la misma ejercía la policía municipal; nombraba los agentes departamentales; estaba especialmente encargada del cumplimiento de la Constitución en su departamento; proponía al gobernador de la provincia por conducto del prefecto o por diputaciones las reformas y mejoras que podían hacerse en la administración de su departamento para que las pasase al presidente de la República; formaba y llevaba un registro de los censos de la población del departamento por parroquias con expresión de estado, domicilio, edad, caudal y profesión de cada vecino; formaba y llevaba un registro de todos los niños que nacían en el departamento, conforme a las partidas que había asentado en cada parroquia el agente, con expresión del día de su nacimiento, del nombre de sus padres y padrinos, de su condición; es decir, si es legítimo o natural; Formaba y llevaba otro registro de los que morían en el departamento, con expresión de su edad, estado y vecindario.

Los departamentos, como se ha dicho, se dividieron en parroquias, y en cada una de ellas había un agente departamental, que era a la vez, el teniente del prefecto en todas sus atribuciones. En la capital de departamento, la municipalidad debía elegir entre su seno el agente que debe presidir la asamblea primaria o parroquial; y en las demás funciones de agente eran ejercidas por el prefecto en la parroquia capital del departamento (art. 5).

La estructura del gobierno interior en la Constitución de Angostura, por tanto, respondió a la orientación centralista que impuso el Libertador, la cual lo acompañaría hasta el fin de sus días. Así la vemos expuesta en 1829 en una carta que envía desde Guayaquil a su antiguo edecán general Daniel Florencio O'Leary, al calificar al sistema federal, como; "...una anarquía regularizada, o más bien es la Ley que prescribe implícitamente la obligación de disociarse y arruinar el Estado con todos sus individuos," lo que llevó a afirmar rotundamente: "Yo pienso que mejor sería para la América adoptar el Corán que el gobierno de los Estados Unidos, aunque es el mejor del mundo..."[23].

Sin embargo, a pesar de la clara posición del Libertador sobre el sistema federal, este no sólo se volvió a reflejar en Venezuela en la Constitución de 1830, sino que después de las Guerras Federales se consolidó en la Constitución de 1864. Otros países latinoamericanos siguieron también el modelo federal y otros optaron, sin embargo, por el modelo unitario.

---

23   *Ibídem*, pp. 200 y 201.

NOVENA PARTE:
LA DESAPARICIÓN DEL ESTADO DE VENEZUELA CON LA UNIÓN DE LOS PUEBLOS DE COLOMBIA, MEDIANTE LEYES DE 1819 Y 1821, Y LA CONSTITUCIÓN DE LA REPÚBLICA DE COLOMBIA, DE CÚCUTA, DE 1821

I. LA UNIÓN DE LOS PUEBLOS DE COLOMBIA MEDIANTE LEYES CONSTITUCIONALES DE 1819 Y 1821.

Toda la construcción del Estado de Venezuela formulada por el Congreso de Angostura conforme a la Constitución de 1819, sin embargo, desapareció cuatro meses después como consecuencia de los resultados de la guerra de independencia de las provincias de la Nueva Granada.

Hay que recordar que, durante el mismo año 1819, y mientras el Congreso discutía sobre el proyecto de la Constitución que se sancionó el 11 de agosto de 1819, Bolívar, con los poderes ilimitados que le había otorgados el Congreso respecto de "las Provincias que fueren el teatro de sus operaciones,"[1] participó en la Campaña de Apure; habiendo pasado ese mis-

---

1 Véase Acuerdo del Congreso de 20 de marzo de 1819, en *Decretos del Libertador,* tomo I, 1813-1825, Caracas, 1961, pp. 146 y 147. Véase igualmente en Allan R. Brewer–Carías, *Las Constituciones de Venezuela, op. cit.*, Tomo I, p. 617.

mo año la Cordillera hacia Nueva Granada, para continuar entonces la guerra de liberación de Cundinamarca.

Y así, el 7 de agosto de 1819 ya había triunfado en la Batalla de Boyacá; declarando con ello liberadas del yugo español a las provincias de Cundinamarca, sujetándolas al Congreso y al Gobierno de Angostura, iniciándose así el proceso de la unión de los pueblos de Colombia en una sola República, para lo cual la República de Venezuela recién reconstituida, desaparecería.

Así se anunció, por lo demás, en la Proclama del Libertador del 8 de septiembre de 1819 en la cual, además, abogó por la "reunión de la Nueva Granada y Venezuela en una República," anunciando que una Asamblea Nacional así debía decidirlo.[2]

Por ello, a su regreso a Angostura desde la Nueva Granada, el 14 de diciembre de 1819 propuso formalmente al Congreso la creación de la República de Colombia, señalando:

> "La reunión de la Nueva Granada y Venezuela es el objeto único que me he propuesto desde mis primeras armas: es el voto de los ciudadanos de ambos países, y es la garantía de la libertad de la América del Sur."[3]

Conforme a esta propuesta, el 17 de diciembre de 1819, el mismo Congreso de Angostura, en virtud de que a su autoridad habían "querido voluntariamente sujetarse los pueblos de la Nueva Granada recientemente liberados, por las armas de la República," sancionó la "Ley Fundamental de la República de

---

2   Véase Vicente Lecuna (ed.), *Proclamas y Discursos del Libertador*, Edición ordenada por el gobierno de Eleazar López Contreras, Caracas 1939, p. 240.

3   Véase en Pedro Grases (ed.), *Actas del Congreso de Angostura*, cit., pp. 349 ss., y en V. Lecuna (ed), *Proclamas y Decretos del Libertador, op. cit.*, p. 245.

Colombia," de acuerdo con la cual "las Repúblicas de Venezuela y la Nueva Granada" quedaron "desde ese día reunidas en una sola, bajo el título glorioso de la República de Colombia,"[4] cuyo territorio quedaba integrado por el que "correspondían a la antigua Capitanía general de Venezuela y el Virreinato del Nuevo Reino de Granada," incluyéndose en el mismo al del antiguo reino de Quito (art. 2).[5]

De acuerdo a esta Ley, "el Poder Ejecutivo será ejercido por un presidente, y en su defecto por un vicepresidente, nombrados interiormente por el actual Congreso" (art. 4), dividiéndose la República de Colombia, "en tres grandes Departamentos: Venezuela, Quito y Cundinamarca, que comprenderá las Provincias de la Nueva Granada, cuyo nombre queda desde hoy suprimido" (art. 5), con sus capitales en las ciudades de Caracas, Quito y Bogotá (art. 5), los cuales debían ser Administrados por un Jefe cada uno, con el título de vicepresidente nombrado "por ahora por este Congreso" (art. 6).

En la Ley, incluso se ideó que debía crearse una "nueva ciudad, que llevará el nombre del Libertador Bolívar" que debía ser la "capital de la República de Colombia" y cuyo plan y situación se debía determinar por el Primer Congreso General" (art. 7).

En dicha Ley, en consecuencia, el Congreso de Angostura dispuso ponerse en receso el 15 de enero de 1820, a los efectos de que se procediera a efectuar nuevas elecciones para configurar un nuevo Congreso con representantes de todas las provincias de Venezuela y Colombia, como Congreso General de Colombia (art. 11), fijándose la fecha de su reunión en la Villa

---

4 Véase *Actas del Congreso de Angostura*, cit., pp. 356 ss.
5 Véase la Ley Fundamental de la República de Colombia de 17-12-1819 en Allan R. Brewer-Carías, *Las Constituciones de Venezuela*, *cit.*, Tomo I, pp. 643-644.

del Rosario de Cúcuta el 1º de enero de 1821 (art. 8). Dicho Congreso General, con representantes electos según el Reglamento de elecciones que propondría el presidente de la República, quedaba encargad de formar la Constitución de la República de Colombia sobre la base de la Constitución de Angostura que serviría de proyecto (art. 9).

En la misma sesión del 17 de diciembre de 1819, el Congreso, de nuevo, eligió al General Bolívar como presidente del Estado de Colombia y vicepresidente a Francisco Zea; y como vicepresidente de los Departamentos de Cundinamarca y Venezuela, al General Santander y a Juan Germán Roscio, respectivamente.

Desapareció así el Estado de Venezuela, aun cuando la Constitución de Angostura con las modificaciones constitucionales derivadas de esta Ley, habría continuado en vigencia hasta que fue sancionada la Constitución de la república de Colombia de 1821.

El Libertador regresó a la Nueva Granada y entró en Bogotá en marzo de 1820. Regresó a Venezuela a fines de ese mismo mes, y hacia fines de ese año suscribió el Armisticio y el Tratado de Regularización de la guerra con Morillo el 25 y 26 de noviembre, entrevistándose ambos jefes en Santa Ana, el 27 de noviembre de 1820. Morillo encargó del ejército español a Miguel de la Torre y se embarcó para España. Al poco tiempo, el Armisticio se rompió, por el pronunciamiento del gobierno de la Provincia de Maracaibo a favor de una República democrática, incorporándose a Colombia.

El 24 de junio de 1821 se libró la Batalla de Carabobo, y con ello se selló definitivamente la independencia de Venezuela. El 30 de junio de 1821, el Libertador, en una proclama dirigida a los habitantes de Caracas, además de anunciar que: "Una victoria final ha terminado la guerra en Venezuela," les precisó la configuración de lo que luego en el lenguaje común se denominó la "Gran Colombia:"

> "la unión de Venezuela, Cundinamarca y Quito ha dado un nuevo realce a vuestra existencia política y cimentado para siempre vuestra estabilidad. No será Caracas la capital de una República será sí, la capital de un vasto departamento gobernado de un modo digno de su importancia. El vicepresidente de Venezuela goza de las atribuciones que corresponden a un gran Magistrado."[6]

La independencia de todos los territorios de Venezuela, Cundinamarca y Quitó, puede decirse que constitucionalmente se materializó con la sanción de la Constitución de la República de Colombia por el Congreso General de Colombia reunido en la Villa del Rosario de Cúcuta el 30 de agosto de 1821,[7] que estuvo signada igualmente por el centralismo de Estado que continuó y se acentuó, al integrarse en un solo Estado todas dichas provincias de Cundinamarca, Venezuela y Ecuador pero una vez que el mismo Congreso había previamente sancionado otra ley, la "Ley Fundamental de la Unión de los Pueblos de Colombia" del 12 de julio de 1821,[8] ratificándose la anterior, pero esta vez sancionada por "los representantes de los pueblos de la Nueva Granada y Venezuela reunidos en Congreso General."

En efecto, con la nueva ley se volvió a decretar que "los pueblos de la Nueva Granada y Venezuela quedan reunidos en

---

[6] Véase en Lecuna (ed), *Proclamas y Decretos del Libertador*, *op. cit.*, p. 263.

[7] Véase en Allan R. Brewer-Carías, *Las Constituciones de Venezuela, op. cit.*, Tomo I, pp. 647-665.

[8] La cual se sancionó ratificando la Ley Fundamental de la República de Colombia de 17-12-1819. Véase en Allan R. Brewer-Carías, *Las Constituciones de Venezuela, op. cit,* Tomo I, pp. 645-646.

un solo cuerpo de nación, bajo el pacto expreso de que su gobierno será ahora y siempre popular representativo" (art. 1); nación que "será conocida y denominada con el título de República de Colombia" (art 2), declarándosela "para siempre e irrevocablemente libre e independiente de la monarquía española o dominación extranjera" (art. 3).

Conforme a la Ley, el Poder Supremo nacional de la República de Colombia "estará siempre dividido para su ejercicio en Legislativo, Ejecutivo y Judicial" (art. 4); y el territorio de la misma "será el comprendido dentro de los límites de la antigua Capitanía General de Venezuela y el Virreinato y Capitanía del Nuevo Reino de Granada" (art. 5). Dicho territorio, para la más ventajosa administración de la República, se dispuso que se dividiría "en seis o más departamentos, teniendo cada uno su denominación particular y una administración subalterna dependiente del gobierno nacional" (art. 6). En la ley, además, se ratificó la propuesta de levantar una "nueva ciudad con el nombre de Libertador Bolívar" que debía ser la "capital de la República de Colombia" (art. 10)

La Ley, en todo caso, asignó al Congreso de Colombia instalado en Cúcuta, la tarea de formación de la Constitución de la República conforme a las bases expresadas en la misma y los "principios liberales que había consagrado la sabia práctica de otras naciones" (art. 7).

Así, el 30 de agosto, el Congreso sancionó la Constitución de 30 de agosto de 1821,[9] y a comienzos de octubre el Libertador aceptó la Presidencia de Colombia que el Congreso le ofreció, siempre que se le autorizara a continuar a la cabeza del ejército dejando todo el gobierno del Estado al General

---

9 Véase el texto en Allan R. Brewer-Carías, *Las Constituciones de Venezuela, op. cit.*, pp. 648-665.

Santander, elegido vicepresidente.[10] Con tal carácter de presidente, Bolívar le puso el ejecútese a la Constitución el 6 de octubre de 1821, ejerciendo la Presidencia de Colombia hasta 1830.

II. LA CONSTITUCIÓN DE LA REPÚBLICA DE COLOMBIA DE 30 DE AGOSTO DE 1821

Tratándose la Constitución de Colombia de 1821,[11] de un texto constitucional que fusionaba en una nueva Nación Colombiana los territorios que habían sido parte, por una lado, del Estado de Venezuela creado en 1811 en lo que era el territorio de la Capitanía General de Venezuela; y por el otro, de las Provincias Unidas de Colombia creada en lo que habían sido los territorios del Nuevo reino de Granada, en la misma –siguiendo lo indicado en las Leyes Fundamentales de la Unión de los pueblos de Colombia de 1819 y 1821– se reafirmó en el constitucionalismo de nuestros países la definición del territorio de sus componentes territoriales, conforme al que tenían las provincias coloniales que lo formaron.

En cuanto a Colombia se definió en el artículo 6, por el que formaba el antiguo Virreinato del Nuevo Reino de Granada, y en cuanto al de Venezuela, se lo definió por el que formaba la antigua Capitanía General de Venezuela establecida por Real Cédula de 8 de septiembre de 1777,[12] tal como estaba

---

10 Véase en Lecuna (ed), *Proclamas y Decretos del Libertador*, *op. cit.*, p. 266.

11 Véase el texto en Allan R. Brewer-Carías, *Las Constituciones de Venezuela*, *op. cit.*, Tomo I, pp. 649-665.

12 De acuerdo a esta Real Cédula quedaban sometidos al Capitán General de la Provincia de Venezuela, los gobernadores de las Provincias de Cumaná, Guayana y Maracaibo y las islas de Margarita y Trinidad, tanto en lo gubernativo y militar, con lo que quedaba políticamente configurada la Capitanía General de Venezuela, completamente segregada del virreinato de

configurado en 1810 antes del proceso político iniciado el 19 de abril de ese año.

En esta forma, puede decirse que se siguió el principio del derecho internacional público americano conocido como el *uti possidetis juris*, según el cual nuestro país tenía derechos sobre los territorios que correspondían, en 1810, a la Capitanía General de Venezuela, de tal manera que los límites territoriales del país, eran los mismos que correspondían en ese año a dicha entidad colonial, en relación al virreinato de la Nueva Granada, al Brasil y a la Guayana Holandesa.[13]

En la Constitución de 1821, en cuanto a la organización general del Estado, su concepción también estuvo signada por el principio del centralismo de Estado. El territorio de dividió uniformemente en Departamentos, estos en provincias, éstas en cantones, y éstos últimos en parroquias (art. 8). Los departamentos debían ser seis o más, establecidos por el Congreso (art. 150), los cuales estaban bajo el mando político de los Intendentes, nombrados por el presidente de la República y "sujetos" al mismo, de quien eran "agente natural e inmediato" (art. 151, 152). En cuanto a las provincias, el régimen inmediato de ellas estaba a cargo de un gobernador, también nombrado por el presidente de la República, subordinado a los Intendentes del departamento (art. 153), disponiendo la Constitución que subsistan los cabildos o municipalidades de los cantones (art. 155).

Santa Fe. Véase F. González Guinán, *Historia Contemporánea de Venezuela*, Tomo I, Caracas, 1954, p. 11. Véase además, el texto en *La Capitanía General de Venezuela 1777,* Edición de la Presidencia y del Concejo Municipal del Distrito Federal, Caracas, 1977.

13   Véase Ernesto Wolf, *Tratado de Derecho Constitucional Venezolano*, Tomo I, Caracas, 1945, p. 40.

Por lo que se refiere a los Departamentos, los que conformaron el territorio de Venezuela fueron tres: el Departamento de Orinoco formado por las Provincias de Guayana, Cumaná, Barcelona y Margarita; el Departamento de Venezuela, con las Provincias de Caracas y Barinas; y el Departamento de Zulia, con las Provincias de Coro, Trujillo, Mérida y Maracaibo.[14]

Pero a pesar del centralismo en la distribución vertical del poder, que siguió la orientación centralista de la Constitución de Angostura, en la Constitución de 1821, en cambo no se siguió la otra idea de Bolívar de un Ejecutivo fuerte en el marco de la separación horizontal de poderes, debilitando aún más su posición en relación con lo que consagró el texto de 1819, con grandes controles por parte del Senado y de un Consejo de Gobierno que se estableció, en el capítulo relativo al Poder Ejecutivo.[15] En cuanto a la elección del presidente de la Republica se estableció una elección de segundo por los electores de las Asambleas provinciales según escrutinio realizado por el Congreso (art. 71 ss.).

En cuanto al Consejo de Gobierno se reguló como integrado por el vicepresidente de la República, un Ministro de la Alta Corte de Justicia nombrado por el presidente y los Secretarios del despacho que eran los de Relaciones Exteriores, del Interior, de Hacienda, de Marina y de Guerra (arts. 133 y 136); debiendo el presidente oír el dictamen del mismo en diversos casos específicos como la devolución de leyes al Congreso (art. 46); declarar la guerra (art. 119); celebrar tratados (art.

---

14   En 1824 se creó un nuevo el de Apure y en 1826, se creó el de Maturín. Véase los datos en Augusto Mijares, "La Evolución Política de Venezuela" (1810–1960)," en M. Picón Salas y otros, *Venezuela Independiente 1810–1960*, Caracas, 1962, p. 67.

15   Véase P. Ruggeri Parra, *Historia Política y Constitucional de Venezuela*, op. cit., Tomo I, pp. 68, 62 y 64; José Gil Fortoul, *Historia Constitucional de Venezuela*, op. cit., Tomo I, p. 622.

120); realizar nombramientos de agentes y ministros diplomáticos (art. 121), en caso de receso del Congreso (art. 122), y de funcionarios cuando ello no fuera reservado a otras autoridades (art. 123); suspender empleados ineptos (art. 125); conmutar penas (art. 127); y decretar medidas de excepción en caso de conmoción interior (art. 128).

Por su carácter de órgano consultivo, este Consejo de Gobierno por lo que respecta a Colombia, en nuestro criterio podría considerarse como el antecedente directo del Consejo de Estado de Colombia que luego, con ese nombre, y similares funciones el Libertador creó en el Decreto constitucional de 1828, mediante el cual asumió la Dictadura, como se indica más adelante.

La Constitución reguló además la figura del vicepresidente para ejercer las funciones de presidente en caso de falta absoluta (muerte, destitución, renuncia), y en cualquier caso de falta temporal (art. 108).

El esquema constitucional de la Constitución de 1821, en todo caso, no se pudo ejecutar con toda regularidad, entre otros importantes motivos, por la ausencia de Bolívar del ejercicio de la Presidencia de la vasta República de Colombia, por encontrarse comandando los ejércitos en el Sur. Ello motivó el desarrollo del carácter localista y regional de las autoridades de los Departamentos creados en la nueva República, particularmente los de Venezuela,[16] provocando el desconocimiento

---

16   El historiador R. M. Baralt resume así los sentimientos de Venezuela, respecto de la Constitución de Cúcuta de 1821. "No fue recibida en Venezuela la Constitución de Cúcuta ni incondicionalmente ni con grandes muestras de alegría. Destruida la soberanía del país, dividido éste en departamentos minados de leyes propias y colocado al centro del Gobierno en la distante Bogotá, no podían los venezolanos vivir contentos bajo aquel pacto de unión, por más que la guerra lo hiciese necesario." Cit., por

paulatino de la unidad de la nueva República y de la autoridad del Gobierno de Bogotá, donde se había situado desde 1821 la capital provisional. El caudillismo militar y regional que tanto se desarrolló con motivo de las guerras de independencia, y la anarquía personalista que implicó, indudablemente que provocaron la destrucción de la Gran República, incluso llegándose a poner en duda y discusión la autoridad del Libertador. Todo ello culminó con la separación definitiva de Venezuela de la República de Colombia en 1830,[17] reconstituyéndose entonces el Estado de Venezuela.

La República de Colombia de 1821, obra de Bolívar, en consecuencia, desapareció tres meses antes de su muerte, con el desmembramiento de la llamada Gran Colombia y por lo que respecta a Venezuela, con la sanción de la Constitución del 24 de septiembre de 1830 mediante la cual se restableció la República de Venezuela.[18]

Su texto fue uno de los que más influencia tuvo en el proceso constitucional venezolano, dado los largos años de vigencia de los que gozó hasta 1857. Fue un texto que siguió la misma línea constitucional que se había iniciado en Venezuela con la Constitución Federal de 1811, de cuyo texto recibió la influencia fundamental, así como de las Constituciones de 1819 y 1821, aun cuando mitigando el centralismo que Bolívar le había propugnada en ellas.

Augusto Mijares, "Evolución Política de Venezuela" (1810–1960)," *loc. cit.*, p. 69.

17   Véase, José Gil Fortoul, *Historia Constitucional de Venezuela, op. cit.*, tomo I, pp. 612 y 614.

18   *Idem,* Tomo I, pp. 707 ss.

DÉCIMA PARTE:
LA RECONSTITUCIÓN DEL ESTADO DE VENEZUELA CON LA CONSTITUCIÓN DE VALENCIA DE 1830

I. LAS VICISITUDES DE LA DESTRUCCIÓN DE LA REPÚBLICA DE COLOMBIA Y LA RECONSTITUCIÓN DEL ESTADO DE VENEZUELA

En la Constitución de 1819, si bien como se ha dicho, su tendencia teórica, por las presiones del Libertador, fue por el establecimiento de un sólido poder central[1], la división de la República en Provincias,[2] a cargo de "un Gobernador sujeto inmediatamente al presidente de la República," y el establecimiento de "municipalidades" en los Departamentos (divisiones de las Provincias) con atribuciones propias, inclusive la de proponer el nombramiento del Gobernador de la Provincia que correspondía a los "miembros municipales" electos por votación (Artículos 1, 2 y 4 de la Sección Segunda del Título IX), contribuyó a consolidar el poder regional–local que habían

---

1   De allí la declaración antes mencionada del artículo 1° (Título II) de la Constitución de 1819: "La República de Venezuela es una e indivisible."
2   Las Provincias en que se dividía el territorio de la República en la Constitución de 1819 fueron básicamente las mismas referidas en la Constitución de 1811: Barcelona, Barinas, Caracas, Coro, Cumaná, Guayana, Maracaibo, Margarita, Mérida y Trujillo. Véase artículo 2, Título I, Sección Primera.

adquirido los caudillos militares, quienes en medio de la guerra habían sustituido a la antigua aristocracia criolla colonial en el control de los organismos locales. Los mismos, desde el primer momento conspiraron contra el texto constitucional y su pretendida centralización, hasta que lograron por sobre los deseos del Libertador e, inclusive, expulsándolo de Venezuela, la separación de ésta de la República de la Gran Colombia y la formación de nuevo, en 1830, de la República de Venezuela.

En todo caso, en el proceso de destrucción de la "Gran Colombia," varios hechos pueden destacarse. En primer lugar, el Gobierno de Bogotá, ejercido por el vicepresidente Santander en ausencia de Bolívar, no tuvo nunca poder real sobre los jefes militares en guerra de Venezuela, y particularmente, sobre el general José Antonio Páez.[3] En segundo lugar, la reacción localista de la Municipalidad de Caracas contra el régimen constitucional de 1821, que inclusive condujo a que dicha Municipalidad se negase a jurar fidelidad completa al texto constitucional, institucionalizó la tendencia separatista de los venezolanos de la Gran Colombia.[4] En tercer lugar, los conflictos entre las autoridades civiles y militares en Venezuela, que condujeron en 1826 a la separación temporal de Páez de la Comandancia General de las tropas, y que posteriormente, en los sucesos denominados La Cosiata condujeron a que se reconociera su jefatura militar en contra de las decisiones del

---

3   El mismo Soublette, Jefe Superior del Departamento de Venezuela, reconocía que no tenía ningún poder sobre los jefes militares venezolanos (Páez y Mariño) y que sólo Bolívar podía controlarlos. Véase la carta dirigida por Soublette al Libertador en noviembre de 1821 en las *Memorias de O'Leary*, tomo VIII, p 26, cit., por Augusto Mijares, "Evolución Política de Venezuela" (1810–1960)," *loc. cit*, p. 70.

4   Véase, Augusto Mijares, "La Evolución Política de Venezuela" (1810-1960)," *loc. cit.*, p. 68; José A. Páez, *Autobiografía*, Tomo I, Nueva York, 1870, pp. 292 ss.; en particular, p. 371; José Gil Fortoul, *Historia Constitucional de Venezuela, cit.*, Tomo I, pp. 470 ss., y 585.

gobierno de Bogotá.⁵ En cuarto lugar, la asunción por Bolívar del Poder Supremo o dictadura el 27 de agosto de 1828, llegando a suspender la vigencia de la Constitución de 1821, y a regular la supresión de las Municipalidades; y en quinto lugar, después de 1826 el inicio del predominio absoluto del general Páez en Venezuela, con la anuencia del Libertador para evitar una nueva guerra civil, y su renuncia a hacerse "jefe de facciones" de carácter caudillista.⁶

Por otra parte, debe destacarse, como se dijo, que los caudillos militares y regionales venezolanos, se habían constituido en los herederos directos del poder económico de la aristocracia criolla aniquilada, y en los años posteriores a 1830, en los principales aliados de ésta. Tal como lo destacó Vallenilla Lanz, "el latifundio colonial pasó sin modificación alguna a las manos de Páez, Monagas y otros caudillos, quienes, habiendo entrado a la guerra sin bienes algunos de fortuna, eran a poco de constituida Venezuela los más ricos propietarios del país."⁷

---

5   Véase Augusto Mijares, "La Evolución Política de Venezuela" (1810-1960)," *loc. cit.*, pp. 75 ss.; José Gil Fortoul, *Historia Constitucional de Venezuela, cit.,* Tomo I, pp. 587 ss. El mismo General Páez consideró la época de los años posteriores al año 1826, como dolorosa y "la más funesta" de su vida. Véase J. A. Páez, *Autobiografía,* Tomo I, *cit.,* pp. 286 y 292 ss. Véase los documentos relativos a los sucesos del año 1826, en pp. 313 a 363.

6   Véase José Gil Fortoul, *Historia Constitucional de Venezuela, op. cit.*, Tomo primero, p. 616. Bolívar escribía, en efecto: "Más vale estar con él que conmigo, porque yo tengo enemigos y Páez goza de opinión popular." "La República se va a dividir en partidos; en cualquier parte que me halle me buscarán por caudillo del que se levante allí; y ni mi dignidad ni mi puesto me permiten hacerme jefe de facciones." Véase las citas en Augusto Mijares, "Evolución Política de Venezuela" (1810–1960)," *loc. cit.*, pp. 78 y 80. Véase J.A. Páez, *Biografía, op. cit.*, tomo I, p. 375.

7   Véase L. Vallenilla Lanz, *Cesarismo Democrático. Estudios sobre las bases sociológicas de la Constitución efectiva de Venezuela*, Caracas,

A ello contribuyeron los Tribunales de Secuestros y las Leyes de Reparto de los bienes confiscados en las guerras de independencia a los extranjeros y a los criollos, por ambos lados (realistas y patriotas) entre 1817 y 1824, y que repartidos entre los guerreros fueron paulatinamente adquiridos a precios irrisorios por los caudillos militares.[8] En esta forma, "el latifundio colonial se integró como elemento fundamental de la estructura económica (monopolio individual o familiar, monocultivo, técnicas rudimentarias) y en las relaciones de producción basadas en la esclavitud y en la servidumbre de la población rural, jurídicamente libre."[9] Por ello, los caudillos militares y regionales, de origen popular, posteriormente como propietarios y terratenientes, se convirtieron paulatinamente en conservadores, y de la alianza entre la oligarquía local y aquellos, no solo se producirá la separación definitiva de Venezuela de la Gran Colombia[10] sino que se constituirá la República de

---

    1952, p. 107. Véase John Duncan Powell, *Political mobilization of the Venezuela Peasant*, Cambridge (Mass.) 1971, p. 16. En 1840 el diario *El Venezolano*, decía que Páez, quien era presidente en ese momento, era "el más rico propietario del país, el de más pingues y seguras rentas." *Cit.*, por F. González Guinán, *Historia Contemporánea de Venezuela*, Caracas, 1954., Tomo III, p. 156.

8   Véase L. Vallenilla Lanz, *Cesarismo democrático, cit.*, pp. 104 ss.; F. Brito Figueroa, *Historia Económica y Social de Venezuela. Una estructura para su estudio*, Caracas, 1966. Tomo I, pp. 192 ss.; P. Ruggeri Parra, *Historia Política y Constitucional de Venezuela*, Tomo I, Caracas, 1949, p. 48; José Gil Fortoul, *Historia Constitucional de Venezuela, cit.*, Tomo segundo, p. 187.

9   Véase F. Brito Figueroa, *Historia Económica y Social de Venezuela, cit.*, p. 220.

10   Véase Gil Fortoul, *Historia Constitucional de Venezuela*, Tomo I, pp. 612 y 614.

Venezuela, autónoma con un gobierno netamente oligárquico y conservador.[11]

En todo caso, el proceso formal de la separación definitiva de Venezuela de la Gran Colombia se inició en 1829, como consecuencia de la circular expedida por el Libertador el 31 de agosto de 1829, confirmada el 16 de octubre de ese año, en la cual excitó a los pueblos manifestar sus opiniones sobre la forma de gobierno que debía adoptar Colombia, sobre la Constitución que debía adoptar el Congreso, y sobre la elección del jefe del Estado.[12]

En efecto, a pesar de que en julio de ese año el colegio electoral de Venezuela, reunido en Caracas, había aprobado por unanimidad un proyecto de instrucciones para los diputados que irían al Congreso constituyente, en las cuales se planteaba la necesidad de sostener la Constitución de Cúcuta,[13] en la ciudad de Valencia, reunida una Asamblea Popular el 23 de noviembre de 1829, convocada por el Gobernador de la Provincia de Carabobo:

> "convinieron todos unánimemente en que Venezuela no debe estar unida a la Nueva Granada y Quito, porque las leyes que convienen a aquellos territorios, no son a propósito para éste, enteramente distinto por costumbres, clima y producciones."

Y acordaron también que se dirigiese

> "esta petición al Congreso constituyente, para que teniéndola en consideración provea los medios más justos, equitativos y

---

11 De ahí, quizás, el calificativo de "Oligarquía Conservadora" que J. Gil Fortoul dió al Gobierno de Venezuela después de 1830. Véase J. Gil Fortoul, *Historia Constitucional de Venezuela, cit.*, Tomo II, pp. 7 ss. y 186.

12 Véase José Gil Fortoul, *Historia Constitucional de Venezuela, cit.*, Tomo I, p. 468.

13 *Idem.*, Tomo I, p. 470.

pacíficos, a fin de conseguir la separación sin necesidad de ocurrir a vías de hecho; antes bien proporcionando a este país una reunión en que sus habitantes, congregados legítimamente, expresen su voluntad; y que en todo caso ella sea definitiva, sin que los otros Estados tengan derecho de intervención en sus resoluciones."

La remisión de esa Acta se acordó hacerla por conducto del "Jefe Superior Civil y Militar, General en Jefe benemérito J. A. Páez."[14]

Una reunión similar se realizó en Caracas, en el edificio de San Francisco, en los días siguientes, el 25 y 26 de noviembre de 1829 y allí se acordó la:

"Separación del Gobierno de Bogotá y desconocimiento de la autoridad del General Bolívar y que S.E. el benemérito General José Antonio Páez sea jefe de estos Departamentos y que reuniendo como reúne la confianza de los pueblos, mantenga el orden público y todos los ramos de la Administración, bajo las formas existentes, mientras se instala la convención."[15]

La reacción antibolivariana de estos acuerdos, sin embargo, fue mitigada por el propio Páez, quien luego de convocar otra asamblea en Caracas, el 24 de diciembre de 1829, reconoció el papel del Libertador en la independencia, y se dirigió a él encareciéndole "ejerza su poderosa influencia para que nuestra separación y organización se haga en paz."[16]

El 2 de enero de 1830 comenzaron en Bogotá, las sesiones preparatorias del Congreso constituyente que había convocado el Libertador el año anterior, pero once días después, el 13 de enero, J. A. Páez convocó por Decreto la realización de elec-

---

14 Véase el texto en *idem*, Tomo I, pp. 470 y 471.
15 Véase el texto en *idem, cit.,* Tomo I, p. 472.
16 Véase *idem., cit.,* Tomo I, p. 473.

ciones para un Congreso Constituyente venezolano, en Valencia, que debía instalarse el 30 de abril,[17] lo cual solo ocurrió el 6 de mayo de 1830. Entre febrero y abril, a instancias de Bolívar en el Congreso de Bogotá, se reunieron en Cúcuta comisionados de Colombia y Venezuela para tratar de llegar a un acuerdo pacífico, esfuerzos que a pesar de la labor del Mariscal Sucre, fracasaron.

Bolívar, en todo caso, tenía la resolución de abandonar el poder, por lo que manifestó al Congreso de Bogotá que no aceptaría la Presidencia de la República, por lo cual éste, el 1° de marzo, encargó del Ejecutivo al presidente interino del Consejo de Estado, General Domingo Caicedo. El Congreso de Bogotá adoptó la Constitución de Colombia el 29 de abril de 1830,[18] y por Decreto separado acordó ofrecérsela a Venezuela para su adopción.

El Congreso Constituyente de Valencia, reunido desde mayo de 1830, el 10 de julio ya había dictado un Reglamento de Organización Provisional del "Estado de Venezuela," conforme al cual, el Poder Ejecutivo provisional se depositó en una persona con la denominación de presidente del Estado de Venezuela, teniendo un Consejo de Gobierno compuesto del vicepresidente de la República, de un Ministro de la Corte Suprema de Justicia nombrado por ella, de dos Secretarios del Despacho y de dos Consejeros elegidos por el Congreso. José Antonio Páez (1790–1873) fue nombrado presidente provisional y Diego Bautista Urbaneja, vicepresidente.[19]

---

17   Véase el texto en Allan R. Brewer-Carías, *Las Constituciones de Venezuela, cit.*, pp. 415 ss.

18   Véase el texto en Carlos Restrepo Piedrahita, *Constituciones Políticas Nacionales de Colombia*, Universidad Externado de Colombia, Bogotá, 1995, pp. 101 ss.

19   Véase el texto en Allan R. Brewer-Carías, *Las Constituciones de Venezuela, cit.*, pp. 427 ss.

El Congreso, además, el 6 de agosto de 1830 expidió un Decreto sobre garantías de los venezolanos para el gobierno provisorio,[20] y consideró la propuesta del Congreso de Bogotá sobre la Constitución adoptada por el mismo, el 29 de abril. Sobre ello, el 17 de agosto de 1830, decretó:

> "Que Venezuela ocupada de su propia Constitución conforme a la voluntad unánime de los pueblos, no admite la Constitución que se le ofrece, ni como existe, ni con reformas cualesquiera que sean; pero que está dispuesta a entrar en pactos recíprocos de federación que unan, arreglen y representen las altas relaciones nacionales de Colombia, luego que ambos Estados estén perfectamente constituidos y que el General Bolívar haya evacuado el territorio de Colombia."[21]

El Congreso de Valencia sancionó la Constitución del Estado de Venezuela el 22 de septiembre de 1830, a la cual puso el ejecútese el General Páez, presidente del Estado, el 24 de septiembre de 1830, fecha en la cual el Congreso dictó un nuevo Decreto sobre la publicación y el juramento del texto constitucional.[22]

El 17 de diciembre de 1830 murió en santa marta el Libertador Simón Bolívar: el mismo día, once años después de haberse sancionado en Angostura, a su propuesta, la Ley Fundamental de la República de Colombia, y el mismo año en el cual aquella gran nación desapareció, por la separación de Venezuela, y su constitución como República autónoma.

---

20   Véase el texto en *Leyes y Decretos de Venezuela,* Tomo I, 1830-1840, Biblioteca de la Academia de Ciencias Políticas y Sociales, Caracas, 1982, pp. 30 y 31.

21   Véase el texto en *Leyes y Decretos de Venezuela,* Tomo I, 1830-1840, *cit.*, p. 33; y en Allan R. Brewer-Carías, *Las Constituciones de Venezuela, cit.*, pp. 439-460.

22   Véase los textos en Allan R. Brewer-Carías, *Las Constituciones de Venezuela, cit.*, pp. 461 ss.

II. EL REPUBLICANISMO Y LA DEMOCRACIA REPRESENTATIVA

La Constitución del 24 de septiembre de 1830, que consolidó la República autónoma de Venezuela,[23] fue uno de los textos que más influencia tuvo en el proceso constitucional venezolano, entre otros factores, por los veintisiete años de vigencia que tuvo hasta 1857.

Fue un Texto que siguió la misma línea constitucional que se había iniciado en Venezuela con la Constitución de 181, de cuyo texto recibió una influencia fundamental así como de las Constituciones de 1819 y 1821, aun cuando mitigando el centralismo que Bolívar le había propugnada en ellas.

La Constitución declaró que la soberanía residía esencialmente en la nación y no podía ejercerse sino por los poderes políticos que establecía (art. 3), cuyos titulares debían ser electos. Por ello, la Constitución dispuso que el pueblo no podía ejercer por sí mismo otras atribuciones de la soberanía que no fueran las elecciones primarias "ni depositará el ejercicio de ella en una sola persona" (art. 7). A tal efecto, se declaró que el gobierno sería "siempre republicano, popular, representativo, responsable y alternativo" (art. 6), en una definición que se repetiría en todos los textos constitucionales posteriores.

---

23 Véase los comentarios de Páez sobre las causas que motivaron a Venezuela a separarse de la Unión Colombiana, en J. A. Páez, *Autobiografía*, Nueva York, 1870, Tomo II, *cit.*, pp. 1 ss. Debe señalarse, que la elección de diputados que formaron el Congreso de Venezuela se hizo en base a un Decreto expedido por el General Páez, que estableció el sufragio restringido por razones económicas. Véase F. González Guinán, *Historia Contemporánea de Venezuela, cit.,* Tomo II, p. 11. Véase el texto del Decreto en Allan R. Brewer-Carías, *Las Constituciones de Venezuela, cit.,* pp. 411 ss.

Incluso, en esta materia la Constitución de 1830, la concibió como una cláusula pétrea, al disponer en el artículo 228 que:

"la autoridad que tiene el Congreso para reformar la Constitución no se extiende a la forma del Gobierno, que será siempre republicano, popular, representativo, responsable y alternativo."

Todos los venezolanos podían elegir y ser elegidos para los destinos públicos, siempre que fueran ciudadanos (art. 13), condición que sólo tenían los dueños de propiedad raíz con renta anual fuera de 50 pesos o tener una profesión, oficio o industria útil que produjera 100 pesos anuales, sin dependencia de otro en clase de sirviente doméstico, o que gozaran de un sueldo anual de 150 pesos (art. 14). Se siguió así, con la condición censitaria del sistema electoral que se había establecido desde la Constitución de 1811 (art. 26).[24]

La Constitución exhortaba a los ciudadanos a tener presente que "del interés que todos tienen en las elecciones nace el espíritu nacional que, sofocando los partidos, asegura la manifestación de la voluntad general y que del acierto de las elecciones en las asambleas primarias y electorales es que principalmente dependen la duración, la conservación y el bien de la República" (art. 17).

Una vez que la primera autoridad civil de cada parroquia, asociándose con 2 vecinos notables designados por el concejo municipal del cantón, formase la lista de los electores o sufra-

---

24 Véase las apreciaciones de L. Vallenilla Lanz. *Cesarismo Democrático, cit.*, p. 193, y de P. Ruggeri Parra, *Historia Política y Constitucional de Venezuela, cit.,* Tomo II, p. 17. "Bueno malo este régimen -dice Gil Fortoul, al referirse a la oligarquía conservadora (1830-1848)-, su existencia dependía por necesidad de la limitación del sufragio a la clase rica o ilustrada," en *Historia Constitucional de Venezuela, cit.*, Tomo II, p. 311.

gantes parroquiales (art. 18), se procedía a realizar el proceso electoral en dos niveles:

En primer lugar, en el nivel parroquial donde en asambleas parroquiales, que presidía el primer juez de cada parroquia, elegían al elector o electores que correspondan al cantón respectivo (arts. 21–23). En las provincias que hubieran de dar un solo representante se nombraban 10 electores, distribuyéndolos entre los cantones a proporción de la población de cada uno; y en las provincias que hubieran de nombrar 2 o más representantes, se elegirían tantos electores cuantos correspondieran a los cantones de que se componían, debiendo elegir todo cantón un elector por cada 4.000 almas y uno más por un residuo de 2000. Todo cantón, aunque no alcanzare a 4.000 mil almas, debía nombrar un elector (art. 25).

El escrutinio de las votaciones parroquiales se debía hacer por la autoridad civil del cantón en asociación con el concejo municipal (art. 29), correspondiéndole declarar constitucionalmente electos a quienes resultaren con mayor número de votos (art. 30), a quienes se debía dar aviso inmediatamente para que concurrieran a la misma capital el día designado al efecto.

Se procedía entonces a la elección en el segundo grado, en las asambleas o colegios electorales compuesto de los electores nombrados por los cantones (art. 32), para cuya constitución debían participar al menos las dos terceras partes de todos los electores (art. 34). Reunidos los colegios electorales, conforme al artículo 36 de la Constitución, debían proceder a elegir por mayoría absoluta de votos (art. 41) a los siguientes funcionarios: presidente del Estado; vicepresidente; Senadores de la provincia y suplentes; Representantes de la misma y de otros tantos para suplir sus faltas; y miembros para las Diputaciones provinciales y de igual número de individuos en clase de suplentes. En los casos en los cuales ningún candidato hubiere alcanzado la mayoría absoluta, se debía concretar la votación a los dos individuos que hayan obtenido mayor número de sufragios y se debía proceder a un segundo escrutinio, del cual debía resultar la mayoría, debiendo, en casos de empate, decidirse por la suerte.

En cuanto al sistema de derechos políticos y garantías individuales enumeradas ampliamente en los artículos 188 a 219, el texto siguió la orientación de las Constituciones precedentes, y de la Declaración de los derechos del pueblo de 1811.

III. LA FÓRMULA MIXTA (CENTRO–FEDERAL) DE 1830 EN EL PROCESO DE RECONSTITUCIÓN DE VENEZUELA

En cuanto a la forma de Estado, la Constitución de 1830 estableció una fórmula mixta, transaccional, entre centralismo y federación, pues las discusiones que precedieron su sanción en 1830, habían estado signadas por la misma discusión sobre la estructura federal o centralista del nuevo Estado venezolano. No hay que olvidar que la misma constitución del Estado de Venezuela, separado de Colombia, había sido producto de las fuerzas centrífugas del regionalismo.

De todo ello resultó la opción, en definitiva, de una fórmula "centro federal o mixta," como la denominó el Congreso,[25] según la cual el Estado era unitario pero las Provincias en las cuales se lo dividió, que eran las que conformaban el territorio que tenía la antigua Capitanía General de Venezuela antes de

---

25 Véase en J. Gil Fortoul, *Historia Constitucional de Venezuela*, Tomo II, *cit.*, pp. 19 y 20. Véase P. Ruggeri Parra, *Historia Política y Constitucional de Venezuela*, Tomo II, *cit.*, p. 17.

la transformación política de 1810 (art. 5),[26] gozaban de amplia autonomía e, inclusive, contaban además de con un gobernador designado por el presidente del Estado, del cual eran "agente natural e inmediato"(art. 170); con una Diputación Provincial compuesta por diputados electos en segundo grado.

La denominación de "diputación" provincial ciertamente que se había adoptado en la Constitución de Cádiz,[27] pero la concepción de las mismas en realidad, reflejaba el sistema eleccionario de diputados a las "Asambleas provinciales" establecidas en la Constitución de 1811.

Estas Diputaciones intervenían en la designación de los Gobernadores de Provincia mediante la presentación de ternas al presidente del Estado (art. 161.4). También podían solicitar la remoción de los mismos. Por tanto, si bien los gobernadores dependían del Poder Ejecutivo, significaban el "equilibrio" entre el centralismo y federación que los constituyentes buscaron.[28]

---

[26] Los Diputados que conformaron el Congreso Constituyente de Valencia provenían de las siguientes Provincias 11 Provincias: Apure, Barcelona, Barinas, Caracas, Carabobo, Coro, Cumaná, Guayana, Maracaibo, Margarita y Mérida. Véase en Allan R. Brewer-Carías, *Las Constituciones de Venezuela, cit.,* p. 460.

[27] Véase J. M. Casal Montbrún, "Estudio Preliminar," *La Constitución de 1961 y la Evolución Constitucional de Venezuela,* Tomo II, Vol. I, Caracas, 1972, pp. 23 y 32; Jesús M. casal, h, "La Constitución de Cádiz como fuente del Derecho Constitucional Venezolano" en Asdrúbal Aguiar (Coordinador), *La Constitución de Cádiz de 1812, fuente del derecho Europeo y Americano,* Ayuntamiento de Cádiz, Cádiz 2010, p. 220.

[28] Artículo 156 y siguientes de la Constitución de 1830 y particularmente los artículos 164,4 y 170. Véase los comentarios sobre esta Constitución en J. Gil Fortoul, *Historia Constitucional de Venezuela, cit.,* Tomo II, pp. 77 ss. F. González Guinán, *Historia Contemporánea de Venezuela, cit.,* Tomo II, pp. 135 ss.; y Ruggeri Parra, *Historia Política y Constitucional de Venezuela, cit.,* Tomo II, pp. 17 ss.

Las Diputaciones provinciales tenían amplísimas competencias, que contrastaban con las que se habían previsto para las Asambleas provinciales en las Constituciones anteriores, y que evidencian el proceso de distribución territorial del poder que marcó la concepción del Estado. Entre dichas competencias se destacan, conforme al artículo 161 de la Constitución, las siguientes:

1. Informar a la Cámara de Representantes las infracciones y abusos que se hayan cometido contra la Constitución y las leyes y velar en el exacto cumplimiento de éstas. 2. Denunciar al Poder Ejecutivo o a la Cámara de Representantes con los datos necesarios los abusos y mala conducta del gobernador y demás empleados de la provincia, los abusos, malversación y poca eficacia en la recaudación, inversión y manejo de las rentas del Estado. 3. Presentar a la Corte Suprema de Justicia tantos letrados con las cualidades necesarias cuantas sean la plazas que hayan de proveerse en la Corte Superior del distrito a que cada provincia corresponda a fin de que la Corte Suprema forme de entre los presentados una terna para el nombramiento de cada ministro. 4. Presentar al Poder Ejecutivo ternas para el nombramiento de gobernadores y pedir la remoción de estos empleados cuando falten a sus deberes y su continuación sea perjudicial al bien de la provincia. 5. Pedir a la autoridad eclesiástica con los datos necesarios la remoción de los párrocos que observen una conducta notoriamente reprensible y perjudicial al bien de sus feligreses. 6. Presentar al gobernador ternas para el nombramiento de jefes de cantón y de los empleados en la administración de las rentas provinciales. 7. Recibir de las Corporaciones y ciudadanos de la provincia las peticiones, representaciones e informes que se dirijan para hacer uso de ellas si son de su inspección o darles el curso conveniente. 8. Supervigilar en el cumplimiento de la ley de manumisión y ejercer las demás atribuciones que ella le designe. 9. Hacer con proporción el repartimiento de las contribuciones que decrete el Congreso entre los cantones de cada provincia. 10. Hacer, según la ley, el reparto de reemplazos para el ejército y armada con que deba contribuir la provincia. 11. Establecer impuestos provinciales o municipa-

les en sus respectivas provincias para proveer a sus gastos y arreglar el sistema de su recaudación e inversión; determinar el número y dotación de los empleados en este ramo y los demás de la misma clase que estén bajo su inspección; liquidar y fenecer sus cuentas respectivas. 12. Contratar empréstitos sobre los fondos provinciales o municipales para las obras de sus respectivos territorios. 13. Resolver sobre la adquisición, enajenación o cambio de edificios, tierras o cualesquiera otros bienes que pertenezcan a los fondos provinciales o municipales. 14. Establecer bancos provinciales. 15. Fijar y aprobar anualmente el presupuesto de los gastos ordinarios y extraordinarios que demanda el servicio municipal en cada provincia. 16. Formar los reglamentos que sean necesarios para el arreglo y mejora de la policía urbana y rural, según lo disponga la ley, y velar sobre su ejecución. 17. Promover y establecer por todos los medios que estén a su alcance escuelas primarias y casas de educación en todos los lugares de la provincia, y al efecto podrá disponer y arreglar del modo que sea más conveniente la recaudación y administración de los fondos afectos a este objeto, cualquiera que sea su origen. 18. Promover y decretar la apertura de caminos, canales y posadas y la construcción de puentes, calzadas, hospitales y demás establecimientos de beneficencia y utilidad pública que se consideren necesarios para el bien y prosperidad de la provincia, pudiendo a este fin aceptar y aprobar definitivamente las propuestas que se hagan por compañías o particulares, siempre que no sean opuestas a alguna ley de la República. 19. Procurar la más fácil y pronta comunicación de los lugares de la provincia entre sí y la de éstos con los de las vecinas, la navegación interior, el fomento de la agricultura y comercio por los medios que estén a su alcance, no siendo contrarios a alguna ley. 20. Favorecer por todos los medios posibles los proyectos de inmigración y colonización de extranjeros industriosos. 21. Acordar el establecimiento de nuevas poblaciones y la traslación de las antiguas a lugares más convenientes y promover la creación, suspensión o reunión de cantones en la respectiva provincia. 22. Conceder temporalmente y bajo determinadas condiciones privilegios exclusivos en favor del autor o autores de algún invento útil e ingenioso y a los empresarios de obras públicas con tal que se consideren indispensables para su ejecución y no sean contrarios a los intereses de la comunidad. 23. Pedir al Congreso o al Poder Ejecutivo, según la naturaleza de las peticiones, cuanto juzguen conveniente a la mejora de la provincia y no esté en las atribuciones de las diputaciones.

Las ordenanzas o resoluciones de las Diputaciones provinciales se debían pasar para su ejecución al gobernador, quien tenía el derecho de objetarlas (art. 162). Las Diputaciones, conforme se establecía en el artículo 167, no podrán deliberar sobre ninguno de los negocios comprendidos en las atribuciones del Congreso y del Poder Ejecutivo ni dictar órdenes o celebrar acuerdos contrarios a la Constitución o a las leyes.

Las Provincias se dividieron en cantones y parroquias, y en cada cantón la Ley atribuyó la autoridad gubernativa y económica a los "jefes políticos" designados por el Gobernador (art. 176), quienes presidían los "Consejos municipales" integrados, a su vez, por alcaldes y concejales designados por las Diputaciones Provinciales (art. 179).

En esta forma, el pacto centro–federal, disminuyó la autonomía municipal que el texto constitucional de 1819 había consagrado, en beneficio de las Diputaciones Provinciales, donde se alojó el poder de los caudillos regionales para, inclusive, discutir el poder central.[29]

Este federalismo–centralista que se previó en el texto de 1830, en todo caso, es el que de hecho o de derecho hemos tenido hasta la actualidad en nuestra historia político–constitucional.

---

29   En la *Memoria* de la Secretaría de Interior y Justicia de 1832 se denunció en efecto, cómo las Diputaciones de Caracas y Mérida traspasaron los límites establecidos por la Constitución en "escandalosa infracción," arrogándose funciones atribuidas al Poder Legislativo Nacional. Véase las referencias en J. M. Casal Montbrún, "Estudio Preliminar," *La Constitución de 1961 y la Evolución Constitucional de Venezuela, cit.*, Tomo II, Vol. I, anexo 13, p. 117.

IV. LA SEPARACIÓN HORIZONTAL DEL PODER Y EL SISTEMA PRESIDENCIAL DE GOBIERNO

Por otra parte, la Constitución siguió el esquema del constitucionalismo venezolano anterior, estableciendo un sistema de separación de poderes, así: "El Poder Supremo se dividirá para su administración en Legislativo, Ejecutivo y Judicial. Cada Poder ejercerá las atribuciones que le señala esta Constitución, sin excederse de sus límites respectivos" (art. 8).

1. *El Poder Legislativo: el Congreso*

El poder legislativo, se atribuyó al Congreso, compuesto por dos Cámaras: la de Representantes y la de Senadores (Art. 48), cuyos miembros se elegían en segundo grado por las asambleas provinciales de electores. La cámara del Senado estaba compuesta por dos Senadores por cada una de las Provincias que hubiera en la República (Art. 60). Tanto los senadores como los representantes tenían "este carácter por la nación y no por la provincia que los nombraba," y no podían "recibir órdenes ni instrucciones particulares de las asambleas electorales ni de las Diputaciones provinciales" (art. 80).

Cada Cámara tenía algunas atribuciones privativas (arts. 57 y 65); y en general, al Congreso correspondía, conforme al artículo 87, las siguientes atribuciones:

> 1. Dictar las leyes y decretos necesarios en los diferentes ramos de la administración pública, interpretar, reformar, derogar y abrogar las establecidas y formar los códigos nacionales. 2. Establecer impuestos, derechos y contribuciones, velar sobre su inversión y tomar cuenta de ella al Poder Ejecutivo y demás empleados de la República. 3. Determinar y uniformar la ley, valor, tipo y denominación de la moneda. 4. Fijar y uniformar los pesos y medidas. 5. Crear los tribunales y juzgados que sean necesarios. 6. Decretar la creación y supresión de los empleos públicos y señalarles sueldos, disminuirlos o aumentarlos. 7. Decretar en cada año la fuerza de mar y tierra, determinando la

que deba haber en tiempo de paz, y arreglar por leyes particulares el modo de levantar y reclutar la fuerza permanente y la de milicia nacional y su organización. 8. Decretar el servicio de la milicia nacional cuando lo juzgue necesario. 9. Decretar la guerra en vista de los fundamentos que le presente el presidente de la República y requerirle para que negocie la paz. 10. Decretar la enajenación, adquisición o cambio de territorio. 11. Prestar o no su consentimiento y aprobación a los tratados de paz, tregua, amistad, alianza ofensiva y defensiva, neutralidad y los de comercio concluidos por el jefe de la República. 12. Decretar los gastos públicos en vista de los presupuestos que le presente el Ejecutivo por las respectivas secretarías y una suma extraordinaria para los gastos imprevistos. 13. Decretar lo conveniente para la administración, conservación y enajenación de los bienes nacionales. 14. Contraer deudas sobre el crédito del Estado. 15. Establecer un Banco nacional. 16. Celebrar contratos con ciudadanos o compañías de nacionales o extranjeros para la navegación de ríos, apertura de caminos y otros objetos de utilidad general. 17. Promover por leyes la educación pública en las universidades y colegios, el progreso de las ciencias y artes y los establecimientos de utilidad general y conceder por tiempo limitado privilegios exclusivos para su estímulo y fomento. 18. Conceder premios y recompensas personales a los que hayan hecho grandes servicios a Venezuela. 19. Establecer las reglas de naturalización. 20. Decretar honores públicos a la memoria de los grandes hombres. 21. Conceder amnistías e indultos generales cuando lo exija algún grave motivo de conveniencia pública. 22. Elegir el lugar en que deba residir el Gobierno y variarlo cuando lo estime conveniente. 23. Crear nuevas provincias y cantones, suprimirlos, formar otros de los establecidos y fijar sus límites según crea más conveniente para la mejor administración previo el informe del Poder Ejecutivo y de la Diputación de la provincia a que corresponda el territorio de que se trata. 24. Permitir o no el tránsito de tropas extranjeras por el territorio del Estado. 25. Admitir o no extranjeros al servicio de las armas de la República. 26. Permitir o no la estación de escuadra de otra nación en los puertos de Venezuela por más de un mes. 27. Hacer el escrutinio y perfeccionar la elección de presidente y vicepresidente de la República y admitir o no sus renuncias.

2. *El Poder Ejecutivo: el presidente y vicepresidente*

El Poder Ejecutivo, conforme al sistema presidencial de gobierno, estaba a cargo del presidente de la República (art. 103), pero con la figura de un vicepresidente (art. 109); ambos electos en segundo grado. El presidente de la República debía ser electo por las dos terceras partes de los votos de los electores que hubieran sufragado en los colegios electorales (art. 105), yo no podía ser reelecto inmediatamente (art. 108), con lo cual se estableció el principio de la no reelección inmediata que perduró en nuestro sistema constitucional hasta 1999.

La Constitución estableció tres secretarías para el despacho de los negocios correspondientes al Poder Ejecutivo: una del Interior y Justicia, otra de Hacienda y otra de Guerra y Marina, debiendo el Ejecutivo agregar a cualquiera de ellas el Despacho de las Relaciones Exteriores (art. 134). Los Secretarios se configuraron en la Constitución, como "los órganos precisos e indispensables del Gobierno" y, como tales, debían autorizar todos los decretos, reglamentos, órdenes y providencias que expidiere," de manera que las que no estuviesen autorizadas por el respectivo Secretario no debían ser ejecutadas por ningún tribunal ni persona pública o privada, aunque aparecieran firmadas por el presidente de la República (art. 136). Los Secretarios del Despacho, además, debían dar cuenta a cada Cámara en sus primeras sesiones del estado de sus respectivos ramos y además, cuantos informes se les pidieran por escrito o de palabra, reservando solamente lo que no convenga publicar (art. 137).

Conforme al artículo 117 de la Constitución, el presidente era el Jefe de la administración general de la República y como tal tenía las atribuciones siguientes:

> 1. Conservar el orden y tranquilidad interior y asegurar el Estado contra todo ataque exterior. 2. Mandar ejecutar y cuidar

de que se promulguen y ejecuten las leyes, decretos y actos del Congreso. 3. Convocar el Congreso en los períodos ordinarios y también extraordinariamente con previo consentimiento o a petición del Consejo de Gobierno cuando lo exija la gravedad de alguna ocurrencia. 4. Tiene el mando supremo de las fuerzas de mar y tierra para la defensa de la República. 5. Llamar las milicias al servicio cuando lo haya decretado el Congreso. 6. Declarar la guerra a nombre de la República previo decreto del Congreso. 7. Dirigir las negociaciones diplomáticas, celebrar tratados de tregua, paz, amistad, alianza ofensiva y defensiva, neutralidad y comercio, debiendo proceder la aprobación del Congreso para prestar o denegar su ratificación a ellos. 8. Nombrar y remover los secretarios del Despacho. 9. Nombrar, con acuerdo del Consejo de Gobierno, los Ministros plenipotenciarios enviados y cualesquiera otros Agentes diplomáticos, Cónsules, Vicecónsules y Agentes comerciales. 10. Nombrar, con previo acuerdo y consentimiento del Senado, para todos los empleos militares, desde coronel y capitán de navío inclusive arriba, y a propuesta de los jefes respectivos, para todos los inferiores, con calidad de que estos últimos nombramientos tengan siempre anexo el mando efectivo, pues quedan abolidos de ahora en adelante todos los grados militares sin mando. 11. Conceder retiros y licencias a los militares y a otros empleados, según lo determine la ley. 12. Expedir patentes de navegación y también de corso y represalias cuando el Congreso lo determine o, en su receso, con el consentimiento del Consejo de Gobierno. 13. Conceder cartas de naturaleza conforme a la ley. 14. Nombrar a propuesta en terna la Corte Suprema de Justicia los Ministros de las Cortes Superiores. 15. Nombrar los gobernadores de las provincias a propuesta en terna de la respectiva Diputación provincial. 16. Nombrar para todos los empleos civiles, militares— y de hacienda cuyo nombramiento no se reserve a alguna otra autoridad en los términos que prescriba la ley. 17. Suspender de sus destinos a los empleados en los ramos dependientes del Poder Ejecutivo cuando infrinjan las leyes o sus decretos u órdenes, con calidad de ponerlos a disposición de la autoridad competente, dentro de tres días, con el sumario o documentos que hayan dado lugar a la suspensión para que los juzgue. 18. Separar a los mismos empleados cuando por incapacidad o negligencia desempeñen mal sus funciones, procediendo para ello el acuerdo del Consejo de Gobierno. 19. Cuidar de la recaudación e inversión de las contribuciones y rentas públicas con arreglo a las leyes. 20. Cuidar de que la justicia se administre pronta y cumplidamente por los Tribunales y Juzgados y que sus sentencias se cumplan y ejecuten. 21. n favor de la humanidad puede conmutar las penas capitales, con previo acuerdo y consentimiento del Consejo de Gobierno, a propuesta del tribunal que conozca de la causa en última instancia o a excitación del mismo Ejecutivo, siempre que ocurran graves y poderosos motivos, excluyéndose de esta atribución los que hayan sido sentenciados por el Senado.

La Constitución creó un Consejo de Gobierno compuesto del vicepresidente de la República que lo presidía de cinco consejeros y de los secretarios del Despacho (art. 123), que tenía a su cargo, básicamente, funciones consultivas (art. 127). Uno de los cinco consejeros era un miembro de la Corte Suprema de Justicia nombrado por ella cada dos años, y los otros cuatro eran nombrados por las dos Cámaras del Congreso reunidas en una de sus primeras sesiones cada cuatro años y serán reemplazados por mitad cada dos años (art. 124). El Consejo debía elegir cada dos años un vicepresidente de entre los miembros que no fueran nombrados por el Ejecutivo para que reemplazase las faltas del vicepresidente del Estado.

3. *El Poder Judicial: la Corte Suprema*

El Poder Judicial, se asignó a la Corte Suprema, de Cortes superiores, de Juzgados de primera instancia y de los demás Tribunales creados por la ley (art. 144), previéndose que en las causas criminales la justicia se debía administrar por jurados (art. 142).

Para el nombramiento de los ministros de la Corte Suprema, los candidatos debían ser propuestos por el presidente de la República a la Cámara de Representantes en número triple;

la Cámara debía reducir este número al doble y lo debía presentar al Senado para que éste nombrara los que debían componer la Corte (art. 147).

Entre las atribuciones de la Corte Suprema, además de las relativas a juzgar y sentenciar en las causas que se formasen contra el presidente de la República y vicepresidente encargado del Poder Ejecutivo; de las causas de responsabilidad que por mal desempeño en el ejercicio de sus funciones se formasen a los secretarios del Despacho, y de las otras causas contenciosas respecto de altos funcionarios, se destaca la competencia para "Oír las dudas de los demás Tribunales sobre la inteligencia de alguna ley y consultar sobre ellas al Congreso por el conducto del Poder Ejecutivo si las considerase fundadas para la conveniente declaratoria" (ord. 10), lo que abría la posibilidad del control de constitucionalidad de las leyes. A tal efecto, la propia Constitución dispuso que "Ningún funcionario público expedirá, obedecerá ni ejecutará órdenes manifiestamente contrarías a la Constitución o las leyes o que violen de alguna manera las formalidades esenciales prescritas por éstas o que sean expedidas por autoridades manifiestamente incompetentes" (art. 186).

Como se dijo, esta Constitución de 1830 que restableció la República de Venezuela luego de su desaparición en 1819, rigió los destinos del país bajo la autoridad directa o indirecta de los caudillos militares (Páez y Monagas) hasta 1857, cuando se produjo su reforma.

ÍNDICE GENERAL

PRÓLOGO por Humberto Romero Muci 9

INTRODUCCIÓN 19

PRIMERA PARTE
EL PROCESO DE CONSTITUCIÓN DEL ESTADO DE VENEZUELA EN 1811, COMO OBRA DE CIVILES.. 33

SEGUNDA PARTE
LA CONSTITUCIÓN FEDERAL DE 21 DE DICIEMBRE DE 1811 63
  I. EL PACTO FEDERATIVO EN LA CONSTITUCIÓN DE 1811: LA CONFEDERACIÓN DE LAS PROVINCIAS 65
  II. LA DEMOCRACIA, EL REPUBLICANISMO Y LA SOBERANÍA DEL PUEBLO 75
  III. EL PRINCIPIO DE LA SEPARACIÓN DE PODERES 79
  IV. LOS DERECHOS DEL HOMBRE (CAPÍTULO VIII) Y OTRAS DISPOSICIONES GENERALES 83
  V. LA SUPREMACÍA Y LA RIGIDEZ CONSTITUCIONAL 88

TERCERA PARTE
LAS CONSTITUCIONES PROVINCIALES EN LOS INICIOS DEL CONSTITUCIONALISMO (1811-1812) Y LA CONSTITUCIÓN PARA LA PROVINCIA DE CARACAS DE 31 DE ENERO DE 1812 91

I. EL PLAN DE GOBIERNO PROVISIONAL DE LA PROVINCIA DE BARINAS DE 26 DE MARZO DE 1811 92
II. LA CONSTITUCIÓN PROVISIONAL DE LA PROVINCIA DE MÉRIDA DE 31 DE JULIO DE 1811 93
III. EL PLAN DE CONSTITUCIÓN PROVISIONAL GUBERNATIVO DE LA PROVINCIA DE TRUJILLO DE 2 DE SEPTIEMBRE DE 1811 96
IV. LA CONSTITUCIÓN FUNDAMENTAL DE LA REPÚBLICA DE BARCELONA COLOMBIANA DE 12 DE ENERO DE 1812 98
V. LA CONSTITUCIÓN PARA EL GOBIERNO Y ADMINISTRACIÓN INTERIOR DE LA PROVINCIA DE CARACAS DEL 31 DE ENERO DE 1812 102
   1. *Los diputados de la Provincia de Caracas al Congreso General y la Sección Legislativa para la Provincia de Caracas* 107
   2. *Contenido general de la Constitución provincial*... 111
   3. *Sobre el Poder Legislativo de la Provincia* 116
   4. *Sobre el Poder Ejecutivo provincial* 120
   5. *Sobre el Poder Judicial de la Provincia* 121
   6. *Sobre el fomento "de la literatura"* 122
   7. *Sobre la revisión y reforma constitucional* 123
   8. *Sobre la sanción y ratificación de la Constitución*. 125
   9. *Declaraciones políticas generales y el desarrollo del principio de igualdad* 127
      A. *Sobre el régimen de los indios* 127
      B. *Sobre la prohibición de la esclavitud*.............. 128
      C. *Sobre la situación de los pardos* 129
      D. *Sobre la abolición de los títulos nobiliarios y las relaciones personales con la Monarquía* ... 129
      E. *Sobre el ejercicio de los derechos políticos* 130

F. *Sobre la supremacía constitucional y la continuidad del orden jurídico sub-constitucional anterior*.. 130
G. *Sobre la difusión y conocimiento de la Constitución y de los derechos de los ciudadanos* ... 131

CUARTA PARTE
EL EXTRAORDINARIO RÉGIMEN DEL GOBIERNO Y ADMINISTRACIÓN INTERIOR (MUNICIPAL) DE LA PROVINCIA DE CARACAS EN LA CONSTITUCIÓN PROVINCIAL DE 31 DE ENERO DE 1812........ 133
I. LA DISCUSIÓN SOBRE EL TERRITORIO DE LA PROVINCIA DE CARACAS Y SU DIVISIÓN 134
II. LA DIVISIÓN TERRITORIAL UNIFORME DE LA PROVINCIA EN DEPARTAMENTOS, CANTONES Y DISTRITOS.. 136
   1. *La organización territorial del Departamento de Caracas* 137
      A. *El cantón del Tuy* 137
      B. *El cantón de los Altos*...................................... 138
      C. *El cantón de Caracas* 138
   2. *La organización territorial del Departamento de San Sebastián*... 138
      A. *El cantón de San Sebastián* 139
      B. *El cantón de Calabozo* 139
   3. *La organización territorial del Departamento de los Valles de Aragua* 140
      A. *El cantón de la Victoria* 140
      B. *El cantón de Guacara* 140
   4. *La organización territorial del Departamento de Barquisimeto* 141
      A. *El cantón de San Felipe* 141
      B. *El cantón de Barquisimeto* 141
      C. *El cantón del Tocuyo*....................................... 142

5. *La organización territorial del Departamento de San Carlos* 142
   A. *El cantón de San Carlos* 142
   B. *El cantón de Guanare* 143
III. EL RÉGIMEN ORGÁNICO Y COMPETENCIAL DEL MUNICIPIO EN LA PROVINCIA DE CARACAS 143
   1. *Algo sobre las competencias municipales* 144
   2. *Las municipalidades según el número de miembros del órgano colegiado municipal* 145
      A. *La Municipalidad de Caracas capital con 24 miembros y dos Cámaras* 146
      B. *Las Municipalidades con 16 miembros y dos Cámaras* 146
      C. *Las Municipalidades con 12 miembros* 147
      D. *Las Municipalidades con 8 miembros* 147
      E. *Las Municipalidades con 6 miembros* 148
   3. *Las Parroquias y los agentes municipales* 149
   4. *Los alcaldes en los sitios distantes de poblado* 151
IV. EL RÉGIMEN DE ELECCIÓN DE CARGOS REPRESENTATIVOS EN LA PROVINCIA Y EN PARTICULAR, EN EL ÁMBITO MUNI-CIPAL 151

QUINTA PARTE
LA DESTRUCCIÓN DEL ESTADO DURANTE LA GUERRA DE LIBERACIÓN DE VENEZUELA, Y LA SUSTITUCIÓN DE LA CONSTITUCIÓN FEDERAL Y DE LAS CONSTITUCIONES PROVINCIALES POR LA "LEY DE LA CONQUISTA" Y LA "LEY MARCIAL" (1812-1817) 155

SEXTA PARTE
LAS IDEAS CONSTITUCIONALES DEL LIBERTADOR, SU CRÍTICA AL SISTEMA CONSTITUCIONAL DE 1811, Y LA NECESIDAD DE RECONSTITUIR EL ESTADO DE VENEZUELA 173

SÉPTIMA PARTE
LA RECONFIGURACIÓN PROVISIONAL DEL ESTADO DE VENEZUELA EN 1817, Y LA CREACIÓN DE UN CONSEJO DE ESTADO 193
I. LA NECESIDAD DE RECONSTITUIR EL ESTADO Y SUS AUTORIDADES CIVILES 193
II. LA ORGANIZACIÓN PROVISIONAL DEL ESTADO CONFORME AL PRINCIPIO DE LA SEPARACIÓN DE PODERES 199
III. LA CREACIÓN DE LOS ÓRGANOS PARA EL EJERCICIO DEL PODER JUDICIAL: LOS TRIBUNALES Y LA ALTA CORTE DE JUSTICIA 201
IV. LA REORGANIZACIÓN DE LOS ÓRGANOS DEL PODER EJECUTIVO 204
  1. *La creación del Consejo de Gobierno* 204
  2. *La organización territorial centralizada del Estado*.. 205
V. LA CREACIÓN DEL ÓRGANO PARA EL EJERCICIO DEL PODER LEGISLATIVO: EL CONSEJO DE ESTADO 206

OCTAVA PARTE
LA RECONSTITUCIÓN DEL ESTADO DE VENEZUELA POR EL CONGRESO DE ANGOSTURA Y LA CONSTITUCIÓN 11 DE AGOSTO DE 1819 215
I. EL CONGRESO DE ANGOSTURA Y LA CONSTITUCIÓN DE 1819 215
II. EL REPUBLICANISMO Y LA REPRESENTATIVIDAD: EL SISTEMA ELECTORAL 219
III. LA SEPARACIÓN DE PODERES Y EL SISTEMA PRESIDENCIAL 222
  1. *El principio constitucional de la separación de poderes* 222
  2. *El Poder Legislativo: el Congreso General de Venezuela* 226

3. *El Poder Ejecutivo: el presidente de la Repúblic*a . 228
4. *El Poder Judicial* 230
IV. LA ORGANIZACIÓN TERRITORIAL DEL ESTADO Y EL CENTRALISMO 230

NOVENA PARTE:

LA DESAPARICIÓN DEL ESTADO DE VENEZUELA CON LA UNIÓN DE LOS PUEBLOS DE COLOMBIA, MEDIANTE LEYES DE 1819 Y 1821, Y LA CONSTITUCIÓN DE LA REPÚBLICA DE COLOMBIA, DE CÚCUTA, DE 1821 237

I. LA UNIÓN DE LOS PUEBLOS DE COLOMBIA MEDIANTE LEYES CONSTITUCIONALES DE 1819 Y 1821. 237

II. LA CONSTITUCIÓN DE LA REPÚBLICA DE COLOMBIA DE 30 DE AGOSTO DE 1821 243

DÉCIMA PARTE:

LA RECONSTITUCIÓN DEL ESTADO DE VENEZUELA CON LA CONSTITUCIÓN DE VALENCIA DE 1830 249

I. LAS VICISITUDES DE LA DESTRUCCIÓN DE LA REPÚBLICA DE COLOMBIA Y LA RECONSTITUCIÓN DEL ESTADO DE VENEZUELA 249

II. EL REPUBLICANISMO Y LA DEMOCRACIA REPRESENTATIVA 257

III. LA FÓRMULA MIXTA (CENTRO–FEDERAL) DE 1830 EN EL PROCESO DE RECONSTITUCIÓN DE VENEZUELA 260

IV. LA SEPARACIÓN HORIZONTAL DEL PODER Y EL SISTEMA PRESIDENCIAL DE GOBIERNO........ 265
1. *El Poder Legislativo: el Congreso* 265
2. *El Poder Ejecutivo: el presidente y vicepresidente* 267
3. *El Poder Judicial: la Corte Suprema* 269

ÍNDICE GENERAL 271

www.ingramcontent.com/pod-product-compliance
Lightning Source LLC
Chambersburg PA
CBHW032003220426
43664CB00005B/119